Die Begrenzung tarifvertraglicher Normsetzungsbefugnisse durch die Grundrechte unter besonderer Berücksichtigung des Art. 12 GG

Europäische Hochschulschriften
Publications Universitaires Européennes
European University Studies

Reihe II
Rechtswissenschaft

Série II Series II
Droit
Law

Bd./Vol. 3498

PETER LANG
Frankfurt am Main · Berlin · Bern · Bruxelles · New York · Oxford · Wien

Marc Hirschmann

Die Begrenzung tarifvertraglicher Normsetzungsbefugnisse durch die Grundrechte unter besonderer Berücksichtigung des Art. 12 GG

PETER LANG
Europäischer Verlag der Wissenschaften

Die Deutsche Bibliothek - CIP-Einheitsaufnahme

Hirschmann, Marc:

Die Begrenzung tarifvertraglicher Normsetzungsbefugnisse durch die Grundrechte unter besonderer Berücksichtigung des Art. 12 GG / Marc Hirschmann. - Frankfurt am Main ; Berlin ; Bern ; Bruxelles ; New York ; Oxford ; Wien : Lang, 2002
(Europäische Hochschulschriften : Reihe 2, Rechtswissenschaft ; Bd. 3498)
Zugl.: Potsdam, Univ., Diss., 2002
ISBN 3-631-39853-0

517
ISSN 0531-7312
ISBN 3-631-39853-0

www.peterlang.de

Meiner Familie

Vorwort

Die vorliegende Arbeit wurde im Wintersemester 2001/2002 von der rechtswissenschaftlichen Fakultät der Universität Potsdam als Dissertation angenommen. Literatur und Rechtsprechung sind bis September 2001 berücksichtigt.

Mein spezieller Dank gilt meiner Ehefrau Manuela für ihre Geduld und Unterstützung. Ihr und meinen Eltern, die mir immer ein großer Rückhalt waren und sind, ist die Arbeit gewidmet.

Danken möchte ich auch Herrn Prof. Dr. Detlev W. Belling für die Betreuung meiner Arbeit und Frau Dr. Eva Hein für die Erstellung des Zweitgutachtens sowie allen Freunden, die mir mit Ideen und Rat zur Seite standen.

Berlin, im Juni 2002 Marc Hirschmann

Inhaltsverzeichnis

Abkürzungsverzeichnis

a.A.	anderer Ansicht
Abs.	Absatz
AcP	Archiv für die civilistische Praxis
Anm.	Anmerkung
AöR	Archiv des öffentlichen Rechts
AP	Arbeitsrechtliche Praxis
AR-Blattei	Arbeitsrecht – Blattei
ArbGG	Arbeitsgerichtsgesetz
ArbRGgw.	Das Arbeitsrecht der Gegenwart
ArbuR	Arbeit und Recht
Art.	Artikel
AT	Allgemeiner Teil
BAG	Bundesarbeitsgericht
BAGE	Entscheidungen des Bundesarbeitsgerichts
BAT	Bundesangestelltentarifvertrag
BB	Betriebs-Berater
Bd.	Band
Bespr.	Besprechung
BetrVG	Betriebsverfassungsgesetz
BGB	Bürgerliches Gesetzbuch
BGH	Bundesgerichtshof
BGHZ	Entscheidungen des Bundesgerichtshofes in Zivilsachen
BVerfG	Bundesverfassungsgericht
BVerfGE	Entscheidungen des Bundesverfassungsgerichts
BVerfGG	Bundesverfassungsgerichtsgesetz
BVerwG	Bundesverwaltungsgericht
BVerwGE	Entscheidungen des Bundesverwaltungsgerichts
bzw.	beziehungsweise
DB	Der Betrieb
ders.	derselbe
Diss.	Dissertation
DJT	Deutscher Juristentag
DÖV	Die öffentliche Verwaltung
DVBl.	Deutsches Verwaltungsblatt
Einl.	Einleitung
EuGRZ	Europäische Grundrechte-Zeitschrift
EWiR	Entscheidungen zum Wirtschaftsrecht
f.	folgende
ff.	fortfolgende

FIW	Forschungsinstitut für Wirtschaftsverfassung und Wettbewerb
Fn.	Fußnote
gem.	gemäß
GewO	Gewerbeordnung
GG	Grundgesetz
Grdl.	Grundlagen
h.M.	herrschende Meinung
HGB	Handelsgesetzbuch
i.S.d.	im Sinne des
i.V.m.	in Verbindung mit
JA	Juristische Arbeitsblätter
JR	Juristische Rundschau
JuS	Juristische Schulung
JZ	Juristenzeitung
KO	Konkursordnung
KSchG	Kündigungsschutzgesetz
LAG	Landesarbeitsgericht
MünchKomm	Münchener Kommentar
MünchArbR	Münchener Handbuch zum Arbeitsrecht
m.w.N.	mit weiteren Nachweisen
NJW	Neue juristische Wochenschrift
Nr.	Nummer
NZA	Neue Zeitschrift für Arbeitsrecht
RdA	Recht der Arbeit
RGZ	Entscheidungen des Reichsgerichts in Zivilsachen
Rspr.	Rechtsprechung
Rz.	Randziffer
S.	Seite
SGB	Sozialgesetzbuch
TVG	Tarifvertragsgesetz
TVVO	Tarifvertrags-Verordnung
v.	von
vgl.	vergleiche
Vorb.	Vorbemerkung
VVDStRL	Veröffentlichungen der Vereinigung der Deutschen Staatsrechtslehrer
VwGO	Verwaltungsgerichtsordnung
z.B.	zum Beispiel
ZfA	Zeitschrift für Arbeitsrecht
ZIP	Zeitschrift für Wirtschaftsrecht und Insolvenzpraxis
ZTR	Zeitschrift für Tarifrecht

Einleitung

Gegenstand dieser Arbeit ist die Untersuchung des Verhältnisses zwischen tarifvertraglicher Normsetzung und den Grundrechten. Obwohl Tarifverträge privatautonom zustande kommen, als Vereinbarung zwischen Arbeitgeberverband und Gewerkschaft, weisen sie neben einem schuldrechtlichen Teil, der nur zwischen den Tarifvertragsparteien Geltung erlangt, auch einen normativen Teil auf, der in seiner unmittelbaren und zwingenden Wirkung einer hoheitlichen Norm ähnelt. Das Rechtsverhältnis der Arbeitsvertragsparteien wird dadurch unabhängig von einem möglicherweise entgegenstehenden Willen unmittelbar gestaltet, wie auch ein Gesetz unabhängig vom Willen der Normunterworfenen wirkt. Als Folge daraus stellt sich die Frage, inwieweit die Regelungen eines Tarifvertrages den gleichen Beschränkungen unterworfen sind. Da durch Tarifverträge regelmäßig grundrechtsrelevante Fragen bestimmt werden, ist hierbei vor allem an die Grundrechte zu denken.

Ziel ist deshalb die Erörterung der Frage, ob und insbesondere auf welche Weise und mit welcher Intensität die Grundrechte gegenüber den Tarifvertragsparteien wirken. Denn selbst wenn man eine Grundrechtsbindung der Tarifvertragspartner bejaht, ist es fraglich, ob die Grundrechte in gleicher Weise wie gegenüber dem Staat wirken oder ob es einer Anpassung an das Tarifvertragssystem bedarf. Anders als die Frage der grundsätzlichen Wirkung der Grundrechte, die in der Literatur ausführlich diskutiert wurde, hat man sich mit der Frage nach der Art und Weise der Grundrechtswirkung noch wenig befasst. Aus dem Grund widmet sich die vorliegende Arbeit in erster Linie diesem Problem, ohne jedoch auf eine Herleitung und Erörterung der verbreitetsten Ansichten zur Grundrechtsbindung von Tarifverträgen zu verzichten. In einem weiteren Schritt soll dann das gefundene Ergebnis auf das Grundrecht der Berufsfreiheit übertragen werden. Dieses bietet sich hier an, da es als zentrales Grundrecht des Arbeitsrechts von zahlreichen Tarifvertragsregelungen betroffen ist.

Die Bedeutung der Tarifvertragsbindung für die Grundrechte wird dort deutlich, wo Arbeitsvertragsparteien gegen ihre freie Selbstbestimmung zu einem Tun oder Unterlassen verpflichtet werden. Dies kann dazu führen, dass ein Eingriff in den grundrechtlichen Freiheitsbereich vorliegt. So wird durch die tarifvertragliche Ausweitung des Kündigungsschutzes die grundrechtliche Freiheit des Arbeitgebers beschränkt, eigenständige Personalentscheidungen als Teil der Unternehmensführung zu treffen. Dagegen berühren tarifliche Altersregelungen, wonach ein Arbeitnehmer seine Arbeit mit Erreichen eines bestimmten Alters verliert, die Grundrechte der Arbeitnehmer. Sie werden damit an der weiteren Ausübung ihrer Tätigkeit oder in bestimmten Fällen ihres Berufes insgesamt gehindert. Dies bedeutet für die Betroffenen einen Eingriff in die Berufsfreiheit gem.

Art. 12 Abs. 1 GG. Je nachdem, ob und in welcher Weise man von einer Grundrechtsbindung der Tarifvertragspartner ausgeht, könnte eine solche Tarifvertragsregelung als Grundrechtsverstoß unwirksam sein oder besonderer Rechtfertigungsgründe bedürfen.

Das Problem des Grundrechtsschutzes stellt sich aber nicht nur als Interessengegensatz zwischen Arbeitgebern und Arbeitnehmern dar. Auch wenn die Arbeitsvertragsparteien in einverständlicher Weise Arbeitvertragsbedingungen ändern möchten, steht ihnen die zwingende Wirkung des Tarifvertrages entgegen.[1] Diese können nicht in freier Selbstbestimmung und in Ausübung ihrer Grundrechte handeln. Bestes Beispiel hierfür sind die Fälle, in denen die Belegschaft bereit ist, zur Erhaltung von Arbeitsplätzen auf Lohn zu verzichten, dies aber nicht mit rechtlicher Verbindlichkeit tun können. Hier stehen sich das zunehmende Flexibilisierungsbedürfnis der Unternehmen und die normative Kraft der Tarifverträge gegenüber.[2]

Dies hat zur Folge, dass sich die Fälle der grundrechtsrelevanten Eingriffe nicht nur auf die für den Grundrechtsträger belastend wirkenden Regelungen beschränken. Es gehört zu der Freiheit eines Menschen, für ihn ungünstige Verpflichtungen einzugehen oder aber auf Rechte zu verzichten. Gerade auch innerhalb des selben Verbandes bestehen entgegengesetzte Auffassungen. Die Bandbreite der Meinungen in der Mitgliedschaft ist vielschichtig. Tarifabschlüsse durch die Verbandsführung führen deshalb zwangsläufig dazu, dass die grundrechtsrelevanten Interessen der im innerverbandlichen Willensbildungsprozess unterlegenen Koalitionsmitglieder beeinträchtigt werden. So kollidiert der Wunsch der Verbandsmehrheit nach Arbeitszeitverkürzungen und mehr Urlaub mit den Wünschen einer Verbandsminderheit, die statt mehr Freizeit lieber arbeiten und mehr Geld verdienen will. Die Gegensätze sind zahlreich. In diesem Spannungsverhältnis stehen die Grundrechte, die die Freiheit der Selbstbestimmung schützen.

---

[1] Dies hat durch die Entscheidung des BAG vom 20.4.1999, NZA 1999, 887 ff. besondere Bedeutung erlangt. Darin wurde ein gewerkschaftlicher Unterlassungsanspruch auf Grundlage der §§ 1004 Abs. 1, 823 Abs. 1 BGB i.V.m. Art. 9 Abs. 3 GG gegen den einzelnen Arbeitgeber im Falle einer tarifwidrigen "kollektiven" Vereinbarung auf betrieblicher Ebene anerkannt. Hiermit wird es den Gewerkschaften ermöglicht, zur Durchsetzung tarifvertraglicher Normen auch gegen den Willen der Arbeitnehmer einzugreifen, ohne dass es einer Geltendmachung seiner Rechte durch den Einzelnen bedarf. Gerade dies führte zu erheblicher Kritik an der Entscheidung (Löwisch, BB 1999, 2080 ff.; Thüsing, DB 1999, 1552, 1553).

[2] Dieses Interesse an einer betrieblichen Flexibilisierung ist auch der Grund für die zunehmende "Erosion" der Arbeitgeberverbände. (hierzu Peter, Abschied vom Konsens, S. 479 ff.)

1. Teil: Bindung der Tarifvertragsparteien an die Grundrechte

Auch wenn im Ergebnis der überwiegende Teil des Schrifttums zu einer Bindung der Tarifvertragsparteien an die Grundrechte kommt und trotz einer gefestigten Rechtsprechung hierzu, bestehen doch in der Begründung dieser Grundrechtsbindung erhebliche Unterschiede zwischen den einzelnen Ansichten. Die jeweilige Herleitung ist dabei von besonderer Bedeutung, weil der Ansatz zur Grundrechtsbindung in erheblichem Maß darüber mitentscheidet, wie die spätere Frage nach der genauen Wirkungsweise der Grundrechte beantwortet werden kann. Je nachdem, ob man zu dem Ergebnis gelangt, dass die Grundrechte die Tarifunterworfenen unmittelbar oder nur auf mittelbare Weise schützen, ist der Ausgangspunkt ein anderer. Bejaht man eine unmittelbare Grundrechtsbindung, bedeutet dies, dass zunächst ein optimaler Grundrechtsschutz besteht. Im folgenden müsste dann geprüft werden, ob sich dieser umfassende Schutz aufgrund der Besonderheiten des Tarifvertragssystems verändert bzw. verringert. Im umgekehrten Fall einer nur mittelbaren Grundrechtsbindung wird nur ein minimaler Grundrechtsschutz gewährt. Hier würde dann festzustellen sein, ob die Interessen der Tarifgebundenen eine Verstärkung der Grundrechtswirkung rechtfertigen. Es lässt sich also festhalten, dass es für die eigentliche Frage nach dem Grundrechtsmodus unerlässlich ist, den Ursprung der Grundrechtsgeltung zu verstehen. Aus diesem Grund sollen zunächst die unterschiedlichen Theorien zur Grundrechtsbindung der Tarifvertragspartner ausführlich dargestellt und im Anschluss daran ein eigener Ansatz entwickelt werden.

I) Soziale Mächtigkeit

1) Darstellung der Theorie

Nach einer verbreiteten Ansicht wird schon aus der sozialen Machtstellung der Verbände eine unmittelbare Grundrechtsbindung gefolgert.[3] Ausgangspunkt hierfür ist der Gedanke, dass die Grundrechte die personale Freiheit vor allem auch gegenüber wirtschaftlichen und sozialen Gewalten schützen sollen.[4] Grundrechte müssten auch im Verhältnis zu sozialen Gewalten angewandt werden,

---

[3] Wiedemann, RdA 1997, 297, 302; Reuter, ZfA 1990, 535, 552; Waltermann, RdA 1990, 138, 141; Rieble, ZTR 1993, 54, 59; Riedel, Berufsfreiheit, S. 111 f.; Beck, ArbuR 1981, 333, 336; Gamillscheg, Kollektives Arbeitsrecht, § 16 I 1c (3), S. 669 f.; ders., AcP 164, 419 ff.; Nipperdey, Grundrechte und Privatrecht, S. 17,28

[4] Hesse, Verfassungsrecht, Rz. 357

soweit ihnen der Einzelne in ähnlicher Weise ausgeliefert sei wie dem Staat.[5] Dies gelte auch für die Tarifvertragspartner. Die Verbandsmitglieder seien der Gestaltungsmacht der Tarifpartner ebenso unterworfen wie staatlicher Gewalt.[6] Breitflächige Verbandstarifverträge regulierten den Arbeitsmarkt ähnlich wie staatliche Gesetze, worauf das einzelne Mitglied nur begrenzt Einfluss nehmen könne.[7] Da die Tarifverträge das Ergebnis eines Kompromisses zwischen den Mitgliedermehrheiten auf beiden Seiten seien, bestehe für die einzelnen Mitglieder die gleiche Majorisierungsgefahr wie im Verhältnis zum Staat.[8] Bei der typischen Massenorganisation sei das Mitbestimmungsrecht und die Einflussnahme auf die tarifliche Rechtsetzung kaum größer als die Mitwirkung des Bürgers bei der parlamentarischen Rechtsetzung.[9]
Dagegen könnten sich die einzelnen Mitglieder auch nicht einer Mitgliedschaft in dem Verband entziehen. Diese sei vielmehr durch wirtschaftliche Zwänge bedingt, anstatt auf einem freien Entschluss zu beruhen, da das einzelne Mitglied nicht zu einer angemessenen, individualautonomen Interessenwahrnehmung fähig sei.[10] Daneben wäre einem Arbeitnehmer selbst mit einem Austritt aus dem Verband nicht geholfen, da Tarifnormen weitgehend auch auf Außenseiter Anwendung fänden.[11] Auch von der Tragweite und Intensität der Einflussnahme seien die Tarifnormen mit staatlich gesetztem Recht vergleichbar. Durch die Regelung von Lohn und Urlaub gestalteten Tarifvertragsnormen einen wichtigen Bereich der Lebensführung. Neben dem Arbeitsleben werde nämlich durch das Tarifniveau und die Gewährung von Urlaub insbesondere auch die Freizeitgestaltung des einzelnen Arbeitnehmers bestimmt.

Aus dieser Vergleichbarkeit der Machtpositionen folge eine analoge Bindung der Tarifvertragspartner an die Grundrechte.[12] Dabei sei die Bedeutung der Grundrechte als ausschließlich auf den Staat bezogene Abwehrrechte mit der gesellschaftlichen Wirklichkeit der Ausübung von wirtschaftlicher und sozialer Macht überholt.[13] Diese Beschränkung der Grundrechte auf ihre abwehrrechtliche Funktion gegen den Staat entstamme der Gedankenwelt des Liberalismus und beruhe auf dem Grundgedanken der Trennung von Staat und Gesellschaft, wobei aber eine herrschaftsfreie, sich selbst regulierende Gesellschaft vorausgesetzt werde. Die Herausbildung von gesellschaftlichen Abhängigkeitsverhältnis-

[5] Däubler, Tarifvertragsrecht, Rz. 414, Nipperdey, Grundrechte und Privatrecht, S. 17, 28
[6] Gamillscheg, AcP 164, 385, 400; Waltermann, RdA 1990, 138, 141
[7] Wiedemann, RdA 1997, 297, 302
[8] Reuter, ZfA 1990, 535, 552; Waltermann, RdA 1990, 138, 141
[9] Däubler, Mitbestimmung, S. 229
[10] Reuter, ZfA 1990, 535, 552; Rieble, ZTR 1993, 54, 59; Riedel, Berufsfreiheit, S. 112
[11] Däubler, Mitbestimmung, S. 229
[12] Reuter, ZfA 1990, 535, 552, Gamillscheg, Kollektives Arbeitsrecht, § 16 I 1 c (2), S. 668 f.
[13] Zilius, in: Hagemeier/Kempen/Zachert/Zilius, TVG, Einl. Rz. 132

sen, der Konzentration aller wirtschaftlichen Entscheidungsbefugnisse in den Händen weniger, stelle die Vorstellung von der herrschaftsfreien Gesellschaft immer mehr in Frage und mache es erforderlich, die Beziehung Bürger und soziale Gewalt durch einen Grundrechtsschutz zu entschärfen. Die analoge Anwendung der Grundrechte trage insoweit den gewandelten sozialen Verhältnissen Rechnung.[14]

2) Stellungnahme

Die Begründung der Grundrechtsbindung mit der sozialen Mächtigkeit der Tarifvertragspartner überzeugt nicht. Zwar ist es richtig, dass den Verbänden eine besondere soziale und wirtschaftliche Machtstellung zukommt. Sie nehmen die Repräsentation der Arbeitnehmer- und Arbeitgeberinteressen in Staat und Gesellschaft in umfassender Weise wahr und bilden einen bestimmenden Faktor im Wirtschafts- und Sozialleben.[15] Ihnen wird bei allen die Interessen ihrer Mitglieder berührenden Maßnahmen ein generelles Mitspracherecht eingeräumt, und ihr Votum hat bei der Öffentlichkeit und bei staatlichen Stellen erhebliches Gewicht. Durch die Möglichkeit, unmittelbare und zwingende Bestimmungen für ihre Verbandsmitglieder, und in beschränktem Rahmen auch für Außenseiter, zu treffen, sind sie in der Lage, einen wichtigen Lebensbereich der Tarifunterworfenen zu regeln, ohne dass sich der Einzelne dem ohne weiteres entziehen könnte.

Das liegt zum einen an der Wirkung des § 3 Abs. 3 TVG, der die Wirkung eines Tarifvertrages auch noch über einen möglichen Verbandsaustritt hinaus erstreckt. Zum anderen ergibt sich dies aus der den Verbänden zukommenden faktischen Monopolstellung.[16] Zwar handelt es sich bei den Tarifvertragspartnern nicht um Monopolverbände in strengem Sinne. Einen Wettbewerb zwischen den Verbänden gibt es aber so gut wie nicht. Es besteht vielmehr ein Streben danach, sich eine Machtstellung am Arbeitsmarkt durch Zusammenschlüsse und den Ausschluss gegenseitiger Konkurrenz zu verschaffen.[17] Mangels Konkurrenz hat

---

[14] Däubler, Mitbestimmung, S. 227 ff., wobei er zwischen Arbeitnehmern und Arbeitgebern differenzieren möchte. Während gegenüber dem einzelnen Arbeitnehmer eine unmittelbare Grundrechtsbindung bestehe, komme gegenüber einem Arbeitgeber nur eine mittelbare Grundrechtsdrittwirkung in Betracht. Der einzelne Arbeitgeber stehe nämlich im Gegensatz zu einem Arbeitnehmer nicht in einem existenziellen Abhängigkeitsverhältnis zu seinem Verband.

[15] Für die Gewerkschaften: BVerfGE 38, 281, 305; BGH NJW 85,1216; NJW 88, 552, 555; der BGH bejaht aus diesen Gründen einen Aufnahmezwang der Gewerkschaften gegenüber Beitrittswilligen.

[16] Wiedemann, Bindung, S. 139

[17] Richardi, Kollektivgewalt, S. 94

der Einzelne deshalb nur die Möglichkeit, sich der Einheitsgewerkschaft anzuschließen oder auf seine Rechte aus Art. 9 Abs. 3 GG zu verzichten. Daneben sind wegen der Größe der Massenorganisationen und ihrer Bürokratisierung auch die Mitwirkungsrechte der einzelnen Mitglieder innerhalb des Verbandes beschränkt.[18] Das einzelne Mitglied kann kaum Einfluss auf die Entscheidungen der Tarifvertragspartner nehmen. Hinzu kommt, dass auch innerhalb der Verbände Interessengegensätze existieren. Minderheiten sind deshalb wegen des grundsätzlich geltenden Mehrheitsprinzips einer ständigen "Majorisierungsgefahr" ausgesetzt. Dabei stellt sich für die unterlegene Minderheit die Mehrheitsentscheidung stets als Fremdbestimmung dar.[19] Auch die Mitwirkung des gegnerischen Verbandes beim Tarifabschluss gleicht dies nicht aus, da dieser ausschließlich eigene Interessen wahrnimmt und kein Interesse daran hat, die Benachteiligung von Mitgliedern der Gegenseite zu verhindern.[20]

Es bestehen jedoch schon generelle Bedenken, die Unterscheidung zwischen einer nur mittelbaren und der unmittelbaren Grundrechtsbindung im Privatrecht allein an der sozialen Mächtigkeit eines Privatrechtssubjekts festzumachen. So ist der Begriff der sozialen und wirtschaftlichen Macht schon wegen seiner zu großen Unbestimmtheit ungeeignet für eine solche Abgrenzung. Soziale Macht und private Gewalt sind keine juristisch abgrenzbaren Kategorien.[21] Abstrakte, Rechtsunsicherheiten ausschließende Differenzierungsmerkmale, wann eine unmittelbare Grundrechtsbindung eintreten soll, lassen sich kaum finden. Vor allem bestehen aber auch strukturelle Unterschiede zwischen staatlicher Macht und sozialer und wirtschaftlicher Macht.[22] Der Träger von sozialer oder wirtschaftlicher Macht bleibt trotz dieser Macht weiterhin ein Subjekt des Privatrechts. Er ist deshalb selbst Grundrechtsberechtigter, anders als der Staat, der nur Adressat der Grundrechte ist. Ein Träger sozialer Macht, der Grundrechte im Privatrechtsverkehr beeinträchtigt, kann sich deshalb auch immer auf seine eigenen Grundrechte berufen. In diesen Fällen kommt es dann zu einer Kollision zweier gegensätzlicher Grundrechtspositionen, die zu einem Ausgleich zu bringen sind. Zudem orientiert sich die staatliche Machtfülle an solchen Begriffen wie unentrinnbarer Gehorsam, Zwang und Gewaltmonopol. Mit diesen absoluten (Gehorsams-) Begriffen, dem Ausgeliefertsein gegenüber staatlicher Macht, sind privatrechtliche Abhängigkeitsverhältnisse nur schwer vergleichbar. Dies gilt auch für die Tarifvertragspartner. Zwar verfügen sie über eine besondere Machtstellung gegenüber ihren Mitgliedern und im Bereich der Tarifvertragsnormen sogar über ein Machtmittel staatlichen Ursprungs. Bei all dieser Macht gründet

---

[18] BGHZ 105, 306, 318
[19] ebenda
[20] Singer, ZfA 1995, 611, 627
[21] Stern, Staatsrecht, Bd. III/1, S. 1592
[22] Stern, ebenda, S. 1591 f.

sich das Verhältnis der Verbände zu ihren Mitglieder aber weiterhin auf einE-lement der Freiwilligkeit. Niemand wird zu einem Verbandsbeitritt gezwungen. Zwar besteht ein gewisser Eintrittsdruck. Anders als zu früheren Zeiten ist der Arbeitnehmer aber seinem Arbeitgeber nicht mehr schutzlos ausgeliefert. Staatliche Gesetze sorgen dafür, dass Mindestarbeitsbedingungen zum Schutz der Arbeitnehmer gewährleistet sind. Der Verbandsbeitritt ist nicht mehr lebensnotwendig. Demgegenüber liegt dem Verhältnis zum Staat keine Freiwilligkeit zugrunde. Der Bürger kann sich nicht zwischen der staatlichen Macht und seiner Unabhängigkeit entscheiden. Er ist vielmehr dieser staatlichen Macht ohne sein Dazutun ausgeliefert.

Wenn daneben aus der Erstreckung des Geltungsbereichs eines Tarifvertrages auf Außenseiter durch die übliche einzelvertragliche Bezugnahme auf ein besonderes Abhängigkeitsverhältnis gefolgert wird in dem Sinne, dass der Arbeitnehmer den Tarifvertragsnormen ausgeliefert sei, wird dabei verkannt, dass dem Einzelnen daraus zugleich ein Mehr an persönlicher Freiheit gewährt wird. Er kommt in den Genuss tarifvertraglicher Regelungen ohne Mitglied des Verbandes zu sein. Damit entfällt für ihn der aus seiner Unfähigkeit zur angemessenen, individualautonomen Interessenwahrung resultierende Zwang zum Koalitionsbeitritt und die kostenpflichtige Verbandszugehörigkeit.

Zudem muss speziell im Arbeitsrecht Beachtung finden, dass die Koalitionen nicht nur die Rechte des Einzelnen bedrohen, sondern dass sie vielmehr auch zur Verwirklichung und Durchsetzung seiner Rechte tätig werden.

Aus der bloßen Beschreibung im Privatrecht bestehender Machtverhältnisse ergibt sich deshalb für das Verhältnis der Verbände zu ihren Mitgliedern lediglich ein besonderes Schutzbedürfnis. Aus dem Erfordernis, den Mitgliedern einen besonderen Schutz vor der Machtstellung ihrer Verbände zu gewähren, kanna-ber nicht zwangsläufig auf eine unmittelbare Grundrechtsgeltung geschlossen werden. Zwar muss ein effektiver Grundrechtsschutz, der der besonderen Situation der Tarifunterworfenen Rechnung trägt, gewährleistet sein. Die persönliche Freiheit des Einzelnen darf nicht vollständig der Verbandsmacht unterliegen. Allein aus diesem Schutzbedürfnis kann nicht zwingend eine bestimmte Art und Weise des Schutzes gefolgert werden. Gerade im Hinblick auf bestehende Machtgefälle im Privatrechtsverkehr ist nämlich die Theorie einer mittelbaren Wirkung der Grundrechte im Privatrecht entwickelt und allgemein anerkannt[23] worden. Der Verfassungsgeber hat durch die Grundrechte objektive Grundentscheidungen getroffen, die für die gesamte Rechtsordnung, also auch für das Zi-

[23] Heinrichs, in: Palandt, BGB, § 242 Rz. 7 f.

vilrecht gelten.[24] Aus diesen ergibt sich im Privatrecht ein umfassender, nicht nur auf wirtschaftliche und soziale Gewalten beschränkter mittelbarer Grundrechtsschutz, der unabhängig von einer unmittelbaren Grundrechtsbindung besteht. Ein solcher erstreckt sich auch auf die Tarifvertragspartner und ihre Mitglieder in ihrer Eigenschaft als Privatrechtssubjekte.[25] Bei dem mittelbaren Grundrechtsschutz im Privatrecht wird auf juristisch schwer zu erfassende Kriterien verzichtet. Es bedarf deshalb keines Rückgriffs auf eine Konstruktion, die eine unmittelbare Grundrechtsgeltung aus einem mit der staatlichen Hoheitsgewalt vermeintlich vergleichbaren Abhängigkeitsverhältnis zwischen zwei Privatrechtssubjekten herzuleiten versucht. Insoweit verkennt diese Ansicht, dass der Verfassungsgeber mit den Grundrechten Wertentscheidungen für das gesamte Recht getroffen hat, und reduziert den Aussagegehalt der Grundrechte auf die Gewährung subjektiver Abwehrrechte.[26] Zudem ist ein solch genereller Grundrechtsschutz schon deshalb von Vorteil, weil auch außerhalb von sozialen Machtgefällen grundrechtliche Positionen berührt sein können, die nach der Theorie der sozialen Mächtigkeit keinen Grundrechtsschutz erfahren würden.[27]

Es erscheint deshalb sinnvoller, den zur Rechtsunsicherheit führenden Begriff der sozialen Mächtigkeit in den Hintergrund treten zu lassen und in diesen Fällen allein auf die generelle mittelbare Grundrechtswirkung im Privatrecht abzustellen. In diesem Rahmen käme dem Kriterium der sozialen und wirtschaftlichen Mächtigkeit dann lediglich die Funktion zu, die mittelbare Grundrechtswirkung zu verstärken.[28]

II) Funktionsnachfolge

1) Darstellung der Theorie

Die von Lerche[29] vertretene Auffassung sieht die Tarifvertragspartner als Funktionsnachfolger des Staates für den Bereich der Tarifnormen und begründet damit die Geltung der Grundrechte. Der Staat habe hier seine an sich gegebene Zuständigkeit zur Rechtsetzung weit zurückgenommen. Er komme daher seiner

---

[24] BVerfGE 7, 198, 205; 81, 242, 254

[25] Dies bedeutet jedoch nicht, dass die Tarifpartner nicht aus einem anderen Grund unmittelbar an die Grundrechte gebunden sind. Eine solche unmittelbare Grundrechtsbindung würde dann einer mittelbaren Grundrechtsbindung vorgehen.

[26] Säcker/Oetker, Grundlagen, S. 244 f.

[27] Wiedemann, Bindung, S. 41

[28] Hesse, Verfassungsrecht, S. 357, wonach die Grundrechte die privatrechtlichen Vorschriften um so nachhaltiger beeinflussen, je mehr es um den Schutz personaler Freiheit gegen die Ausübung wirtschaftlicher oder sozialer Macht geht.

[29] Lerche, Grundrechte, S. 897, 905 ff.; siehe auch Badura, RdA 1999, 8, 12

unverzichtbaren Aufgabe zur Aktualisierung der Grundrechte in einem breiten, für die Allgemeinheit wichtigen Bereich nicht selbst nach. Infolgedessen gehe diese Aufgabe auf die Funktionsnachfolger, genauer auf das Zusammenwirken der Tarifpartner über. Hieraus folge die unmittelbare Geltung der Grundrechte. Diese sei aber nicht auf staatliche Delegation zurückzuführen, sondern auf eine durch staatlichen Rückzug etablierte Möglichkeit privatautonomer Entfaltung. Der Rückzug des Staates wäre anfechtbar, wenn er zu der Konsequenz führte, dass die genuin-staatliche Aufgabe der Grundrechtssicherung auf diese Weise ineffektiv würde. Dem stehe der Aspekt der Privatautonomie nicht entgegen, da auf dem Gebiet der Tarifnormen erst durch staatliche Zurückhaltung Privatautonomie in diesem Umfang ermöglicht und installiert werde. Dies geschehe in einem Bereich, der der "normativen Durchtränkung" bedürfe, anders als in Bereichen, die schon ursprünglicher privater Freiheit offen stehen. Die unmittelbare Bindung an die Grundrechte müsse aber dann und soweit zurückweichen, wie der Funktionssinn des Art. 9 Abs. 3 GG zwingend etwas anderes erfordere.[30] Andernfalls wäre der durch Art. 9 Abs. 3 GG als spezielle Verfassungsaussage eingerichtete legitime Bereich der Autonomie missachtet.

2) Stellungnahme

Die Theorie von der Funktionsnachfolge ist schon wegen ihrer Widersprüchlichkeit abzulehnen. Einerseits bejaht Lerche die unmittelbare Geltung der Grundrechte. Eine staatliche Delegation von Rechtsetzungsbefugnissen wird jedoch ausdrücklich abgelehnt. Das Gebiet der Tarifnormen wird vielmehr weiterhin dem privatautonomen Bereich zugeordnet. Dies widerspricht jedoch einer unmittelbaren Grundrechtsbindung. Es käme hier nur eine mittelbare Geltung der Grundrechte in Frage. Die Einstufung als "privatautonome Entfaltung" verbietet es, die tarifvertragliche Regelung an Schranken zu binden, die für die öffentliche Gewalt gelten.[31] Staatliche Rechtsetzung und privatautonome Rechtsgestaltung sind wesensverschieden. Erst wenn der Grundrechtseingriff dem Staat zuzurechnen ist, kommt eine unmittelbare Grundrechtsbindung in Frage. Eine Zurechnung aufgrund staatlicher Delegation wird hier aber abgelehnt. Zudem besteht wegen der mittelbaren Grundrechtswirkung im Privatrecht auch keine zwingende Notwendigkeit für eine unmittelbare Grundrechtsbindung, so dass es gerade nicht an der "Aktualisierung der Grundrechte in einem breiten, für die Allgemeinheit wichtigen Bereich"[32] als unverzichtbare Aufgabe des Staates fehlt. Der Einzelne steht den Tarifvertragspartnern nicht schutzlos gegenüber. Ihn schützt

---

[30] Lerche, ebenda, S. 907
[31] Richardi, in: MünchArbR, Bd. 1, § 10 Rz. 25
[32] Lerche, Grundrechte, S. 906

zumindest die innerhalb der Privatautonomie wirkende mittelbare Grundrechtswirkung.

Die Annahme einer Funktionsnachfolge würde auch voraussetzen, dass dem Gesetzgeber die originäre Zuständigkeit für den Bereich der Regelung der Arbeits- und Wirtschaftsbedingungen zukommt.[33] Durch Art. 9 Abs. 3 GG besteht bereits eine verfassungsrechtliche Gewährleistung der Tarifautonomie[34], unabhängig davon, ob man damit zugleich die Befugnis zur Rechtsetzung verbindet oder diese einem weiteren Übertragungsakt des Staates vorbehält. Den Tarifvertragspartnern und nicht dem Staat kommt deshalb von Anfang an das Recht zur Gestaltung der Arbeits- und Wirtschaftsbedingungen zu. Somit wird nicht erst durch einen Rückzug des Staates die Möglichkeit zur tarifautonomen Gestaltung geschaffen. Selbst wenn man aber von einer Funktionsnachfolge ausgehen würde, bedeutet dies keineswegs, dass auch die Grundrechtsbindung zwingend der Funktionsüberlassung folgt.[35]

III) Rechtsnatur von Tarifnormen

Seit jeher umstritten und bis zum jetzigen Zeitpunkt nicht eindeutig entschieden ist die Frage nach der Rechtsnatur von Tarifverträgen. Diese Frage erlangt hier Bedeutung, weil der überwiegende Teil der Literatur und die Rechtsprechung versuchen, die Art der Grundrechtsbindung von Tarifverträgen mit Hilfe ihrer Rechtsnatur zu erklären. Abhängig vom jeweiligen Ansatz gelangt man zu unterschiedlichen Ergebnissen. Je nachdem, ob ihre Herkunft einem hoheitlichen Bereich oder einem privatautonomen Bereich zugerechnet wird, wäre eine unmittelbare oder eine mittelbare Grundrechtsbindung anzunehmen.

Zunächst lassen sich die verschiedenen Ansichten zur Rechtsnatur eines Tarifvertrages in die Befürworter einer rechtsgeschäftlichen Lösung, die die Rechtsnormqualität von Tarifnormen ablehnen, und die Vertreter der Rechtssatztheorien, die die Normqualität von Tarifnormen anerkennen, trennen.

1) Rechtsgeschäftliche Theorien

Von den rechtsgeschäftlichen Theorien wird versucht, die Rechtsnatur der Tarifverträge allein mit privatrechtlichen Mitteln zu erklären. Für die Frage nach der Grundrechtsbindung bedeutet dies, dass sie nur beantwortet werden kann, wenn

[33] Wiedemann, Bindung, S. 35
[34] BVerfGE 4, 96, 106; 18, 18, 26
[35] Richardi, in: MünchArbR, Bd. 1, § 10 Rz. 25

man zugleich die Frage nach der Drittwirkung der Grundrechte im Privatrecht entscheidet.

a) Darstellung der verschiedenen Theorien

aa) Stellvertretung

Schon zu Anfang des letzten Jahrhunderts versuchte Lotmar[36], die Wirkungen des Tarifvertrages mit Hilfe der Stellvertretung zu erklären. Danach seien die Tarifvertragsparteien beim Tarifvertragsabschluß Vertreter ihrer Mitglieder. Die Vertretung der nach Abschluss des Tarifvertrages in die Verbände eingetretenen Mitglieder wird als nachträgliche Genehmigung durch den Eintritt in den Verband konstruiert. Ramm führte diese Theorie fort und entwickelte sie zur sogenannten Differenzierungstheorie[37] weiter, die auf der Arbeitgeberseite die Kombinations- oder Kumulationstheorie und auf der Arbeitnehmerseite eine eingeschränkte Verbandstheorie für anwendbar hält.[38]

Als Folge davon bleibt es für die Arbeitgeber, die Ramm für nicht schutzbedürftig hält, bei den allgemeinen zivilrechtlichen Vorschriften über die Stellvertretung. Das Schutzbedürfnis des einzelnen Arbeitnehmers gegenüber dem Arbeitgeber mache hingegen eine Abwandlung auf der Arbeitnehmerseite erforderlich. Daraus folge ein sozialer Schutzauftrag der Gewerkschaften, der sich verfassungsrechtlich auf das Sozialstaatsprinzip zurückführen lasse.[39] Dieser Schutzauftrag führe zu einer "sozialrechtlichen Vertretungsmacht" der Gewerkschaften für ihre Mitglieder, ähnlich der gesetzlichen Vertretung eines beschränkt Geschäftsfähigen. Aus diesem Grund sei die Vertragsfreiheit der Gewerkschaftsmitglieder partiell (Günstigkeitsprinzip) und temporär eingeschränkt und zwar für den Kreis der Rechtsgeschäfte, für den das Mitglied eine "verdrängende unwiderrufliche" Vollmacht erteilt habe.[40] Damit wäre die "sozialrechtliche Vertretungsmacht" in ihren Auswirkungen mit der gesetzlichen Vertretung des beschränkt Geschäftsfähigen zu vergleichen, der ebenso in seiner Vertragsfreiheit beschränkt ist, wobei auch diese Beschränkung von einer Art Günstigkeitsklausel in § 107 BGB durchbrochen wird.[41] Die rechtliche Einordnung im TVG hält

---

[36] Lotmar, Arbeitsvertrag, Bd. 1, 1902, S. 797 ff.

[37] Ramm, Parteien, S. 69 ff.

[38] Nach der Verbandstheorie schließen die Verbände im eigenen Namen den Tarifvertrag ab und sind allein aus ihm berechtigt und verpflichtet. Nach der Kombinations- oder Kumulationstheorie werden sowohl der vertragsschließende Verband als auch seine Mitglieder aus dem Tarifvertrag berechtigt und verpflichtet.

[39] Ramm, JZ 1962, 78, 82

[40] Ramm, ebenda

[41] Ramm, Parteien, S. 90

Ramm für unerheblich, da es dem Gesetzgeber nicht zustehe, die Rechtnatur eines Tarifvertrages festzustellen.[42] Diese Aufgabe obliege allein der Rechtswissenschaft. Dem Gesetzgeber falle nur die rechtliche Wertung und Gestaltung sozialer Tatbestände zu.

Nach der hier dargestellten Differenzierungstheorie haben auch die unmittelbaren und zwingenden Bestimmungen des Tarifvertrages keine normative Wirkung.

bb) Tarifvertrag als kollektiver Schuldvertrag

Eine von Jacobi[43] vertretene Auffassung versteht den Tarifvertrag als einen "kollektiven Schuldvertrag". Dieser sei Ausdruck einer kollektiven Privatautonomie, die neben der individuellen Privatautonomie bestehe.[44] Mit dem Eintritt in den jeweiligen Verband habe der Einzelne seinen Willen, sich unter die Arbeitsbedingungen des Tarifvertrages zu stellen, bekundet. Er finde somit in dem, was der Verband für ihn vereinbare, seinen eigenen Willen wieder.[45] Daraus erwachse die Legitimation des Verbandes zum Abschluss von allgemeinen Arbeitsbedingungen als kollektive Willenserklärung für ihre Mitglieder. Dem Willen des Individuums werde das zugerechnet, was die Verbände innerhalb ihrer Zuständigkeit an allgemeinen Arbeitsbedingungen für die Einzelverträge des Individuums festlegten.[46] Diese allgemeinen Arbeitsbedingungen gingen in den Inhalt des Arbeitsvertrages über und gälten als von den Parteien des Einzelvertrages vereinbart.[47] Dabei erhalte der Kollektivwille durch die gesetzlich festgelegte (damals in § 1 TVVO) Unabdingbarkeit des Tarifvertrages Vorrang vor dem Individualwillen selbst gegen den Widerspruch der Einzelnen.[48] Durch den kollektiven Schuldvertrag setzten die Vereinigungen gemäß ihrer Zuständigkeit allgemeine Vertragsbedingungen für Individualverträge ihrer Mitglieder mit Rechtswirksamkeit diesen gegenüber fest.

Mit der Konstruktion eines kollektiven Schuldvertrages verneint Jacobi zugleich jegliche Normwirkung von Tarifverträgen, da er die Wirkung von tariflich festgelegten Arbeitsbedingungen allein aus der schuldrechtlichen Verpflichtung des Einzelnen über die Zurechnung des Kollektivwillens herleitet.

---

[42] Ramm, JZ 1962, 78, 80 f.
[43] Jacobi, Grundlehren, S. 272 ff.
[44] Jacobi, ebenda, S. 283
[45] Jacobi, ebenda, S. 273
[46] Jacobi, ebenda, S. 274
[47] Jacobi, ebenda, S. 281
[48] Jacobi, ebenda, S. 284

cc) Unterwerfung nach § 317 BGB

Einer von Bötticher entwickelten Theorie liegt die Idee zugrunde, dass Wesen und Wirkung eines Tarifvertrages auf einem dem § 317 BGB entsprechenden Dauergestaltungsrecht kraft Unterwerfung beruhten.[49] Dritter im Sinne des § 317 BGB seien die vertragsschließenden Verbände als Einheit, da sie sich letztendlich gemeinsam auf den Inhalt eines Tarifvertrages einigten.[50] Die Inhalte der jeweils geltenden Tarifverträge stellten die (einander ablösenden) Leistungsbestimmungen dar, der sich die Mitglieder unterworfen hätten.[51] Hierbei sei in den Beitrittserklärungen zu den jeweiligen Verbänden die Unterwerfungserklärung zu sehen.[52] Zur Unabdingbarkeit von Tarifvertragsregelungen kommt Bötticher, indem die Möglichkeit der einverständlichen Vertragsänderung im Rahmen des § 317 BGB dann ausgeschlossen sei, wenn der Dritte ein eigenes Interesse an der Regelung hätte.[53]

Im neueren Schrifttum ist die Idee Böttichers von Rieble aufgegriffen worden.[54] Auch er sieht die Tarifvertragspartner zur inhaltlichen Ausgestaltung des Arbeitsverhältnisses ermächtigt. Gleichwohl erkennt er die Schwächen eines Rückgriffs auf § 317 BGB und begreift Böttichers Konstruktion nur als einen "rechtstechnischen Hinweis", dass eine Vertragsgestaltung durch Dritte im BGB Raum auch außerhalb der Stellvertretung finde.[55] Mit dem TVG habe der Gesetzgeber im Sinne einer Ausgestaltung des Privatrechts eine spezielle Ermächtigung zur Leistungsbestimmung kraft Rechtssatz geschaffen.[56] Die Geltung des Tarifvertrages beruhe dabei auf der privatautonomen Unterwerfung durch die freiwillige Mitgliedschaft im Verband.[57] Wegen der größeren Richtigkeitsgewähr genieße der Tarifvertrag nach § 4 TVG grundsätzlich Vorrang vor dem Arbeitsvertrag.[58] Es handele sich hierbei um eine Kollisionsregel, die eine Abgrenzung zweier im selben Schuldverhältnis geltender Verträge vornimmt. Umgekehrt gelte dort, wo der Individualvertrag die größere Richtigkeitsgewähr verspreche, das Günstigkeitsprinzip gem. § 4 Abs. 3 TVG.

[49] Bötticher, Gestaltungsrecht, S. 19, wobei er deutlich macht, dass seine Überlegungen rein hypothetischer Natur sind, da der Gesetzgeber durch die Regelung im TVG die normative Wirkung von Tarifverträgen ausdrücklich anerkannt habe.
[50] Bötticher, ebenda, S.20
[51] Bötticher, ebenda, S. 20 f.
[52] Bötticher, ebenda, S. 21
[53] Bötticher, ebenda, S. 24
[54] Rieble, ZfA 2000, 5 ff.
[55] Rieble, ZfA 2000, 5, 12
[56] Rieble, ZfA 2000, 5, 15
[57] Mit diesem Ansatz hat Rieble die Verbindung zwischen der Theorie Böttichers und der mandatarischen Theorie aufgezeigt. Siehe zu dieser 1. Teil III) 2) b).
[58] Rieble, ZfA 2000, 5, 16 f.

b) Grundrechtsbindung

Die rechtsgeschäftlichen Theorien beruhen auf einem rein privatrechtlichen Ansatz. Die Tarifvertragsparteien sind nach diesem Erklärungsmuster Privatrechtssubjekte und damit selbst Grundrechtsberechtigte. Die normative Wirkung von Tarifverträgen wird abgelehnt. Als Folge davon gelte für Tarifverträge die im Privatrecht generell zu beachtende mittelbare Grundrechtsbindung.[59] Der Verfassungsgeber habe durch die Grundrechte objektive Grundentscheidungen getroffen, die für die gesamte Rechtsordnung, also auch für das Zivilrecht, Geltung beanspruchten.[60] Die Grundrechte wirkten dabei lediglich, wie die Wertordnung des Grundgesetzes insgesamt, durch Auslegung und über die Generalklauseln auf Privatrechtssubjekte ein.

c) Stellungnahme

Die rechtsgeschäftlichen Theorien werden heute aus gutem Grund kaum noch vertreten. Allein mit den Mitteln des Zivilrechts lässt sich das Wesen eines Tarifvertrages nur sehr eingeschränkt erklären. Zum einen fällt die Vorstellung schwer, dass die Tarifvertragsparteien als Vertreter jedes einzelnen Mitglieds und vor allem aller künftigen Mitglieder auftreten sollen. Eine solche Ausgestaltung erscheint konstruiert. Dies zeigt schon ein Blick auf die Praxis der Tarifabschlüsse. Tarifverträge werden nicht im Namen der Mitglieder, sondern im Namen der Tarifverbände abgeschlossen. Dadurch wird deutlich, dass die Tarifvertragspartner nicht in Vertretung ihrer Mitglieder handeln wollen, sondern vielmehr in eigenem Namen.

Zudem treten die Gewerkschaften regelmäßig in der Rechtsform eines nicht-rechtsfähigen Vereins auf. Beim Normalfall des Vertragsschlusses durch einen nicht-rechtsfähigen Verein werden aber die Mitglieder als Gesamthandsgemein-

[59] Interessanterweise gelangt jedoch auch Ramm zur unmittelbaren Geltung der Grundrechte. Er und eine Mindermeinung (BAGE 1, 185, 193; 13, 168, 174; a.A. aber BAGE 47, 363, 374 f.; 48, 122 138 f.; Heinrichs, in: Palandt, § 242 Rz. 7 m.w.N.) wenden die Grundrechte unmittelbar auch für den Privatrechtsverkehr an. Nach Ramm führe die Übernahme der abgestuften Gesetzesvorbehalte des Grundgesetzes zu einer größeren begrifflichen Klarheit, womit eine Erhöhung der Rechtssicherheit erreicht werde, im Gegensatz zur undurchsichtigen Einzelfallrechtsprechung über die Generalklauseln mit ihren unbestimmten Rechtsbegriffen. (Ramm, JZ 1991, 1, 6 f.) Die herrschende Meinung widerspricht jedoch zu Recht der unmittelbaren Wirkung der Grundrechte im Privatrecht. Eine unmittelbare Grundrechtsbindung verkennt nicht nur, dass die im Privatrecht handelnden Subjekte selbst Grundrechtsberechtigte sind, sondern auch die historisch gewachsene Rolle der Grundrechte als Abwehrrechte gegen den Staat. Zudem wäre die Folge eine beträchtliche und unangemessene Einschränkung der Privatautonomie. (dazu Hesse, Verfassungsrecht, S. 156 ff.; Stern, Staatsrecht, Bd. III/1, S. 1552 ff.)

[60] BVerfGE 7, 198, 205; 81, 242, 254

schaft berechtigt und verpflichtet. Aber anstatt auf diese Weise gemeinsame Rechte und Verbindlichkeiten zu begründen, soll durch den Tarifvertrag gerade jeder Arbeitgeber und Arbeitnehmer einzeln berechtigt und verpflichtet werden.[61] Eine solche Individualvertretung wäre der für einen nicht-rechtsfähigen Verein untypische Fall. Auch der Versuch, die bindende Wirkung eines Tarifvertrags auch für künftige Mitglieder mit Hilfe der Vertretung ohne Vertretungsmacht zu erklären, überzeugt nicht. Die Folge wäre, dass die Tarifvertragspartner Personen vertreten würden, die sie nicht kennen und deren Eintritt in die Verbände noch völlig unbestimmt ist. Insoweit fehlt es an einem Mindestmaß an Konkretisierung bezüglich der Person des Vertretenen.

Daneben lässt sich mit den rechtsgeschäftlichen Theorien auch nicht die zwingende Wirkung eines Tarifvertrages erklären. Geht man von einer Vertretung der Mitglieder durch ihre Verbände aus, müsste es den Arbeitsvertragsparteien als "Vertretenen" jederzeit möglich sein, abweichend vom Tarifvertrag einvernehmlich etwas anderes zu vereinbaren. Wenn dieser Widerspruch zur Vertragsfreiheit der Verbandsmitglieder damit zu erklären versucht wird, dass den Gewerkschaften eine "sozialrechtliche Vertretungsmacht" zugestanden wird, wird mit dieser Konstruktion der Rahmen des geltenden Vertretungsrechts verlassen. Eine dadurch begründete verdrängende unwiderrufliche Vollmacht ist nicht zulässig.[62] Grund dafür ist, dass sich niemand der Fähigkeit entäußern kann, in seinem eigenen Rechtskreis rechtswirksame Handlungen vorzunehmen.[63] Die Zuständigkeiten im rechtsgeschäftlichen Verkehr und die Möglichkeiten ihrer Änderung werden durch die objektive Rechtsordnung festgelegt. Durch Rechtsgeschäft lassen sich die Voraussetzungen der Wirksamkeit eines Rechtsgeschäfts nur dann bestimmen, wenn dies durch Gesetz zugelassen wird.[64] An einer solchen Zulassung durch Gesetz fehlt es im Fall einer verdrängenden unwiderruflichen Vollmacht.

Ramm sieht in § 4 TVG die gesetzliche Anerkennung der verdrängenden, unwiderruflichen Vollmacht für die Arbeitnehmervertretung. In Wahrheit würde es sich dann aber nicht um eine Vollmacht, sondern um eine verdrängende gesetzliche Vertretungsmacht handeln, die zu einer partiellen Entmündigung der gewerkschaftsangehörenden Arbeitnehmer führen würde.[65] Dies ist vom Gesetzgeber aber nicht gewollt worden. Dem Wortlaut des Tarifvertragsgesetzes lässt sich eine solche Ermächtigung nicht entnehmen. Die Annahme der partiellen Unmündigkeit der Arbeitnehmer übersieht auch völlig den Solidaritätsgedanken,

---

[61] Zöllner, RdA 1964, 443, 445

[62] Leptien, in: Soergel, BGB, Bd. I, § 168 Rz. 28; Schramm, in: MünchKomm, Bd. 1, § 168 Rz. 88a; Flume, BGB AT, Bd. II, § 53 Rz. 6

[63] für § 137 BGB: Liebs, AcP 175, 1, 3

[64] Schramm, in: MünchKomm, Bd. 1, § 168 Rz. 88a

[65] Zöllner, RdA 1964, 443, 445

der eine starke Rolle im Tarifvertragsrecht spielt.[66] Die Rechte einzelner Arbeitnehmer treten hinter die Kollektivinteressen zurück, unabhängig davon, ob der einzelne Arbeitnehmer zur eigenen Interessenwahrnehmung in der Lage ist oder nicht. Begründet man dagegen die "sozialrechtliche Vertretungsmacht" mit einem Schutzauftrag der Verbände zugunsten "beschränkt geschäftsfähiger" Arbeitnehmer, müsste sich ihre Vertretungsmacht in umfassender Weise über den Kreis der tarifgebundenen Arbeitnehmer auch auf die Außenseiter erstrecken, die ebenfalls nicht zur eigenen Interessenwahrnehmung in der Lage sind. Die unmittelbare und zwingende Wirkung der Tarifnormen gegenüber Außenseitern besteht aber nur für den Bereich der Betriebsnormen.

Die Annahme eines dem § 317 BGB entsprechenden Gestaltungsrechts ist ebenfalls nicht in der Lage, die zwingende Wirkung der Tarifverträge zu erklären. Auch dadurch werden die Parteien nicht entgegen ihrem eigenen Willen der Dauergestaltung durch einen Dritten unterworfen.[67] Eine Unabdingbarkeit der Leistungsbestimmung durch den Dritten im Falle eigener Interessen an der Rechtsgestaltung ist im Rahmen des § 317 BGB nicht vorgesehen. Es erscheint auch mehr als zweifelhaft, ob das Interesse des Dritten, der lediglich eine Hilfsfunktion bei der Vertragsgestaltung ausübt, gegenüber der Vertragsfreiheit der Vertragspartner als den eigentlich Beteiligten überwiegen kann.[68] Zudem ist es der Sinn und Zweck der Leistungsbestimmung durch einen Dritten, einen Vertragsschluss zu ermöglichen, auch wenn eine Einigung zwischen den Vertragspartnern nicht möglich ist. Ist jedoch eine Einigung möglich bzw. sind diese bereit, den Vertrag einverständlich zu ändern, so bedarf es der Rechtsgestaltung durch einen Dritten nicht mehr. Damit kann auch durch den Unterwerfungsgedanken entsprechend des § 317 BGB keine Erklärung dafür gefunden werden, warum der Tarifvertrag die Arbeitsvertragspartner auch bei einem übereinstimmend entgegenstehenden Willen verpflichten soll.

Der Ansatz von Bötticher gerät wie alle rechtsgeschäftlichen Theorien dort in Erklärungsprobleme, wo die zwingende Wirkung gegenüber künftigen Verbandsmitgliedern erklärt werden soll. Hierbei käme es zu einer Leistungsbestimmung für künftige Rechtsverhältnisse, bevor die Vertragspartner überhaupt feststehen und sich der Leistungsbestimmung unterwerfen konnten.[69] Sofern hier von Jacobi, dessen Theorie eines "kollektiven Schuldvertrags" zu Recht als bloße "Spielart der Vertretertheorie"[70] bezeichnet wird, auf die Regelung der unabdingbaren Wirkung im TVG verwiesen wird, würde dies die Konstruktion einer

---

[66] Hofbauer, Rechtscharakter, S. 31
[67] Wiedemann/Stumpf, TVG, 5. Auflage, § 1 Rz. 22
[68] Hofbauer, Rechtscharakter, S. 33
[69] Zöllner, Rechtsnatur, S. 11
[70] Kemper, Koalitionsfreiheit, S. 68

neuartigen gesetzlichen Stellvertretung bedeuten.[71] Der Wortlaut des § 4 Abs. 1 TVG bietet jedoch keine Anhaltspunkte hierfür und es erscheint deshalb unwahrscheinlich, dass der Gesetzgeber eine gänzlich neue, im Privatrecht bisher unbekannte Art der Stellvertretung vor Augen hatte.

Im Gegensatz dazu werden von ihm die Tarifvertragsnormen in §§ 1 Abs. 1, 3 Abs. 2, und 4 Abs. 1, 5 TVG ausdrücklich als Rechtsnormen bezeichnet. Zusammen mit der Ausstattung mit unabdingbarer und zwingender Wirkung in § 4 Abs. 1 TVG trifft der Gesetzgeber hier eine rechtliche Einordnung, die durch die rechtsgeschäftlichen Theorien nicht widerlegt werden kann.[72] Damit stehen die Meinungen, die einen rein schuldrechtlichen Ansatz verfolgen und die normative Wirkung eines Tarifvertrages ablehnen, zu der vom Gesetzgeber getroffenen rechtlichen Qualifizierung der Tarifnormen als Rechtsnormen in unüberbrückbarem Widerspruch.[73]
Dabei handelt es sich auch nicht um eine rechtlich unerhebliche Einordnung, wie Ramm meint. Die Regelungen des TVG gehen über eine bloße Einordnung hinaus. Der Gesetzgeber hat hierdurch Tarifverträge mit normativer Wirkung ausgestattet oder deren Anwendungsbereich zumindest konkretisiert. Wie Ramm aber selbst einräumt, muss dem Gesetzgeber eine solche Gestaltung eines sozialen Tatbestandes unbenommen bleiben. Aus der besonderen Wirkung, die den Tarifverträgen verliehen wurde, kann und muss sich dann aber auch eine andere rechtliche Wertung ergeben, die dieser Gestaltung durch den Gesetzgeber Rechnung trägt.

Wenn sich schon die Wirkung der Tarifvertragsnormen auf die tarifgebundenen Arbeitnehmer schuldrechtlich nur schwer begründen lässt, scheitern die rechtsgeschäftlichen Erklärungsversuche endgültig an der zwingenden Wirkung, die Tarifvertragsnormen gegenüber Außenseitern gem. § 3 Abs. 2 TVG entfalten. Es fehlt hier an jeglicher Willenserklärung, die die Tarifverbände zu einem Handeln für die Außenseiter ermächtigen könnte. Trotzdem besteht für sie eine Bindung an Tarifvertragsnormen, die betriebliche und betriebs-verfassungsrechtliche Fragen regeln.

Eine Erklärung der tarifvertraglichen Wirkung mit Hilfe der rein rechtsgeschäftlichen Theorien kann aus den genannten Gründen nicht überzeugen. Der von Jacobi entwickelte und von Bötticher und anderen übernommene Unterwer-

---

[71] Hinz, Tarifhoheit, S. 40
[72] Belling, ZfA 1999, 547, 581 f.
[73] Was auch von Bötticher eingeräumt wird (siehe Fn. 49).

fungsgedanke fand jedoch Aufnahme in die später entstandene mandatarische Theorie[74] und lebt in dieser fort.

2) Rechtssatztheorien

Die Rechtssatztheorien gehen übereinstimmend davon aus, dass Tarifverträge unmittelbar und zwingend gegenüber dem Kreis der tarifgebundenen Personen wirken und es sich deshalb um echte Rechtssätze handelt. Allein die Begründung hierfür ist umstritten. Die Rechtssatztheorien sind wohl die am verbreitetsten Meinungen zur Rechtsnatur der Tarifverträge, da man letztlich nicht umhin kommt, dem Tarifvertrag normative Wirkung beizumessen. Auch innerhalb der Rechtssatztheorien ist der jeweilige theoretische Ansatz von entscheidender Bedeutung für die Frage der Grundrechtsbindung. Sind die Verbände durch den Staat zur Rechtsetzung legitimiert, kommt eine unmittelbare Wirkung der Grundrechte in Frage. Sieht man die Verbände durch ihre Verbandsmitglieder legitimiert, ist allein eine mittelbare Grundrechtswirkung möglich, da sich der Geltungsgrund im privatautonomen und nicht im hoheitlichen Bereich befindet.

a) Originäre Rechtsetzungsbefugnis

Vereinzelt wird den Verbänden eine originäre (vorverfassungsrechtliche) Rechtsetzungsbefugnis zuerkannt. Wegen dieser originären Rechtsetzungsbefugnis bedürfe es nicht mehr einer Übertragung von Rechtsetzungsmacht durch den Staat. Den Sozialpartnern wohne auf tariflichem Gebiet auch ohne staatliche Ermächtigung die Fähigkeit zur Normsetzung inne.[75] Die Tarifautonomie erschließe sich als der aus der staatlichen Rechtsetzung ausgeklammerte Bereich originärer Regelungsbefugnis der Sozialpartner durch Tarifvertrag.[76] Dieser sei eine "eigenständige und tief im organischen Denken verwurzelte, eine naturrechtlich begründete Lebensbetätigung und Lebensform der sozialen Autonomie".[77]

Historisch wird diese originäre Rechtsetzungsmacht damit begründet, dass die Gewerkschaften sich selbständig entwickelt hätten und zu Beginn staatlicher Repression ausgesetzt gewesen seien. Der Tarifvertrag als Institution habe sich dann aus gesellschaftlichen Bedürfnissen und dem Willen der Beteiligten heraus gebildet. Die ersten Tarifverträge seien gerade ohne Zustimmung des Staates

---

[74] Siehe zu dieser 1. Teil III) 2) b).

[75] Herschel, Allgemeinverbindlicherklärung, S. 125, 130; Feistel, Beweislastregeln, S. 29

[76] Feistel, ebenda, S. 29

[77] Herschel, Allgemeinverbindlicherklärung, S. 125, 130

zustande gekommen.[78] Damit sei auch die mit der Tarifmacht einhergehende Rechtsetzungsmacht keine vom Staat freiwillig zu seiner Entlastung gegebene Befugnis, sondern ein dem Staat abgetrotztes Recht. Dies bestätige auch ein Blick auf die Rechtsgeschichte, in der es jeweils nach den beiden Weltkriegen Tarifverträge gegeben habe, die auch ohne staatliche Ermächtigung wirksam gewesen seien und zwingende Rechtsätze enthalten hätten. Deshalb sei davon auszugehen, dass der Tarifvertrag letztlich im außerstaatlichen Raum wurzele.[79] Der Verfassungsgeber habe dann die vorkonstitutionelle Rechtsetzungsgewalt der Koalitionen vorgefunden und als vorgegebene Rechtswirklichkeit lediglich anerkannt und gewährleistet.[80] In der TVVO und im TVG habe die tarifliche Rechtsetzungsgewalt lediglich eine Konkretisierung und Positivierung gefunden. Die von den mit originärer Rechtsetzungsbefugnis ausgestatteten Tarifvertragspartnern geschaffenen Normen seien trotzdem an die eigentlich staatsgerichteten Grundrechte gebunden. Diese Bindung folge unmittelbar aus Art. 1 Abs. 3 GG, wonach die Gesetzgebung an die Grundrechte gebunden sei. Dies gelte nicht nur für den staatlichen Gesetzgeber, sondern auch für die autonome Gesetzgebung der Verbände. Deren Tarifnormen seien echte Rechtsnormen, die als Gesetze im materiellen Sinn anzusehen seien.[81]

b) Mandatarische Theorie

Die mandatarische Theorie nimmt eine Zwischenstellung ein zwischen den rechtsgeschäftlichen Theorien und den Theorien, die den hoheitlichen Normcharakter von Tarifregelungen anerkennen. Zum einen bejaht sie die zwingende Wirkung und die Rechtssatzeigenschaft eines Tarifvertrages, zum anderen begründet sie dies jedoch aus einer privatrechtlichen Autorisierung durch die Mitglieder. Es handle sich bei den Tarifvertragsnormen um das Ergebnis privatautonomer Rechtsgestaltung, deren rechtsgeschäftliche Normen[82] kraft Legitimation durch die Mitglieder wirkten. In Abkehr von der bisherigen Rechtsprechung des Bundesarbeitsgerichts, die von einer auf Delegation beruhenden unmittelbaren Grundrechtsbindung ausging, haben sich auch der 4. und der 7. Senat dieser Meinung angeschlossen.[83] Danach könnten "Tarifverträge trotz ihrer normativen Wirkung nicht als Gesetzgebung im Sinne von Art. 1 Abs. 3 GG angesehen wer-

---

[78] Feistel, Beweislastregeln, S. 30 ff, so auch Söllner, ArbuR 66, 257, 260 f., der aber die Rechtsetzungsbefugnis als von "staatlicher Herkunft" ansieht.
[79] Herschel, Allgemeinverbindlicherklärung, S. 125, 131
[80] Herschel, Sinn und Grenzen, D 16; Feistel, Beweislastregeln, S. 59
[81] Herschel, Arbeitsrecht (1976), S. 42 f.
[82] Rehbinder, JR 1968, 167, 170
[83] BAG v. 30.8.2000, NZA 2001, 613 ff.; BAG v. 25.2.1998, NZA 1998, 715 f.; BAG v. 11.3.1998, NZA 1998, 716 ff.

den"; im Übrigen seien sie "das Ergebnis kollektiv ausgeübter Privatautonomie, so dass auch der Gesichtspunkt der staatlichen Delegation von Rechtssetzungsbefugnissen die unmittelbare Grundrechtsbindung nicht begründen" könne.[84] Mit der Wahrnehmung ihres Grundrechts aus Art. 9 Abs. 3 GG durch den Verbandsbeitritt hätten sich die Mitglieder bestehendem und künftigen Tarifrecht unterworfen.[85]

Ähnlich wie die originäre Theorie lehnt die mandatarische Theorie eine Legitimation der Normsetzungsbefugnis durch den Staat ab und gründet die Normsetzungsbefugnis auf eine den Tarifvertragspartnern zustehende Autonomie. Hierbei wird jedoch im Unterschied zur originären Theorie, die für die autonome Herleitung der Rechtsetzungsbefugnis auf die Position des Regelungsurhebers abstellt, auf die Position des Regelungsadressaten abgestellt und von diesem die (privatautonome) Befugnis zur Rechtsetzung hergeleitet.[86]

Da die Rechtsgeltung der Tarifvertragsnormen stets von einem privatrechtlichen Sanktionierungsakt, einer Legitimation durch das Verbandsmitglied abhänge, handle es sich um autonome Rechtsgestaltung.[87] Diese privatautonome Legitimation beruhe auf dem Verbandsbeitritt der Mitglieder. Dieser Beitritt geschehe "im Vertrauen auf die Sachgerechtigkeit der Interessenvertretung, die Verhandlungsstärke des Verbandes und die Richtigkeitsgewähr seiner Tarifabschlüsse".[88] Er bedeute also die freiwillige Unterwerfung unter bestehendes und künftiges Tarifrecht. Da die Tarifnormen letztlich auf einem freiwilligen Willensakt des Mitglieds beruhten, stellten sie keine Fremdbestimmung, sondern Selbstbestimmung dar.[89]

Der Gesetzgeber habe die privatautonom zustande gekommenen Tarifverträge durch § 4 Abs. 1 TVG mit der normativen Wirkung ausgestattet. Dies sei ein vom Gesetzgeber geschaffener, besonderer Fall rechtstechnischer Ausgestaltung innerhalb der Privatautonomie.[90] Die besondere Regelungswirkung lasse jedoch den privatautonomen Ursprung unberührt, da der Regelungsauftrag vom Mitglied komme und nicht vom Staat.[91] Aus diesem Grund bestehe auch kein Wi-

---

[84] BAG, NZA 2001, 613, 615
[85] BAG, NZA 1998, 715, 716.; BAG, NZA 1998, 716, 719
[86] Adomeit, Rechtsquellenfragen, S. 134
[87] Richardi, Kollektivgewalt, S. 143; Canaris, AcP 184, 244; Singer, ZfA 1995, 611, 616
[88] Dieterich, Grundrechtsbindung, S. 117, 121
[89] Wiedemann, Bindung, S. 76 f.
[90] Richardi, ZfA 1970, 85, 89; Rehbinder, JR 1968, 167, 169; Wiedemann, ebenda, S. 81, 85; Rieble, ZfA 2000, 5, 15; auch Zöllner, Rechtsnatur, S. 37 hält "eine derartige Rechtsnormenwirkung im Bereich der Privatautonomie für denkbar und vom Gesetzgeber statuierbar".
[91] Wiedemann, ebenda, S. 70

derspruch zum Rechtsetzungsmonopol des Staates, da der Gesetzgeber selbst den tariflichen Normen die Rechtsnormwirkung im Rahmen der Privatautonomie zugedacht habe.[92] Die Normsetzungsbefugnis der Tarifvertragsparteien sei deshalb keine originäre sondern eine staatlich abgeleitete.

Allein aus der Einordnung der Tarifnormen als Rechtsnormen im TVG lasse sich nicht entnehmen, dass es sich um staatlich übertragene Rechtsetzungsmacht handele. Nach der sogenannten normologischen Theorie seien auch Rechtsgeschäfte Rechtsnormen. Normen könnten nicht nur durch die herkömmlichen Rechtsquellen, wie Gesetz, Rechtsverordnung, Satzung und Gewohnheitsrecht, erschaffen werden, sondern auch durch Rechtsgeschäfte.[93] Eine Norm definiere sich als eine "verbindliche Regel menschlichen Verhaltens".[94] Für den Normunterworfenen sei es gleichgültig, ob er aufgrund eines Rechtssatzes oder aufgrund eines Rechtsgeschäfts zu einem bestimmten Verhalten verpflichtet sei.[95] Entscheidendes Kriterium des weiter gefassten Normbegriffs sei deshalb allein die Verbindlichkeit.[96] Die im Begriff der Privatautonomie zusammengefassten Einzelvorschriften verliehen dem Einzelnen dabei die Befugnis zum Erlass von Rechtsnormen.[97] Damit werde der Unterschied zwischen Rechtsgeschäft und Rechtsnorm aufgelöst. Für die Abgrenzung zwischen privater und hoheitlicher Rechtsetzung seien dann allein materielle Abgrenzungskriterien entscheidend. Da für die Tarifnormen der Wille der Mitglieder Geltungsgrund sei, komme hier nur eine privatautonome Deutung in Frage.[98]

Zudem spreche gegen die Annahme eines öffentlich-rechtlichen Normsetzungsvorgangs, dass es keine dem öffentlichen Recht angehörende Normsetzung ohne Beteiligung des Staates gebe.[99] Jegliche Normsetzung durch privatrechtliche Verbände müsse einer staatlichen Kontrolle unterliegen. Bei dieser Staatsaufsicht handele es sich um das "notwendige Korrelat der Delegation staatlicher Macht".[100] Bei Tarifvertragsnormen fehle es an dieser staatlichen Kontrolle.

---

[92] Richardi, Kollektivgewalt, S. 137; Rehbinder, JR 1968, 167, 169
[93] Rehbinder, JR 1968, 167, 170; Richardi, in: MünchArbR, Bd. 3, § 234 Rz. 15
[94] Adomeit, RdA 1967, 297, 300
[95] Hofbauer, Rechtscharakter, S. 42
[96] Wiedemann, Bindung, S. 81
[97] Bucher, Normsetzungsbefugnis, S. 55 f.
[98] Wiedemann, Bindung, S. 82 ff.; Bydlinski, RdA 1968, 74 f.
[99] Dürig, in: Maunz/Dürig, GG, Bd. I, Art. 1 III Rz. 116; Richardi, Kollektivgewalt, S. 147 ff.; Zöllner, RdA 1964, 443, 446
[100] Wiedemann, Bindung, S. 30

aa) Grundrechtsbindung

Nach der mandatarischen Theorie beruht die tarifvertragliche Regelungsbefugnis auf einer privatautonomen Legitimationsgrundlage. Da die Tarifvertragsnormen damit nicht dem Staat, sondern den Tarifvertragspartnern zuzurechnen seien, könnten die Grundrechte gerade nicht unmittelbar als Abwehrrechte wirken. Die Tarifvertragspartner seien selbst Grundrechtsträger und deshalb nicht Adressaten von Grundrechten. Anders als staatliche Gesetzgebung bedürfe die tarifliche Rechtsetzung auch nicht der Verkündung.[101] Insofern seien das Tarifvertragssystem und staatliche Gesetzgebung wesensverschieden.[102]

Die Tarifnormen stellten zwar objektives Recht dar. Da es sich aber nicht um hoheitlich gesetztes Recht, sondern privatautonom gesetztes Recht handele, seien Tarifnormen keine Gesetzgebung im Sinne des Art. 1 Abs. 3 GG und damit nicht unmittelbar an die Grundrechte gebunden. Art. 1 Abs. 3 GG erfasse nur Gesetzgebung im formellen Sinn.[103] Dies ergebe sich aus seinem Wortlaut, in dem die drei Begriffe der Gewaltenteilung (Gesetzgebung, vollziehende Gewalt und Rechtsprechung) als die klassischen Formen des staatlichen Handelns zusammengestellt worden seien.[104] Dass mit dieser "Begriffsdreiheit" die staatliche Gewalt gemeint sei, ergebe sich auch aus dem systematischen Zusammenhang mit Art. 20 Abs. 2 S. 1 und 2 GG, wonach die staatliche Gewalt vom Volk ausgehe und dieses die Staatsgewalt durch Organe der Gesetzgebung, der vollziehenden Gewalt und der Rechtsprechung ausübe.[105]

Die durch eine unmittelbare Grundrechtsbindung herbeigeführte Inhaltskontrolle von Tarifnormen anhand des Verhältnismäßigkeitsmaßstabs führe zudem zu einer übermäßigen Beschränkung der durch Art. 9 Abs. 3 GG geschützten Tarifautonomie.[106] Eine solche Inhaltskontrolle sei auch wegen der "hohen Richtigkeitsgewähr" von Tarifverträgen nicht erforderlich.[107]

Mit der Annahme einer privatautonomen Rechtsetzungsbefugnis der Tarifvertragspartner kommt für die Vertreter der mandatarischen Theorie nur eine Grundrechtsbindung in Frage, die im Privatrecht wurzelt. Deshalb stellt sich

---

[101] Wiedemann, Bindung, S. 29 f.

[102] Richardi, in: MünchArbR, Bd. 1, § 10 Rz. 26

[103] Richardi, Kollektivgewalt, S. 164 f.; derselbe, in: MünchArbR, Bd. 1, § 10 Rz. 22; Scholz, in: Maunz/Dürig, GG, Bd. I, Art. 9 Rz. 357; Dürig, in: Maunz/Dürig, GG, Bd. I, Art. 1 III Rz. 115

[104] Richardi, in: MünchArbR, Bd. 1, § 10 Rz. 22; Wiedemann, Bindung, S. 29

[105] Waltermann, RdA 1990, 138, 141, der aber in der sozialen Mächtigkeit der Verbände den Grund für die Grundrechtsbindung sieht.

[106] Dieterich, Grundrechtsbindung, S. 122 f.; Canaris, AcP 184, 201, 244

[107] Canaris, AcP 184, 201, 204; Ossenbühl/Richardi, Arbeitskampf, S. 116 ff.

auch hier die Frage nach der Grundrechtsgeltung im Privatrecht. Dabei lassen sich vor allem drei Ansichten unterscheiden. Die einen befürworten eine unmittelbare Grundrechtsbindung im Privatrecht. Dies wird von den Vertretern der Lehre von der Ausstrahlungswirkung der Grundrechte und der Schutzpflichttheorie abgelehnt.

(1) Unmittelbare Grundrechtsbindung

Eine Mindermeinung sieht in den Grundrechten nicht nur staatsgerichtete Abwehrrechte. Wegen ihrer Funktion als Ordnungsgrundsätze und Grundsatznormen käme ihnen auch im Privatrechtsverkehr eine unmittelbare Bindungswirkung zu, ohne dass es der Umsetzung durch den einfachen Gesetzgeber bedürfe.[108] Das Verfassungsrecht enthalte eine "normative Regelung der gesamten Rechtsordnung".[109] Durch diese "absolute Wirkung" sei es den Grundrechten möglich, unmittelbar auf Privatrechtsnormen einzuwirken, indem bestehende modifiziert oder auch neue geschaffen würden.
Zwar seien die Grundrechte im 19. Jahrhundert ursprünglich auf das Verhältnis Staat-Bürger beschränkt gewesen.[110] Diese historische Sicht sei aber kein Beweis für die heutige Wirkungsweise der Grundrechte. Die in der heutigen Gesellschaft bestehende Bedrohung durch gesellschaftliche Mächte verlange eine Anpassung der Grundrechtsfunktionen und damit eine Ausweitung des Grundrechtsschutzes, um den Bürger umfassend zu schützen. Vor allem Art. 1 Abs. 1 und 2 GG deuteten darauf hin, dass das Zentralanliegen des Grundgesetzes ein möglichst wirkungsvoller Schutz des Einzelnen sei.[111]

Die unmittelbare Wirkung der Grundrechte im Privatrecht sei insofern aber eingeschränkt, als dass sie nicht für alle Grundrechte gelte.[112] Es sei vielmehr für jedes einzelne Grundrecht gesondert festzustellen, ob ihm Bedeutung für den Privatrechtsverkehr zukomme und eine "Parallele zum Verhältnis Staat und Bürger offensichtlich nahe liege".[113]

---

[108] Enneccerus/Nipperdey, Bürgerliches Recht AT, Bd. 1, S. 93 f., Nipperdey, Grundrechte und Privatrecht, S. 23 f.; BAGE 1, 185, 193 f.; 4, 274, 276 f.; 7, 256, 260
[109] Nipperdey, ebenda, S. 24
[110] Nipperdey, ebenda, S. 25; Enneccerus/ Nipperdey, Bürgerliches Recht AT, S. 95 ff.; Müller, RdA 1964, 121, 125
[111] Laufke, Vertragsfreiheit, S. 145, 154
[112] Nipperdey, Grundrechte und Privatrecht, S. 28 ff; BAGE 1, 185, 193
[113] Nipperdey, ebenda, S. 28

(2) Ausstrahlungswirkung

Eine unmittelbare Grundrechtsbindung im Privatrecht wird von der Lehre von der Ausstrahlungswirkung der Grundrechte abgelehnt.
Grundsätzlich habe durch die Grundrechte nur der Staat verpflichtet werden sollen.[114] Dies ergebe sich schon aus dem Wortlaut des Grundgesetzes. So binde Art. 1 Abs. 3 GG nur Gesetzgebung, voll-ziehende Gewalt und Rechtsprechung als die drei Elemente der staatlichen Gewaltenteilung an die Grundrechte.
Weiterhin sei zu beachten, dass die Rechtssubjekte im Privatrecht selbst alle Grundrechtsträger seien.[115] Es könnten sich auch diejenigen, die die Grundrechte anderer beeinträchtigten, auf ihre Grundrechte und insbesondere auf die aus Art. 2 Abs. 1 GG herrührende Vertragsfreiheit berufen. Damit sei das Privatrecht im Gegensatz zum Verhältnis Staat-Bürger von Gleichordnung geprägt.[116]

Aus der Entscheidung des Grundgesetzes für ein gegen den Staat gerichtetes generelles Freiheitsrecht in Art. 2 Abs. 1 GG ergebe sich, dass die absolute Wirkung der Grundrechte zugunsten der Privatautonomie eingeschränkt werde.[117] Die grundgesetzliche Freiheitsgewährung umfasse auch die Möglichkeit der Grundrechtsträger, "sich über Grundrechtssätze, die für staatliches Handeln unabdingbar sind, unter koordinierten Rechtsgenossen hinwegsetzen zu dürfen".[118] Deshalb sei der Staat verpflichtet, von den Grundrechtsnormen abweichende Rechtsgeschäfte Privater als rechtmäßig anzuerkennen. Als Folge davon divergierten zivilrechtliche Rechtswidrigkeit und Grundrechtswidrigkeit.

Darüber hinaus führt Hesse[119] gegen eine unmittelbare Grundrechtsbindung auch Gründe der Rechtssicherheit an. Bei einer unmittelbaren Anwendung der Grundrechte käme dem Richter die schwierige Aufgabe zu, die Grundrechtssphären der beiden Grundrechtsträger abzugrenzen. Dies widerspreche der "Aufgabe eines rechtsstaatlichen Anforderungen genügenden Privatrechts", eindeutige und bestimmte Regelungen zur Verfügung zu stellen. Damit sei es zunächst die Aufgabe des Privatrechtsgesetzgebers, eine gesetzliche Konkretisierung des Grundrechtsgehalts und die Abgrenzung einzelner Grundrechtspositionen gegeneinander vorzunehmen. Erst wenn die gesetzliche Konkretisierung wegen der Verwendung von unbestimmten Rechtsbegriffen oder Generalklauseln fehle, käme dem Richter die Aufgabe der Differenzierung und Interpretation zu.

---

[114] Canaris, AcP 184, 201, 203 f.
[115] Dürig, in: Maunz/Dürig, GG, Bd. I, Art. 1 III Rz. 130; Stern, Staatsrecht, Bd. III/1, S. 1545
[116] Stern, ebenda, S. 1553
[117] Dürig, Grundrechte und Zivilrechtsprechung, S. 158 f. und 176
[118] Dürig, in: Maunz/Dürig, GG, Bd. I, Art. 1 III Rz. 130
[119] Hesse, Verfassungsrecht, Rz. 354 ff.

Trotz der Ablehnung einer unmittelbaren Grundrechtsbindung betont auch die Lehre von der Ausstrahlungswirkung die Geltung der Grundrechte im Privatrecht. Es soll sich dabei jedoch nur um eine mittelbare Grundrechtsbindung handeln. Diese wird mit der Ausstrahlung der Grundrechte auf das Privatrecht begründet. Ausgangspunkt hierfür war zunächst die Überlegung, dass der Verfassungsgeber durch die Grundrechte objektive Grundentscheidungen getroffen habe, welche Geltung für die gesamte Rechtsordnung beanspruchten.[120] Die Grundrechte strahlten auf alle Bereiche des Rechts aus und wirkten somit als objektive Prinzipien der Gesamtrechtsordnung auch auf die Gestaltung der Rechtsbeziehungen zwischen Privaten ein.[121] Keine bürgerlich-rechtliche Vorschrift dürfe im Widerspruch zum Grundgesetz stehen, sondern müsse in "seinem Geiste" ausgelegt werden. In erster Linie geschehe dies über die Generalklauseln und die unbestimmten Rechtsbegriffe im Zivilrecht, die als "Medium"[122] für den Rechtsgehalt der Grundrechte wirkten. Diese eigneten sich als "Einbruchstelle" der Grundrechte deshalb besonders, weil sie zur Beurteilung menschlichen Verhaltens auf außerrechtliche, wertausfüllungsfähige und wertausfüllungsbedürftige Begriffe und Maßstäbe, wie zum Beispiel den der "guten Sitten", zurückgriffen.[123] Im Rahmen der Auslegung müsse dann "in erster Linie von der Gesamtheit der Wertvorstellungen ausgegangen werden, die das Volk in einem bestimmten Zeitpunkt seiner geistig-kulturellen Entwicklung erreicht und in seiner Verfassung fixiert" habe.[124] Der Weg über die Generalklauseln wahre "einerseits die Einheit des Gesamtrechts in der Rechtsmoral" und sorge aber auch dafür "die Eigenständigkeit des Privatrechts gegenüber öffentlichrechtlicher Überfremdung" zu wahren.[125]

(3) Schutzpflichtfunktion der Grundrechte

Die Theorie von der Ausstrahlung der Grundrechte wurde weitgehend durch die Theorie von der Schutzpflichtfunktion der Grundrechte abgelöst. Nach dieser ursprünglich vom Bundesverfassungsgericht im Fristenlösungsurteil[126] entwickelten Theorie komme den Grundrechten eine Schutzpflichtfunktion zu, "die staatliche Grundrechtsadressaten dazu verpflichtet, einzelne Grundrechtsträger vor einer unverhältnismäßigen Beschränkung ihrer Grundrechte durch privatau-

---

[120] BVerfGE 7, 198, 205; 81, 242, 254; Flume, Rechtsgeschäft und Privatautonomie, S. 140 f.
[121] BVerfGE 34, 269, 280; Hesse, Verfassungsrecht, Rz. 353
[122] BVerfGE 7, 198, 205
[123] Dürig, in: Maunz/Dürig, Bd. I, GG, Art. 1 III Rz. 132, Stern, Staatsrecht, Bd. III/1, S. 1543
[124] BVerfGE 7, 198, 206
[125] Dürig, in: Maunz/Dürig, GG, Bd. 1, Art. 1 III Rz. 132
[126] BVerfGE 39, 1

tonome Regelungen zu bewahren".[127] Obwohl die Schutzpflichtfunktion der Grundrechte Verpflichtungen des Staates zum Tätigwerden begründe, betreffe sie den Bereich der Privatautonomie, da für Angriffe aus Staatsrichtung in den grundrechtlich geschützten Bereich die Funktion der Grundrechte als Abwehrrechte einschlägig sei.[128]

Eine solche Schutzpflicht wurde vom Bundesverfassungsgericht für den Fall bejaht, dass ein Vertragsteil ein so starkes Übergewicht an Vertragsmacht habe, dass ein interessengerechter Ausgleich mit den Mitteln des Vertragsrechts nicht mehr möglich sei.[129] Werde hierbei über "grundrechtlich verbürgte Positionen" verfügt, müsste der Staat zum Schutze der Grundrechte durch Regelungen "ausgleichend" eingreifen, wobei den "konkurrierenden Grundrechtspositionen der Vertragspartner ausgewogen Rechnung zu tragen" sei.[130] Demgegenüber seien die Vertragspartner dann nicht schutzbedürftig, wenn es an der Störung des Vertragsgleichgewichts fehle und sie deshalb in der Lage seien, ihre Interessen selbst durchzusetzen.[131]

Die Lehre von der Ausstrahlung der Grundrechte im Privatrecht verkenne dagegen den Unterschied zwischen dem Privatrechtssubjekt und dem Privatrechtsgesetzgeber, wenn sie von der generellen mittelbaren Wirkung der Grundrechte im Privatrecht spreche.[132] Der Privatrechtsgesetzgeber sei wie jeder andere Gesetzgeber auch wegen Art. 1 Abs. 3 GG unmittelbar an die Grundrechte gebunden. Die von der Ausstrahlungstheorie begründete Sonderstellung des Privatrechts sei insofern nicht nachvollziehbar, als Konflikte unter Privatrechtssubjekten auch außerhalb des Privatrechts gelöst werden könnten. Damit sei die "Kollision von Grundrechten kein Spezifikum der Privatrechtsnormen, sondern eine allgemeinere Erscheinung".[133] Auch könne die Geltung der Grundrechte nicht von der Ausgestaltung durch den einfachen Gesetzgeber abhängen, wie die Ausstrahlungstheorie nahe lege.[134] Vielmehr erlangten die Normen des einfachen Rechts Geltung "nach Maßgabe der im Grundrechtsabschnitt festgelegten Grundsatznormen".[135]

---

[127] BAG, NZA 1998, 715, 716; 716, 719

[128] Canaris, AcP 184, 201, 226

[129] BVerfGE 81, 242, 255; Singer, ZfA 1995, 611, 624; Stern, Staatsrecht, Bd. III/1, S. 1595

[130] BVerfGE 81, 242, 255

[131] Singer, ZfA 1995, 611, 624

[132] Canaris, AcP 184, 201, 212; Wiedemann, Bindung, S. 108; Stern, Staatsrecht, Bd. III/1, S. 1566 f

[133] Canaris, AcP 184, 201, 212

[134] Wiedemann, Bindung, S.108

[135] Richardi, in: MünchArbR, Bd. 1, § 10 Rz. 11

Aus der Schutzgebotsfunktion der Grundrechte ergebe sich auch die Grundrechtsbindung der Tarifverträge. Die Schutzpflicht treffe "alle staatlichen Grundrechtsadressaten, somit auch die Gerichte, und zwar auch bei der Auslegung und Anwendung von Tarifverträgen als Ergebnisses kollektiv ausgeübter Privatautonomie".[136] Die Möglichkeit der Tarifvertragsparteien zur einseitigen Gestaltung der Arbeitsbedingungen, verstärkt durch die damit verbundene Kartellfunktion, mache es erforderlich, die Grundrechte des einzelnen gegenüber den Verbänden zu schützen.[137] Dabei bestehe die Störung der Privatrechtsbeziehung nicht in dem von Vertragsparität gekennzeichneten Verhältnis zwischen den Tarifvertragspartnern, sondern wegen der Drittbezogenheit des Tarifvertrages im Verhältnis zum Verbandsmitglied.[138] Dieses sei vor unzumutbaren Beschränkungen zu bewahren, die nicht mehr durch den beim Verbandsbeitritt zum Ausdruck gekommenen Willen zur Unterwerfung unter die Rechtsetzungsmacht der Tarifpartner gerechtfertigt seien.[139]

Des Weiteren beständen anders als bei einem sich durch Vertragsparität auszeichnenden privatrechtlichen Verhalten Bedenken gegen die Richtigkeitsgewähr von Tarifverträgen.[140] Der entscheidende Unterschied zwischen kollektiver Interessenvertretung und individual-rechtlicher Bevollmächtigung bestehe in den geringeren Einflussmöglichkeiten, die der Einzelne auf die tarifvertragliche Interessenwahrnehmung durch die Verbände nehmen könne. So sei schon wegen der weitgehend monopolistischen Organisation der Verbände die Auswahlfreiheit hinsichtlich des "Vertreters" eingeschränkt und die Interessenvertretung durch die Tarifvertragspartner anders als der Normalfall der individualrechtlichen Vertretung nicht beschränkbar. Aus tatsächlichen und rechtlichen Gründen sei es dem Einzelnen auch nicht möglich, sich den Tarifabschlüssen, die zumeist nur den Interessen der Mitgliedermehrheit entsprächen, zu entziehen.[141] Ein Ausgleich durch die Verhandlungsstärke des Tarifvertragsgegners finde nicht statt, da dieser grundsätzlich nicht im Interesse von Mitgliedern der Gegenseite handele.[142]

---

[136] BAG, NZA 2001, 613, 615

[137] Richardi, in: MünchArbR, Bd., 1 § 10 Rz. 28; Wiedemann, Bindung, S. 118 f.; Canaris, AcP 184, 201, 244; Müller, Berufsfreiheit, S. 252

[138] Singer, ZfA 1995, 611, 626; Wiedemann, ebenda, S. 97 ff.

[139] Müller, Berufsfreiheit, S. 252

[140] Singer, ZfA 1995, 611, 626 ff.

[141] Als Folge davon will Singer den Grundrechtsschutz auf die Fälle beschränken, in denen ein typisierbarer Interessenkonflikt im Lager der Repräsentierten besteht. Ausgeschlossen sei eine Grundrechtskontrolle dann, wenn die Tarifnorm nur dem Interesse und dem Schutz des sozialen Gegenspielers diene, da die Repräsentierten in diesem Fall grundsätzlich gleichgerichtete Interessen hätten.

[142] Singer, ZfA 1995, 611, 627, Wiedemann, Bindung, S. 162

Durch die Schutzpflichtfunktion werde in erster Linie der Gesetzgeber verpflichtet, in ausreichendem Maß zum Schutz der Grundrechte tätig zu werden. Hierbei stehe ihm ein Gestaltungsermessen zu, welches aber durch das Untermaßverbot begrenzt sei.[143] Diese Grenze der Verfassungswidrigkeit sei erreicht, wenn "das verfassungsrechtlich gebotene Schutzminimum unterschritten sei".[144] Tendenziell führe deshalb die Annahme einer Schutzpflichtfunktion der Grundrechte zu einem Kontrollmaßstab, der den Tarifvertragsparteien hinsichtlich der Grundrechtsbindung größere Freiräume lasse, als sie der Gesetzgeber einzuhalten habe.[145] Wenn der Gesetzgeber seiner Verpflichtung nicht nachkomme, sei der Richter berufen, dem Grundrechtsschutz zur Wirkung zu verhelfen.[146] Dies könne durch Rechtsfortbildung geschehen, aber auch durch verfassungskonforme Auslegung und Anwendung von bestehenden gesetzlichen Schutzregelungen, zu denen auch die Generalklauseln zählten.[147] Damit stelle sich die mittelbare Wirkung der Grundrechte als bloßer Teilbereich der Schutzpflichtfunktion der Grundrechte dar.[148]

bb) Verstärkung der Grundrechtswirkung

Teilweise wird die Ansicht vertreten, dass der allgemeine Grundrechtsschutz im Tarifvertragsrecht stärker wirke als im sonstigen Privatrecht, um die Abhängigkeit der Verbandsmitglieder von den Koalitionen, ihre soziale Mächtigkeit und die normative Wirkung eines Tarifvertrages auszugleichen.

Bei der Ausübung wirtschaftlicher und sozialer Macht sei das Mindestmaß an Freiheit, das die Grundrechte als Elemente objektiver Ordnung des Gemeinwesens gewährleisten sollten, ebenso gefährdet wie gegenüber staatlicher Gewalt.[149] Es sei nicht der Sinn der Freiheit von den Bindungen der Grundrechte, freiheitsvernichtende Ausübung wirtschaftlicher oder sozialer Macht verfassungsrechtlich zu sanktionieren.

Das Bedürfnis nach intensiveren Schutzmechanismen ergebe sich zum einen aus der Grundrechtsrelevanz des Tarifvertragssystems und der besonderen Abhän-

---

[143] Isensee, in: Isensee/Kirchhof, Handbuch des Staatsrechts, Bd. V, § 111 Rz. 90; Canaris, JuS 1989, 161, 163

[144] Canaris, AcP 184, 201, 228

[145] BAG, NZA 2001, 613, 615

[146] BVerfGE 81, 242, 256; Singer, ZfA 1995, 611, 623; Canaris, AcP 184, 201, 227 f.; Stern, Staatsrecht, Bd. III/1, S. 1595

[147] Canaris, AcP 184, 201, 228

[148] Hermes, NJW 1990, 1764, 1768, Stern, Staatsrecht, Bd. III/1 S. 1574 f.; Canaris, AcP 184, 201, 227 f.

[149] Hesse, Verfassungsrecht, Rz. 357

gigkeit, der sich das Verbandsmitglied wegen des faktischen Monopols der Tarifvertragspartner ausgesetzt sehe.[150] Daneben bestehe ein Bedürfnis nach Intensivierung des Grundrechtsschutzes wegen der normativen Wirkung des Tarifvertrages und dessen Drittbezug. Die Tarifpartner seien nämlich in der Lage, ihre Mitglieder als Dritte auch ohne Rücksicht auf deren individuellen Willen zu verpflichten.[151] Je nach Gewicht der Gefährdung individueller Freiheit sei der grundrechtliche Schutz stärker zu aktivieren als in gleichgewichtigen Privatrechtsbeziehungen.[152] Richardi spricht sich dafür aus, jeweils aufgrund der tatsächlich bestehenden Abhängigkeit des Einzelnen von der Kollektivmacht nachzuprüfen, ob die tarifliche Bindung von ähnlicher Bedeutung sei wie die Abhängigkeit von staatlicher Hoheitsgewalt.[153] Nur in diesem Fall müsse die tarifliche Rechtsetzung die Grundrechte in vollem Umfang achten.

Durch eine solche Verstärkung des Grundrechtsschutzes nähert sich die mandatarische Theorie im Ergebnis an die Theorien an, die von einem unmittelbaren Grundrechtsschutz ausgehen. Auf der anderen Seite wird von den Vertretern einer unmittelbaren Grundrechtsbindung betont, es müsse bei der Annahme eines unmittelbaren Grundrechtsschutzes zu einer Abschwächung der Grundrechtswirkung kommen. Dies führt dazu, dass Teile der Literatur von einer "Ergebnisidentität"[154] der unterschiedlichen Ansichten ausgehen.

cc) Reduzierung des Grundrechtsschutzes auf den unverzichtbaren Kernbereich

Im Gegensatz zu einer Verstärkung des Grundrechtschutzes ist vor allem von Dieterich versucht worden, den aus den Grundrechten folgenden Schutzanspruch auf ein Minimum zu reduzieren.[155] Die in dem Beitritt liegende Unterwerfung unter das Tarifvertragsrecht gehe einher mit der Unterwerfung unter künftige Grundrechtsbeschränkungen und den Verzicht auf grundrechtliche Positionen.[156]

---

[150] Wiedemann, Bindung, S. 137 ff.

[151] Söllner, NZA 1996, 897, 901; Canaris, JuS 1989, 161, 166

[152] Stern, Staatsrecht, Bd. III/1, S. 1595

[153] Richardi, Kollektivgewalt, S. 165

[154] Scholz, in: Maunz/Dürig, Bd. I, GG, Art. 12 Rz. 73; Söllner, RdA 1989, 144, 149;

[155] Dieterich, Grundrechtsbindung, S. 117 ff.; ders., Betriebsnormen, S. 462; so auch Schliemann, ZTR 2000, 198, 203 f.; a.A. Rieble, ZfA 2000, 5, 25 f., der der Auffassung, als private Macht könne die Tarifautonomie keinesfalls so intensiv an die Grundrechte gebunden sein wie staatliche, ausdrücklich widerspricht.

[156] Dieterich, Grundrechtsbindung, S. 127 f., ähnlich Kempen/Zachert, TVG, Grdl. Rz. 160 ff., wobei aber bei einem tarifvertraglichen Grundrechtsverzicht engere Grenzen bestehen sollen als bei einem individualrechtlichen Grundrechtsverzicht. Dies wird mit dem in den Verbänden bestehenden Mehrheitsdruck begründet.

Daraus erwachse den Tarifvertragspartnern ein größerer Gestaltungsfreiraum als dem Gesetzgeber, da es dem einzelnen Verbandsmitglied als Grundrechtsträger möglich sei, seine Freiheit selbst weiter zu beschränken als staatliche Eingriffe von ihm hinzunehmen seien.[157] Gegenüber den eigenen Mitgliedern hätten die Tarifvertragsparteien keine engeren grundrechtlichen Schranken einzuhalten, als sie von den Vertragsparteien bei der Eingehung und Ausgestaltung von Einzelarbeitsverträgen einzuhalten seien.[158] Anders als bei einer strukturellen Ungleichheit der Verhandlungsstärke im Vertragsrecht bestehe bei den Koalitionsmitgliedern kein besonderes Schutzbedürfnis. Mit den Koalitionen ständen sich grundsätzlich zwei gleich starke Verhandlungspartner gegenüber. Eine "kompensierende Inhaltskontrolle zum Ausgleich von Paritätsstörungen" komme deshalb nicht in Betracht.[159]

Soweit ein Minderheitenschutz erforderlich sei, werde dieser durch Art. 3 GG gewährleistet.[160] Der Staat müsse nur dort schützend eingreifen, wo es sich um Beschränkungen handele, die die Mitglieder nach Art und Intensität nicht in Kauf zu nehmen hätten. So könnten die Verbandsmitglieder im Rahmen einer rechtsgeschäftlichen Unterwerfung nicht unbegrenzt über ihre Grundrechte verfügen. Der unverzichtbare Kern der Grundrechte stehe nicht zur Disposition des Einzelnen und damit auch nicht zur Disposition der Tarifvertragsparteien. Der Staat sei nur verpflichtet, dafür zu sorgen, dass der unverzichtbare Kern der Grundrechte auch durch Tarifverträge nicht beschränkt werde.[161] Dies sei aber nur bei "außerordentlich einschneidenden Regelungen", "bei schlechthin unerträglichen Beschränkungen" der Fall.[162] Zu dem geschützten Bereich gehörten der Kernbereich der Menschenwürde, drittinteressen-schützende Grundrechte, in Grenzen der Grundsatz der Gleichberechtigung und der Gleichbehandlung, aber auch die einen Teil des Grundrechts der Berufsfreiheit und des Rechts auf freie

[157] Dieterich, ebenda, S. 121

[158] Schliemann, ZTR 2000, 198, 203

[159] Dieterich, Grundrechtsbindung, S. 125

[160] Dieterich, ebenda, S. 128 ff.

[161] Dieterich, ebenda, S. 128; ders., Betriebsnormen, S. 462

[162] Eine solche Reduzierung der Grundrechtsgeltung auf den unverzichtbaren Kernbereich der Grundrechte wird dem aus der besonderen Machtstellung der Verbände folgenden Schutzbedürfnis der Koalitionsmitglieder nicht im Mindesten gerecht. Der Interessengegensatz der Tarifvertragspartner und die Anwendung von Art. 3 GG ist nicht geeignet, die Rechte der Verbandsminderheit zu schützen. Daneben bestehen auch Zweifel, ob in dem Verbandsbeitritt überhaupt eine Grundrechtsverzichtserklärung gesehen werden kann, und an der Zulässigkeit eines möglichen Grundrechtsverzichts. Letztendlich würde die Ansicht Dieterichs dazu führen, dass der Verband nicht nur mehr Macht als der Staat hätte, sondern auch als das einzelne Mitglied selbst. (Belling, ZfA 1999, 547, 552 f.) Im Gegensatz zu Tarifverträgen wären nämlich vom einzelnen Mitglied getroffene Individualvereinbarungen streng anhand der Grundrechte zu prüfen. Siehe zu einem möglichen Grundrechtsverzicht auch unter 2. Teil I) 2) a).

Entfaltung der Persönlichkeit bildende Freiheit der individuellen Entscheidung, ob und in welchem Umfang der Einzelne Erwerbsarbeit leisten wolle.[163]

Weitergehenden Schutzes bedürften die Mitglieder nicht.[164] Einfluss könnten sie durch demokratische Prozesse innerhalb des Verbandes nehmen. Dort könnten sie auch den Minderheitenschutz einfordern. Notfalls müssten sie von ihrem negativen Koalitionsrecht durch Austritt aus dem Verband Gebrauch machen.

c) Staatliche Legitimation

Anders als die mandatarische Theorie geht ein großer Teil der Literatur davon aus, dass die normative Wirkung der Tarifverträge aus einer Legitimation durch den Staat herrühre. Begründet wird dies damit, dass alle Rechtsetzungsbefugnis der staatlichen Legitimation bedürfe. Innerhalb dieser Meinung ist lediglich umstritten, woraus sich die staatliche Ermächtigung ergibt. Dabei wird zum einen bereits aus Art. 9 Abs. 3 GG eine Normsetzungsbefugnis hergeleitet. Andererseits wird auf die Regelungen des TVG abgestellt und darin eine Übertragung der Normsetzungsmacht gesehen. Wieder andere unterscheiden zwischen der Kompetenz zur inhaltlichen Gestaltung, die den Verbänden schon durch die Verfassung übertragen wurde, und der Ausstattung mit normativer Wirkung.

aa) Delegationstheorie

Nach der Delegationstheorie kommt den Tarifvertragspartnern keine originäre Rechtsetzungsmacht zu. Wegen des Rechtsetzungsmonopols des Staates bedürfe es vielmehr der Übertragung von Rechtsetzungsbefugnissen durch den Gesetzgeber. Dies geschehe durch das TVG, durch welches ein Teil der Rechtsetzungsmacht des Staates auf die Tarifvertragsparteien zur gemeinsamen Ausübung im Rahmen des Tarifabschlusses delegiert werde.[165] Der Gesetzgeber habe Abstand genommen von einer Aufgabe, zu deren Erledigung in eigener Zuständigkeit er befugt gewesen sei und trotz Erteilung der Ermächtigung befugt bleibe.[166] Als Folge davon handele es sich bei den Tarifvertragsnormen um Gesetzgebung im materiellen Sinn, also um objektives Recht.[167]

---

[163] Schliemann, ZTR 2000, 198, 203
[164] Schliemann, ebenda
[165] BAGE 1, 258, 264; 4, 240, 251; BVerfGE 4, 96, 108; Ossenbühl, NJW 1965, 1561, 1562 Fn. 11; Huber, DVBl. 1952, 456, 458 f.; Küchenhoff, Einwirkungen, S. 317, 341 f.; Reuss, ArbuR 1960, 33; Krüger, RdA 1957, 201, 203
[166] BAGE 4, 240, 251
[167] Hueck/Nipperdey, Arbeitsrecht, Bd. II/1, S. 346; BAGE 4, 240, 252

Das Erfordernis einer unmittelbaren Staatsaufsicht über die tarifvertragliche Normsetzung bestehe dagegen für die Tarifpartner nicht, da ihnen vom Grundgesetz staatliche Unabhängigkeit zugesichert worden sei.[168] Wo das Bedürfnis nach Kontrolle bestehe, werde diese durch die Gerichte ausgeübt.[169] Zudem könne die umfassende Gesetzgebungstätigkeit auf dem Gebiet des Arbeitsrechts, soweit sie für die Tarifvertragspartner unabdingbare Regelungen enthalte, nur mit der Wahrnehmung der staatlichen Aufsicht durch den Gesetzgeber erklärt werden.[170]

Teilweise wird schon aus der aus Art. 9 Abs. 3 GG folgenden Kernbereichsgarantie die Verpflichtung zur Bereitstellung eines funktionsfähigen Tarifvertragssystems gefolgert, das den Tarifpartnern den Abschluss von "rechtsverbindlichen Normenverträgen" ermögliche.[171] Von anderen wird auf die hoheitliche Herkunft ihrer Rechtsetzungsmacht abgestellt. Da sich die Normsetzungsbefugnis der Tarifvertragspartner von den Hoheitsrechten des Staates ableite, sei diesem auch ein durch eine Tarifvertragsregelung erfolgter Grundrechtseingriff zuzurechnen. Daraus folge eine unmittelbare Grundrechtsbindung. Der Staat könne nicht mehr Rechte verleihen als er selbst besitze.[172] Würde der Gesetzgeber selbst die Rechtsnormen zur Regelung der Arbeits- und Wirtschaftsbedingungen setzen, wäre er an die Grundrechte gebunden. Wenn die Ermächtigung an die Tarifpartner aber nicht weitergehen dürfe als seine eigenen Rechtsetzungsbefugnisse, dann seien auch die Verbände unmittelbar den Grundrechten unterworfen.

Zum Teil wird die Grundrechtsbindung auch aus Art. 1 Abs. 3 GG hergeleitet. Dies wird damit begründet, dass Gesetzgebung im Sinne des Art. 1 Abs. 3 GG nicht nur formelle Gesetze meine, sondern auch materielle Gesetze.[173] In der deutschen Rechtsordnung werde mit dem Begriff des Gesetzes grundsätzlich "objektives Recht" gemeint, also jede Rechtsnorm, unabhängig auf welcher Rechtsquelle sie beruhe.[174] Bei den Tarifverträgen handele es sich nicht nur um rein privatrechtliche Verträge, sondern um "Rechtsetzung kraft staatlicher Ermächtigung und damit um Gesetzgebung im materiellen Sinn".[175] Daneben wird

---

[168] Huber, Wirtschaftsverwaltungsrecht, Bd. II, S. 380 f.; Nikisch, Arbeitsrecht, Bd. II, S. 71 f.; Hueck/Nipperdey, Arbeitsrecht, Bd. II/1, S. 84

[169] Wiedemann, RdA 1969, 321, 331; Otto, RdA 1973, 398 f.; Gamillscheg, Grundrechte, S. 104

[170] Söllner, ArbuR 1966, 257, 260 f.

[171] Peter/Ossenbühl, Übertragung, S. 15; Säcker, Gruppenautonomie, S. 267

[172] Küchenhoff, Einwirkungen, S. 340 f.; BAGE 1, 258, 264; 4, 240, 251 f.

[173] Hueck/Nipperdey, Arbeitsrecht, Bd. II/1, S. 350 ff., 373; BAGE 4, 240, 252; Reuss, ArbuR 1960, 33; Sachs, GG, § 20, Rz. 107

[174] Hueck/Nipperdey, ebenda, S. 350 ff.

[175] BAGE 4, 240, 252

auf den Rechtsnormencharakter verwiesen, der den Tarifvertragsregelungen durch § 4 Abs. 1 TVG verliehen worden sei. Aufgrund der Normenhierarchie seien die Tarifvertragsnormen als Bestandteil der staatlichen Rechtsordnung an die höherrangigen Grundrechtsbestimmungen gebunden.[176]

Vereinzelt wird zur Begründung der Grundrechtsbindung auch auf den öffentlichen Charakter verwiesen, der den Tarifvertragsparteien durch die Delegation verliehen worden sei. Nach dieser "öffentlich-rechtlichen Variante"[177] der Delegationstheorie übten die Tarifpartner mit der Regelung der Arbeits- und Wirtschaftsbedingungen eine öffentliche Funktion in privatrechtlicher Form aus. Sie seien mit der Tarifmacht "beliehen" worden, wobei sich die Tarifvertragspartner vom "normalen" Typus des beliehenen Verbandes durch die fehlende Staatsaufsicht unterschieden.[178] Ihnen und dem von ihnen geschaffenen Tarifvertrag komme deshalb ein öffentlicher Status zu.[179] Sie seien im Bereich des "Öffentlichen", als dem "Zwischenbereich zwischen der staatlichen Organisation und der gesellschaftlichen und privaten Freiheit"[180] anzusiedeln. In Ausübung ihrer öffentlichen Funktion unterlägen die Verbände der Bindung an die leitenden Rechtsprinzipien des Grundgesetzes und an die Grundrechte.[181]

bb) Integrationstheorie

Auch nach der Integrationstheorie wird den Tarifpartnern eigene Rechtsetzungsmacht verliehen. Diese Normgebungsbefugnis werde jedoch nicht durch das TVG delegiert, sondern sie komme unmittelbar aus der Verfassung.[182] Der Vorrang der Tarifautonomie vor der Privatautonomie der Tarifvertragspartner und damit die zwingende Geltung des Tarifvertrags sei Teil der durch Art. 9 Abs. 3 GG geschützten Tarifautonomie. Die Rechtsetzungsmacht der Verbände

---

[176] Säcker/Oetker, Grundlagen, S. 242 f.; Löwisch/Rieble, TVG, § 1 Rz. 137, 171

[177] Scholz, Koalitionsfreiheit, S. 58; hiervon zu unterscheiden sind die rein öffentlich-rechtlichen Theorien, die im Tarifvertrag eine Rechtsverordnung (Dechant, Kollektivvertrag, S. 34 ff.), eine autonome Satzung eines sozialen Selbstverwaltungskörpers (RGZ 107, 247, 249) oder aber auch eine "öffentlich-rechtliche Vereinbarung" (Kaskel, Arbeitsrecht, S. 20 f.) sahen und heute wohl nicht mehr vertreten werden.

[178] Huber, DVBl. 1952, 456, 458 f.; derselbe, Wirtschaftsverwaltungsrecht, Bd. II, S. 380; Nikisch, Arbeitsrecht, Bd. II, S. 71

[179] Krüger, NJW 1956, 1217, 1220; Scheuner, Koalitionsfreiheit, S. 68; Scheffler, NJW 1965, 849, 851

[180] Scheuner, ebenda, S. 68

[181] Misera, Tarifmacht, S. 65 f.; Scheuner, ebenda, S. 88, Krüger, RdA 1957, 201, 206; Scheffler, NJW 1965, 849, 851

[182] Auch das BAG hat in BAGE 50, 137, 144 die Tarifpartner "als von der Verfassung legitimierte Normgeber" bezeichnet.

sei damit als notwendiges Mittel zur Verwirklichung der Autonomie verfassungsrechtlich vorgegeben.[183] Der Staat habe lediglich diese Rechtsetzungsmacht anerkannt und näher ausformuliert.[184] Das Grundgesetz erkenne damit die Aufgabe der Tarifvertragsparteien als "außerstaatliche Ordnungsfaktoren auf dem Gebiet der Regelung der Arbeitsverhältnisse" an.[185] Damit beruhe die Normgebungskompetenz auf einer Ermächtigung durch den Verfassungsgeber und bedürfe nicht der (jederzeit widerrufbaren) Legitimation durch den einfachen Gesetzgeber. Diesem sei nur die Ausgestaltung der tarifvertraglichen Rechtsetzungsmacht überantwortet. Bei dem TVG handle es sich damit nur um eine "Konkretisierung einer im Kernbereich bereits verfassungsrechtlich begründeten Zuständigkeit".[186] Der Gesetzgeber bestimme mit dem TVG nur die Voraussetzungen und Grenzen, unter denen die Tarifvertragspartner ihrer Rechtsetzungsmacht nachkämen.

Die ausdrückliche Verfassungsgarantie des 9 Abs. 3 GG wäre bedeutungslos, wenn ihr nicht ein über dem Schutzbereich des Art. 9 Abs. 1 GG hinausgehender Inhalt zuzubilligen sei.[187] Dieser liege gerade in der Garantie der Befugnis zur Normsetzung durch einen "rechtsverbindlichen Normenvertrag". Damit ähnle die Rechtsetzungsbefugnis der Verbände den auch unmittelbar grundrechtlich geschützten (Art. 140 GG i.V.m. Art. 137 WeimRV) Befugnissen der Kirchen.[188]

Tarifvertragliche Rechtsetzungsbefugnis und Gesetzgebungsrecht des Staates beruhten beide auf dem Grundgesetz als derselben rechtlichen Grundlage. Aus Gründen der Einheit der in der verfassungsmäßigen Ordnung begründeten Wertmaßstäbe seien deshalb auch beide im Rahmen der verfassungsgemäßen Ordnung an die Grundrechte gebunden.[189] Die materielle Wertordnung des Grundgesetzes beanspruche insoweit absolute Geltung.[190] Darüber hinaus ergebe sich eine Grundrechtsbindung aus der rechtlichen Qualifizierung als Normsetzungsvertrag, der für nichtbeteiligte Dritte zwingende Regeln aufstelle, und da-

---

[183] Biedenkopf, Tarifautonomie, S.102 ff.; derselbe, Sinn und Grenzen, S. 111 f.; Weber, Koalitionsfreiheit, S. 24; Galperin, Rechtsetzung, S. 156 f.; Kunze, BB 1964, 1311, 1313; BVerfGE 94, 268, 284

[184] Wiedemann, Normsetzung, S. 661, 667

[185] Galperin, Rechtsetzung, S. 157; Kauffmann, NJW 1966, 1681, 1682

[186] Biedenkopf, Tarifautonomie, S. 73; so auch Schnorr, JR 1966, 327, 330; Kauffmann, NJW 1966, 1681 f.; Boerner, Altersgrenzen, S. 29 f.

[187] Biedenkopf, ebenda, S. 102 f.

[188] Martens, Öffentlich, S. 164 f.; Galperin, Rechtsetzung, S. 156 f.

[189] Biedenkopf, Tarifautonomie, S. 73 ; Martens, ebenda, S. 164 f.; Galperin, ebenda, S. 156 f.

[190] Biedenkopf, ebenda, S. 73

mit auch die Verpflichtung begründe, die Interessen der Normunterworfenen zu wahren.[191]

Dabei stelle die Koalitionsfreiheit einen "Gemeinschaftsvorbehalt für die Ausübung der individuellen Grundrechte"[192] dar. In der Folge seien dann die Koalitionsfreiheit und das kollidierende Grundrecht gegeneinander abzuwägen und zum Ausgleich zu bringen[193], wobei Grundrechte mit rein personalem Charakter grundsätzlich vorrangig seien.[194]

cc) Sanktionstheorie

Anders als bei der Delegations- und Integrationstheorie gehen die Vertreter der Sanktionstheorie nicht davon aus, dass den Tarifvertragspartnern eigene Rechtsetzungsmacht übertragen worden sei. Vielmehr habe der Gesetzgeber auch weiterhin die Rechtsetzungsmacht für den Bereich der Wirtschafts- und Arbeitsbedingungen inne. Es sei zwischen der Kompetenz zur inhaltlichen Gestaltung, die den Verbänden schon durch die Verfassung übertragen worden sei, und der Verleihung von normativer Wirkung zu unterscheiden. Anstatt der Übertragung von Rechtsetzungsmacht auf die Tarifvertragspartner würden durch das TVG die privatrechtlich geschaffenen Normen des Tarifvertrages lediglich mit normativer Wirkung ausgestattet und in den Rang von Gesetzen erhoben.[195] Wegen des staatlichen Rechtsnormanerkennungsmonopols sei dies erforderlich, um die getroffenen Tarifvereinbarungen mit rechtlicher Wirkung auszustatten. Damit liege der normativen Qualität des Tarifvertrags eine verweisungsrechtlich strukturierte Normqualifikation durch den staatlichen Gesetzgeber bzw. das TVG zugrunde.[196]

---

[191] Biedenkopf, ebenda, S. 25 ff., 43, 73

[192] Schnorr, Kollektivmacht, S. 229, 246 f.; ders., JR 1966,327, 333

[193] Biedenkopf, Tarifautonomie, S. 114; Kauffmann, NJW 1966, 1681, 1682; Schnorr, Kollektivmacht, S. 229, 246 f.; ders., JR 1966, 327, 333

[194] Schnorr zählt hierzu die Menschenwürde gem. Art. 1 I GG, die Glaubens- und Gewissensfreiheit gem. Art. 4 I GG, den Schutz von Ehe und Familie gem. Art. 6 I GG und das Heimatrecht gem. Art. 16 GG.

[195] Scholz, Koalitionsfreiheit, S. 59; ders., in: Maunz/Dürig, Bd. I, GG, Art. 9 Rz. 301; Hartmann, Gleichbehandlung, S. 57 ff.; Schachtschneider, Der Staat, 16. Bd. (1977), S. 512 f.; Klein, Übertragung, S. 79, 112; nicht ganz eindeutig das BVerfG, das in BVerfGE 34, 307, 317; 44, 322, 345 f. die Tarifnormen "Rechtsregeln kraft Anerkennung durch die staatliche Gewalt" nennt, in BVerfGE 64, 208, 215 aber davon spricht, dass der Staat "seine Rechtsetzungszuständigkeit zurückgenommen und die Ausgestaltung der Rechtsordnung in weitem Maße den Tarifvertragsparteien überlassen" habe.

[196] Scholz, Rechtsfragen, S. 509, 529

Durch das TVG habe der Staat "a priori eine auf die Rechtsform Tarifvertrag bezogene Rechtsgeltungsanordnung erteilt".[197] Bei den einschlägigen Normen des TVG handle es sich um einen sogenannten offenen Tatbestand, also einen Tatbestand, "dessen normativer Regelungsanspruch sich erst in dem Augenblick vollendet, in dem ein Tarifvertrag die konkreten Tatbestandsmerkmale setzt, die mit normativer Kraft gelten sollen".[198] Die Normqualität ergebe sich demnach nicht aus der Delegation von Rechtsetzungsmacht, sondern aus einer "offenen bzw. 'dynamischen' Verweisung".[199] Insofern würden die Verbände zwar rechtsgestaltend, nicht aber rechtsetzend tätig. Der Gesetzgeber setze vielmehr selbst unmittelbar Recht. Damit werde zum einen die in Art. 9 Abs. 3 GG garantierte tarifvertragliche Gestaltungsfreiheit gewahrt und der Verpflichtung zur Bereitstellung eines normativ wirksamen Regelungsinstrumentariums nachgekommen, andererseits aber auch das staatliche Normsetzungsmonopol beachtet.[200]

Die von der Delegationstheorie vertretene Übertragung staatlicher Rechtsetzungsmacht scheitere schon daran, dass dem Staat eine umfassende Gesetzgebungskompetenz im Bereich zur Regelung der Arbeits- und Wirtschaftsbedingungen fehle.[201] Zwar habe der Bund gem. Art. 74 Nr. 12 i.V.m. Art. 72 GG die konkurrierende Gesetzgebungskompetenz für das Arbeitsrecht. Der durch Art. 9 Abs. 3 GG geschützte Bereich enthalte aber eine Regelungsprärogative zugunsten der Tarifvertragspartner, die die Kompetenzen des Gesetzgebers beschränke. Die von den Verbänden inhaltlich verfassten Normen müssten dann wegen des Rechtsetzungsmonopols des Staates in den Rang von Normen erhoben werden. Für die Sanktionstheorie spreche zudem der Wortlaut des TVG, da in dessen Regelungen nicht die Tarifvertragspartner angesprochen und mit Rechtsetzungsmacht ausgestattet würden, sondern das TVG vielmehr nur davon spreche, dass der Tarifvertrag Rechtsnormen enthalte und wie diese gälten.[202]
Ein Vorteil dieser Theorie sei es auch, dass sie nicht versuche, die Tarifpartner in ein "inadäquates oder inkonsequentes Schema öffentlich-rechtlicher Kompetenzbezüge zu zwängen", indem einerseits zwar die privatrechtliche Seite der Privatautonomie betont, andererseits aber den Tarifvertragspartnern eine öffentlich-rechtliche Rechtsetzungskompetenz übertragen werde.[203]

Eine Grundrechtsbindung ergebe sich aus der verfassungskonformen Auslegung des TVG, wonach nur solche Regelungen mit zwingender Wirkung ausgestattet

---

[197] Hartmann, Gleichbehandlung, S. 73
[198] Scholz, Koalitionsfreiheit, S. 59
[199] Scholz, in: Maunz/Dürig, GG, Bd. I, Art. 9 III, Rz. 301, ders., Rechtsfragen, S. 509, 529
[200] Scholz, Rechtsfragen, S. 509, 529 f.
[201] Hartmann, Gleichbehandlung, S. 64 f.
[202] Scholz, Koalitionsfreiheit, S. 59
[203] Scholz, ebenda, S. 59

würden, die grundrechtskonform seien.[204] Wegen Art. 1 Abs. 3 GG sei der Staat auch bei Erlass der Rechtsgeltungsanordnung an die Grundrechte gebunden gewesen. Daraus folge die Pflicht des Staates, die Normqualifikation nur auf grundrechtskonforme Regelungen zu erstrecken. Da man dem TVG eine solche Einschränkung nicht entnehmen könne, bedürfe es der verfassungskonformen Auslegung, um eine Teilnichtigkeit seiner Rechtsgeltungsanordnung zu vermeiden.

Scholz[205] leitet eine Grundrechtsbindung aus den "immanenten Funktionsgrenzen" der Tarifverträge her. Ein Tarifvertrag sei die koalitionsmäßige Ausübung von Individualgrundrechten.[206] Damit ständen sich Tarifautonomie und Individualgrundrechte nicht gegenüber, sondern seien rechtsidentisch. Der Tarifvertrag müsse sich dann innerhalb der Grenzen dieser kollektiv ausgeübten Individualgrundrechte halten. Darüber hinausgehende Vereinbarungen unterfielen schon tatbestandlich nicht mehr dem Begriff der Koalitionsvereinbarung. Einer äußeren Beschränkung durch die Grundrechte bedürfe es deshalb nicht.[207]

d) Stellungnahme

Das Problem der Grundrechtsbindung der Tarifvertragsnormen kann nicht beantwortet werden, ohne auf die Rechtsnatur der Tarifnormen einzugehen. Daraus ergibt sich, ob man den Grundrechtseingriff letztlich dem Staat oder lediglich den Tarifpartnern als Privatrechtssubjekten zurechnen kann und ob die Grundrechte deshalb unmittelbar oder nur mittelbar wirken. Die Frage nach der Rechtsnatur ist dabei gleichzeitig die Frage nach der Legitimation der tarifvertraglichen Normsetzung. Nach der mandatarischen Theorie ist diese durch die Mitglieder der Verbände legitimiert worden. Delegations-, Sanktions- und Integrationstheorie gehen dagegen von einer staatlichen Legitimation aus. Nach der Theorie von der originären Rechtsetzungsbefugnis besteht die Legitimation in einer historisch gewachsenen, neben der Rechtsetzungsbefugnis des Staates bestehenden Hoheitsgewalt.

---

[204] Hartmann, Gleichbehandlung, S. 66 ff.

[205] Scholz, Koalitionsfreiheit, S. 370 ff.; ders., in: Maunz/Dürig, Bd. I, GG, Art. 9 III Rz. 357

[206] Damit widerspricht Scholz der überwiegend vertretenen Ansicht, dass es sich bei Art. 9 III 1 GG um ein Doppelgrundrecht handelt. Nach dieser schützt die Koalitionsfreiheit nicht nur das Recht des Einzelnen, eine Koalition zu bilden und in ihr zu arbeiten. Daneben sei auch der Verband selbst als eigenständiges Rechtssubjekt geschützt.

[207] Dies bedeutet aber auch, dass nur Koalitionsmitglieder erfasst sind. Tarifliche Außenseiter lassen sich nicht in dieses Begründungsmodell miteinbeziehen. (Säcker/Oetker, Grundlagen, S. 246)

aa) Legitimation der Tarifvertragsnormen

(1) Legitimationsbedürfnis

Tarifvertragsnormen wirken unmittelbar und zwingend auf die Arbeitsrechtsverhältnisse der Tarifunterworfenen ein. Aus diesem Rechtssatzcharakter der Tarifnormen ergibt sich das Bedürfnis nach einer speziellen Legitimation für diese Wirkung.[208] Es kann keine Rechtshandlung geben, die rechtliche Verbindlichkeit für sich beansprucht und allein aus sich heraus gilt. Die Fähigkeit, bestimmte Rechtsfolgen mit zwingender Wirkung für andere zu setzen, greift in den Rechtskreis des Einzelnen ein. Sie bedarf deshalb entweder der Gestattung durch diesen selbst oder sie lässt sich auf eine wie auch immer geartete Rechtsetzungsmacht zurückführen.

(2) Keine originäre Rechtsetzungsbefugnis

Den Tarifvertragspartnern steht keine originäre Rechtsetzungsbefugnis zu. Es ist zwar historisch richtig, dass sich die Gewerkschaften in ihrer Anfangsphase erheblichen staatlichen Widerständen ausgesetzt sahen und die ersten Tarifverträge ohne staatliche Hilfe ausgehandelt wurden. Damit lässt sich aber nicht die normative Wirkung der Tarifvertragsnormen erklären. Diese bedurfte gerade staatlicher Anerkennung. Den ersten Tarifverträgen fehlte es an einer wesentlichen Voraussetzung der normativen Wirkung, der Unabdingbarkeit tariflicher Regelungen. Bis zum Inkrafttreten der TVVO lehnte die herrschende Tarifrechtslehre und die Rechtsprechung eine unabdingbare Wirkung von Tarifrechtsnormen ab.[209] Folglich kam den ersten Tarifverträgen gerade keine gesetzesgleiche Wirkung zu. Eine originäre Rechtsetzungsmacht der Tarifvertragsparteien lässt sich daraus deshalb nicht begründen.
Auch die in einem kurzen Zeitraum jeweils nach den beiden Weltkriegen ausgehandelten Tarifverträge, die ohne gesetzliche Grundlage geschlossen wurden, geben keine Hinweise auf eine originäre Rechtsetzungsbefugnis der Tarifvertragspartner. Es handelte sich dabei um Ausnahmesituationen in einer Art "staatsrechtlichem Vakuum"[210]. Es lassen sich deshalb nur sehr begrenzt Rückschlüsse auf die Rechtsnatur von Tarifverträgen ziehen, die nicht in einer solchen Ausnahmesituation zustande kommen, sondern unter geordneten staatlichen und gesellschaftlichen Bedingungen.

---

[208] v. Olshausen, JZ 1967, 116, 117, Belling, ZfA 1999, 547, 582; Hartmann, Gleichbehandlung, S. 59
[209] Hueck/Nipperdey, Arbeitsrecht, Bd. II/1, S. 215
[210] Peters/Ossenbühl, Übertragung, S. 12

Es kann ebenfalls nicht allein aus der Entstehung der ersten Tarifverträge auf die Rechtsnatur heutiger Tarifverträge geschlossen werden. Es gehört zu den gesellschaftlichen Gegebenheiten, dass sich als Antwort auf gesellschaftliche Probleme Verhaltensmuster herausbilden, die sich zu gesellschaftlichen Phänomenen entwickeln können. Diese sind jedoch nicht zwangsläufig von der Rechtsordnung zu akzeptieren. Vielmehr kann die Rechtsordnung unterschiedlich darauf reagieren. Sie kann sie übernehmen oder sie zurückweisen, indem sie sie zum Beispiel für rechtswidrig erklärt. Wenn aber die Rechtsordnung die Freiheit genießt auszuwählen, dann beruht die Zugehörigkeit zur Rechtsordnung nicht auf der faktischen Entwicklung, sondern auf dem Akt der Übernahme in die Rechtsordnung.[211] Der bloße Hinweis auf die historische Entstehung der Tarifverträge lässt die Frage nach der Rezeption des Tarifvertragswesens in der Rechtsordnung und damit nach der rechtlichen Grundlage der normativen Wirkung offen.[212]

Zudem steht der Annahme einer originären Rechtsetzungsbefugnis der Verbände die grundsätzliche Überlegung entgegen, dass dem Staat das Rechtsnormanerkennungsmonopol zukommt. In einem modernen Rechtsstaat kann es und darf es keine außerstaatliche Rechtsetzungsgewalt geben.[213] Die Idee mehrerer, nebeneinander bestehender Rechtsetzungsgewalten ist die Idee des Mittelalters. Diese Epoche war geprägt davon, dass mangels einer funktionsfähigen Gesetzgebung eine Vielzahl von unterschiedlichen Kräften nebeneinander rechtsschaffend tätig wurden.[214] Hierzu zählten neben den obersten Landsherren vor allem die Stände des Feudalsystems. Folge des Nebeneinanders unterschiedlichster Rechtsordnungen war, dass Rechtsgleichheit und Rechtssicherheit nicht zu erwarten waren. Mit Entstehen des modernen Staates löste sich die Gesellschaft vom alten ständischen Denken und überwandt die Zersplitterung der Rechtsetzungsgewalt.[215] Die Herrschaftsbefugnisse im Staat wurden vereinheitlicht und zentralisiert. Der Begriff der Souveränität wurde zum ersten Mal als wesentliches Merkmal der Staatsgewalt angesehen.[216] Anfangs konzentrierte sich diese Macht in der Hand absolutistischer Monarchen. Später entstand dann der Gedanke vom Volk als Träger der Herrschaftsgewalt, verankert durch Art. 20 Abs. 2 S. 1 GG auch in der Verfassung der Bundesrepublik Deutschland. Es widerspricht damit schon dem Grundverständnis des modernen Staates, das Rechtsetzungsmonopol als Teil seiner inneren Souveränität aufzugeben. Zur Bewahrung des Rechtsfrie-

---

211 Adomeit, Rechtsquellenfragen, S. 135

212 Kemper, Koalitionsfreiheit, S. 74

213 Zöllner, Rechtsnatur, S. 14; Hofbauer, Rechtscharakter, S. 35; Misera, Tarifmacht, S. 13; Hartmann, Gleichbehandlung, S. 59 f.

214 Meyer-Cording, Rechtsnormen, S. 8 ff.; Belling, ZfA 1999, 547, 584

215 Isensee, in: Isensee/Kirchhof, Handbuch des Staatsrechts, Bd. I, § 13 Rz. 41 ff.

216 Zippelius, Allgemeine Staatslehre, § 9 III 1

dens und der Rechtssicherheit muss der Staat sicherstellen, dass ihm die alleinige Rechtsetzungsmacht zusteht. Er kann deshalb keine andere Hoheitsgewalt, weder die der Tarifvertragspartner noch irgendeine sonstige, neben sich akzeptieren. Es wäre auch von der Rechtsfolgenseite her untragbar, wenn der Staat wegen seines Gewaltmonopols Rechtsnormen durchsetzen müsste, die von einer außerstaatlichen Rechtsetzungsmacht erlassen wurden.[217] Hierbei hätte der Staat unter Umständen auch die Verantwortung für die Vollstreckung von der grundgesetzlichen Wertordnung widersprechenden Normen zu übernehmen.

(3) Staatliche oder privatautonome Legitimation

(a) Rechtsetzungsmonopol des Staates

Voraussetzung aller Rechtsetzung ist demnach die Legitimation durch den Staat. Ihm steht das Rechtsetzungsmonopol zu. Eine originäre Rechtsetzungsmacht neben der des Staates gibt es nicht. Er ist in einem Rechtsstaat die einzige Macht, die einen Bürger ohne seine Zustimmung zu einer Rechtsfolge zwingen kann.[218] Allein aus der Betonung des Rechtsetzungsmonopols des Staates lässt sich die mandatarische Theorie, die die Rechtsnormwirkung der Tarifvertragsnormen privatautonom durch den Verbandsbeitritt legitimiert sehen will, aber nicht ablehnen. Auch deren Vertreter erkennen das Rechtsetzungsmonopol des Staates an. Die an die Tarifverträge geknüpften Rechtsfolgen seien eine besondere Ausgestaltung innerhalb der Privatautonomie.[219] Damit seien die Tarifverträge in die vom Staat bereitgestellte Privatautonomie eingebettet. Nach der mandatarischen Theorie handelt es sich deshalb bei der tarifvertraglichen Normsetzungsbefugnis nicht um eine originäre Rechtsetzungsmacht, sondern ebenfalls um eine staatlich abgeleitete.

(b) Qualifikation der Tarifvertragsnormen als Rechtsnormen und Abgrenzung Selbst- und Fremdbestimmung

Möglicherweise kann aus der gesetzlichen Qualifikation als Rechtsnormen in den §§ 1 Abs. 1; 3 Abs. 2; 4 Abs. 1, 5 TVG eine staatliche Legitimation der Tarifvertragsnormen hergeleitet werden. Voraussetzung hierfür ist jedoch die Annahme, dass alle Rechtsnormen staatlichen Ursprungs sind. Eine solche Schlussfolgerung ergibt sich aus dem Gegensatz zwischen Rechtsnormen als einer hoheitlichen Handlungsform und Rechtsgeschäften als der Handlungsform des Pri-

---

[217] Belling, ZfA 1999, 547, 589

[218] Belling, ZfA 1999, 547, 582 f.

[219] Richardi, ZfA 1970, 85, 89; Rehbinder, JR 1968, 167, 169; Wiedemann, Bindung, S. 81, 85

vatrechts. Diese Unterscheidung wird jedoch von der normologischen Theorie in Frage gestellt.[220] Danach werden auch Rechtsgeschäfte als (privatrechtliche) Rechtsnormsetzung verstanden. Wesentliches Kriterium einer Norm sei allein deren Verbindlichkeit. Deshalb könne aus der Qualifizierung der Tarifvertragsnormen als Rechtsnormen nicht der Schluss auf ihren hoheitlichen Charakter gezogen werden.[221]
Gegen die normologische Theorie lässt sich jedoch einwenden, dass sie zu sehr vereinfacht und für die erforderliche differenzierte Betrachtung der Rechtsquellen innerhalb unserer Rechtsordnung nicht geeignet ist.[222] Denn es bestehen sehr wohl Unterschiede zwischen staatlich gesetzten Rechtsnormen und Rechtsgeschäften. Zum einen zeichnet sich die staatliche Normgebung durch Heteronomität aus, wohingegen privatrechtliche Verträge dem Grundsatz der Selbstbestimmung unterliegen. Daher bedürfen Rechtsgeschäfte grundsätzlich der Ermächtigung durch den Verpflichteten, staatlich gesetzte Normen gelten hingegen unabhängig von dessen Willen. Damit hängt zusammen, dass Gesetze an die engen Voraussetzungen allen hoheitlichen Handelns gebunden sind, denen Rechtsgeschäfte gerade nicht unterliegen. Vor allem aber löst die normologische Theorie die Unterscheidung abstrakt-genereller und konkret-individueller Regelungen auf, obwohl diese für bestimmte Rechtsgebiete wie das öffentliche Recht von wesentlicher Bedeutung ist.[223]

Für das Verständnis der Rechtsnatur der Tarifnormen muss man schließlich auch beachten, dass der Gesetzgeber mit der Verwendung des Wortes "Rechtsnorm" eine bestimmte Vorstellung verband. Er dachte dabei nicht an Rechtsnormen im Sinn der normologischen Theorie, deren Bedeutung sowohl Rechtsgeschäfte als auch hoheitlich gesetztes Recht umfasst. Vielmehr hatte er den herkömmlichen Begriff der Rechtsnorm als der typischen staatlichen Handlungsform vor Augen. Die Charakterisierung als "Rechtsnormen" wurde bewusst gewählt, um damit zum Ausdruck zu bringen, dass es sich um materielle Gesetze, mithin um Rechtsnormen im eigentlichen Sinn handelt.[224] Damit hat der Gesetzgeber durch seine Wortwahl eine Entscheidung zugunsten der Qualifizierung der Tarifnormen als Teil des objektiven, staatlich legitimierten Rechts getroffen.[225] Hätte da-

---

[220] Kelsen, Rechtslehre, S. 196 ff., 228, 261;

[221] Richardi, Kollektivgewalt, S. 21 ff., 141 ff; Adomeit, RdA 1967, 297, 299 ff.; Wiedemann, Bindung, S. 81 f.; Hofbauer, Rechtscharakter, S. 41 ff.;

[222] Säcker, Gruppenautonomie, S. 274 ff.

[223] Säcker, ebenda, S. 275

[224] Löwisch, Anm. RdA 2000, 312, 313; Herschel, BB 1984, 987; ders., ZfA 1973, 183, 188; BAG, AP Nr. 5 zu § 22 KO II 2; BAG, AP Nr. 4 zu Art. 3 GG; a.A. Rieble, ZfA 2000, 5, 9

[225] An dieser Entscheidung hat der Gesetzgeber seither auch festgehalten. Bei den zahlreichen Novellierungen des TVG hat er die Möglichkeit zu einer Änderung ungenutzt gelassen, wäh-

gegen der Gesetzgeber einen auf dem mitgliedschaftlichen Mandat gründenden Tarifvertrag gewollt, so hätte er den Wortlaut eindeutiger abgefasst und hätte die privatrechtliche Wirkung des Tarifvertrags deutlicher zum Ausdruck gebracht.[226]

Zudem weisen die Tarifnormen alle Merkmale (hoheitlicher) Rechtsnormen auf: Generalität und Heteronomität.[227] Im Tarifvertrag werden die Arbeitsbedingungen in abstrakter Weise und nach allgemeinen Merkmalen für eine Vielzahl von Fällen geregelt.[228] Dabei ist der Kreis der Normadressaten offen, da der Tarifvertrag auch für diejenigen Wirkung entfaltet, die erst nach Abschluss des Tarifvertrages in seinen Geltungsbereich gelangen.[229] Tarifvertragsregelungen gehen damit über die Regelung konkreter Einzelfälle hinaus und wirken generell.

Mit dem Merkmal der Heteronomität ist die Möglichkeit gemeint, verbindliche Rechtsregeln unabhängig vom Willen der Normadressaten einseitig aufzustellen.[230] Anhand der Heteronomität oder auch Fremdbestimmung wird die Abgrenzung zwischen staatlich verliehener und privatautonomer Normsetzungsbefugnis besonders deutlich. Eine auf Heteronomität beruhende Rechtsnorm lässt keinen Platz für eine im privatautonomen Bereich wurzelnde Legitimation, sondern sie widerspricht ihr sogar. Kennzeichen der Privatautonomie ist die Selbstbestimmung, also die durch eigene willentliche Entscheidung bestimmte Gestaltung der Rechtsverhältnisse. Wo diese fehlt und die Fremdbestimmung vorherrscht, kann nicht mehr von Privatautonomie gesprochen werden. Im Rahmen der Privatautonomie kann der Staat zwar an ein bestimmtes Verhalten bestimmte Rechtsfolgen knüpfen. Letztendlich muss der Rechtsträger aber selbst die Möglichkeit haben, darüber zu entscheiden, ob ihn diese Rechtsfolgen treffen sollen oder nicht. Innerhalb der Privatautonomie liegt der entscheidende Geltungsakt also immer beim Rechtsträger.

Wenn teilweise versucht wird, diesen Gegensatz zu überspielen, indem auf eine "autonome Unterwerfung zur rechtsgeschäftlichen Fremdbestimmung"[231] und die Vergleichbarkeit mit der zivilrechtlichen Vertretungsmacht verwiesen wird, kann dem nicht gefolgt werden. Auch hierbei ist klar zwischen Selbst- und Fremdbestimmung zu unterscheiden. Zwar kann auch im Privatrecht ein Dritter zur rechtsgeschäftlichen Gestaltung berufen werden. Das Rechtsgeschäft bleibt

---

rend er bei der Schaffung des BetrVG 1972 den Rechtsnormbegriff trotz § 77 IV BetrVG vermieden hat (Löwisch, Anm. RdA 2000, 312, 313).

[226] Belling, ZfA 1999, 547, 597

[227] Belling, ZfA 1999, 547, 579

[228] Jacobi, Grundlehren des Arbeitsrechts, S. 251; Belling, ZfA 1999, 547, 580

[229] Kirchhof, Private Rechtsetzung, S. 185

[230] Kirchhof, Private Rechtsetzung, S. 84; Belling, ZfA 1999, 547, 580

[231] Rieble, ZfA 2000, 5, 9

jedoch immer vom Willen der Betroffenen abhängig. Mit Einverständnis des rechtsgeschäftlichen Partners kann jederzeit etwas anderes vereinbart werden. Dies ist den Tarifunterworfenen nicht möglich. Anders als bei der privatrechtlichen Stellvertretung sind die Koalitionen auch nicht wie ein Stellvertreter an die Marschroute des Vertretenen nach Maßgabe von Beitritt und Satzung gebunden, sondern sie sind als Autonomiebegabte zur Selbstregelung ihrer eigenen Angelegenheiten in dem durch Art. 9 Abs. 3 GG beschriebenen Aufgabenbereich zuständig.[232]

Wenn Privatautonomie folglich immer zumindest eines Minimums an Selbstbestimmung bedarf, scheidet sie als Legitimationsgrundlage der Tarifnormen für den Fall aus, dass sich diese als nur fremdbestimmt erweisen sollten. Da die Fähigkeit, für jemanden verbindliche Rechtsfolgen zu setzen, aber einer Legitimationsgrundlage bedarf, käme hierfür nur die Verleihung von Rechtsetzungsmacht durch den Staat in Frage. Wegen des staatlichen Rechtsetzungsmonopols hat außer dem Rechtsträger selbst nur dieser die Macht, verbindliche Rechtsfolgen für den Einzelnen zu setzen. Ohne Delegation durch den demokratischen Staat und ohne Mandat durch das privatautonome Mitglied könnten sich die Verbände auf keine der beiden Legitimationen berufen, die das geltende System als Rechtfertigung eines Handelns für Dritte kanonisiert hat.[233] Jegliche heteronome Rechtsetzung durch die Tarifvertragspartner bedarf aus diesem Grund der hoheitlichen Legitimation.[234]

Diese Grenzen der Privatautonomie werden dort überschritten, wo der Wille des Einzelnen zurücktritt und unabhängig von diesem Rechtsfolgen gesetzt werden. Unbestreitbar ist der freiwillige Beitritt zum Verband ein Akt der Selbstbestimmung. Es ist aber äußerst fraglich, ob dies ausreicht, die Tarifvertragsnormen als ein Produkt autonomer Rechtsetzung anzusehen.[235] Von der mandatarischen Theorie wird in dem Verbandsbeitritt die Unterwerfung unter die Rechtsetzungsbefugnis der Tarifpartner gesehen. Es ist jedoch reine Fiktion, wenn der Beitrittserklärung eine solche Bedeutung beigemessen wird.[236] In diesem Beitritt liegt nur die Willenserklärung, sich dem Verband anzuschließen, nicht aber die

[232] Waltermann, ZfA 2000, 53, 73
[233] Picker, Tarifautonomie, S. 43
[234] Wenn man Heteronomität darüber hinaus als zwingende Voraussetzung einer Rechtsnorm ansieht, dann schließt schon die Qualifizierung der Tarifnormen als Rechtsnormen eine privatautonome Legitimation aus.
[235] So aber Wiedemann, Bindung, S. 85, der die Unterscheidung von Selbst- und Fremdbestimmung für den "ausschlaggebenden Gesichtspunkt" der Abgrenzung zwischen staatlicher und privatautonomer Legitimation hält, jedoch "eine noch so geringe willentliche Beteiligung" genügen lässt, um "eine Selbstgestaltung der Rechtsbeziehungen anzunehmen".
[236] Hartmann, Gleichbehandlung, S. 61 f.

bedingungslose Erlaubnis zur Rechtsetzung.[237] Andernfalls müsste sich die Unterwerfungserklärung nicht nur auf den eigenen Verband beziehen, sondern sie müsste ebenfalls den an der Rechtsetzung mitwirkenden, gegensätzliche Interessen verfolgenden sozialen Gegenspieler betreffen. Wenn in dem Verbandsbeitritt eine so weitreichende Willenserklärung zu sehen wäre, dann müsste das Mitglied bei Eintritt in den Verband auch selbst darüber entscheiden können, ob damit die Übertragung von Rechtsetzungsmacht verbunden sein soll.[238] Selbst wenn er aber einen entgegenstehenden Willen beim Beitritt äußert und erklärt, er wolle sich nicht unterwerfen, ist er aber durch seine Mitgliedschaft an die Tarifverträge gebunden. Darüber hinaus bleibt die Tarifbindung gem. § 3 Abs. 3 TVG sogar auch dann noch bestehen, wenn das Mitglied den Verband schon verlassen hat und seine "Unterwerfungserklärung" durch den Beitritt damit hinfällig wäre. Eine Unterwerfung unter zukünftige, nicht vorhersehbare Regeln ist dagegen eine zu sehr vermittelte Form der Beteiligung, um noch dem Begriff der Selbstbestimmung zu unterliegen.[239] Dadurch wird deutlich, dass das Verbandsmitglied gerade nicht durch eine in seinem Beitritt liegende Willenserklärung an die Tarifverträge gebunden wird. Diese Bindung erfolgt erst durch den hoheitlichen Geltungsbefehl im TVG, der die Wirkung der Tarifvertragsnormen grundsätzlich mit der Verbandsmitgliedschaft verknüpft. Insofern handelt es sich um eine bloße Tatbestandsvoraussetzung, die den persönlichen Geltungsbereich der Tarifnormen regelt.[240] Das Mitglied unterwirft sich durch seinen Beitritt nicht der Normsetzungsmacht der Tarifvertragspartner. Geltungsgrund ist vielmehr die Anordnung der Rechtsnormwirkung im TVG. Schon aus diesem Grund scheidet eine privatautonome Legitimation der Tarifnormen aus.

Daneben hat die Rechtsetzung durch die Tarifpartner auch einen eindeutig heteronomen Charakter.[241] Durch den Tarifvertrag bestimmen diese verbindliche Rechtsregeln für ihre Mitglieder als den Normadressaten im Bereich der Arbeitsordnung. Damit nehmen die Verbände Einfluss auf ein Rechtsverhältnis zwischen Dritten. Anders als durch die Satzungen der Verbände, denen sich das Mitglied durch den Verbandsbeitritt unterwirft, wird durch Tarifnormen ein Außenrechtsverhältnis geregelt. Durch die in § 4 Abs. 1 TVG geregelte Unabdingbarkeit der Tarifnormen entfalten diese auch dann ihre Wirkung, wenn das ein-

---

[237] Kirchhof, Private Rechtsetzung, S. 184

[238] Belling, ZfA 1999, 547, 596; Waltermann, ZfA 2000, 53, 76 f.

[239] Schlachter, Gleichheitswidrige Tarifnormen, S. 651, 654

[240] Kirchhof, Private Rechtsetzung, S. 184, Belling, ZfA 1999, 547, 593

[241] Kirchhof, Private Rechtsetzung, S. 184 f., Säcker, Gruppenautonomie, S. 246; Belling, ZfA 1999, 547, 579 ff.; Biedenkopf, Sinn und Grenzen, S. 111; Waltermann, RdA 1993, 209, 215; Rieble, ZTR 1993, 54, 59; Wiedemann, TVG, § 1 Rz. 47; Schlachter, Gleichheitswidrige Tarifnormen, S. 651, 654; Löwisch, ZfA 1996, 293, 296; ders., Anm. RdA 2000, 312, 313; Boecken, ZfA 379, 386; Schwarze, ZTR 1996, 1, 7

zelne Mitglied im konkreten Fall einen entgegenstehenden Willen hat. Es muss sich dem Willen der Verbandsmehrheit, wie er im Tarifvertrag zum Ausdruck kommt, beugen. Sogar mit Einverständnis seines Arbeitsvertragspartners kann er die Geltung der Tarifnormen nicht beeinflussen und ihnen seinen eigenen Willen entgegenhalten. Auch ein Austritt aus dem Verband bewahrt ihn wegen § 3 Abs. 3 TVG nicht vor der Geltung der Tarifnormen, bis die Laufzeit des Tarifvertrages endet, so dass er der Rechtsetzung durch den Verband weiterhin ausgeliefert bleibt.[242]

Deutlich wird die Fremdbestimmtheit der Tarifnormen aber vor allem an der Geltung gegenüber Außenseitern, also den nicht tarif-gebundenen Dritten.[243] Gem. § 3 Abs. 2 TVG gelten die Regelungen über betriebliche und betriebsverfassungsrechtliche Fragen auch gegenüber den unorganisierten Arbeitnehmern, wenn ihr Arbeitgeber tarifgebunden ist. Die mangelnde Tarifbindung der Arbeitnehmer ist hierbei unerheblich. Damit fehlt es an der vermeintlichen Willenserklärung in Form des Verbandsbeitritts oder irgendeiner anderen Willenserklärung zur Geltung der Tarifnormen. Die normative Wirkung im Bereich der Betriebsnormen kann deshalb nicht selbstbestimmt sein, sondern lässt sich nicht anders als mit Fremdbestimmung erklären.
Dies gilt auch für die Verbandsmitglieder. Eine mögliche Legitimation durch den Verbandsbeitritt als Ausdruck des Unterwerfungswillens unter die Rechtsetzung der Verbände hat hinsichtlich der Geltung der Betriebsnormen offensichtlich keine Bedeutung.[244] Auch ohne die Mitgliedschaft im Verband würden die Betriebsnormen ihre Wirkung entfalten, solange der Arbeitgeber tarifgebunden ist. Die Tarifbindung des Arbeitgebers ist aber ebenfalls nicht ausschließlich an seine Mitgliedschaft gebunden, sondern bleibt wegen § 3 Abs. 3 TVG auch nach einem Austritt bestehen. So sind also sogar Fälle denkbar, in denen weder der Arbeitnehmer noch der Arbeitgeber Mitglied in einem Verband sind und Tarifvertragsnormen trotzdem ihre unmittelbare und zwingende Wirkung entfalten können.

Damit muss man zu dem Schluss gelangen, dass die Tarifvertragsnormen nicht selbstbestimmt, sondern fremdbestimmt sind, und damit als (heteronome) Rechtsnormen das Produkt staatlich legitimierter Rechtsetzung darstellen. Eine privatautonome Rechtsetzungsbefugnis, wie sie die mandatarische Theorie vertritt, ist deshalb abzulehnen.

---

[242] Belling, ZfA 1999, 547, 594
[243] Kemper, Bestimmung, S. 72, Kirchhof, Private Rechtsetzung, S. 185; Löwisch, Anm. RdA 2000, 312, 314
[244] Hanau, RdA 1996, 158, 161

(4) Rechtliche Grundlage der Legitimation

Kommt man zu dem Ergebnis, dass die tarifliche Normsetzung der staatlichen Legitimation bedarf, stellt sich nunmehr die Frage nach deren Grundlage. Hierbei ist die Unterscheidung zwischen der Tarifautonomie als der Zuständigkeit zur freien Ausgestaltung der Arbeitsordnung und der Rechtsetzungsbefugnis, die die Tarifpartner zur Schaffung von Rechtsnormen befugt, entscheidend.[245] Neben der institutionellen Koalitionsgarantie gewährleistet Art. 9 Abs. 3 GG auch die spezifische Koalitionsbetätigung, also das Recht der Koalitionen, für die Wahrung und Förderung der Arbeits- und Wirtschaftsbedingungen einzutreten.[246] Dies folgt schon unmittelbar aus dem Wortlaut des Art. 9 Abs. 3 GG, der die Wahrung und Förderung der Arbeits- und Wirtschaftsbedingungen als den Gesamtzweck benennt, zu dem sich die Koalitionen zusammenzuschließen haben.[247] Ohne die Gewährleistung eines diesbezüglichen Tätigkeitsbereichs würde ansonsten das Recht zur Bildung von Arbeitsverbänden leer laufen.[248]Eine weitere Spezifizierung ist dem Wortlaut nicht zu entnehmen. Jedoch wird man bei einer historischen Betrachtung anerkennen müssen, dass dem Verfassungsgeber bei der Schaffung des Grundgesetzes das Ergebnis der langjährigen Entwicklung des Tarifvertragssystems in Deutschland vor Augen war, in der sich das Institut des Tarifvertrages als das "wichtigste Mittel kollektiver Selbsthilfe in der modernen Marktwirtschaft"[249] herausgebildet hatte. Insoweit besteht eine Verpflichtung des Staates, ein funktionsfähiges Tarifvertragssystem auf der Grundlage staatlicher Unabhängigkeit bereitzustellen. Dieser Verpflichtung ist er durch die Schaffung des TVG nachgekommen.

Aus der Zurückhaltung des Verfassungsgebers lässt sich aber andererseits erkennen, dass der Gesetzgeber einen gewissen Spielraum bei der Konkretisierung seiner Verpflichtung hatte.[250] Auch wenn Art. 9 Abs. 3 GG den Gesetzgeber zur Bereitstellung eines Tarifvertragssystems verpflichtet, gibt diese Vorschrift keine näheren Anhaltspunkte, wie das Tarifvertragssystem auszusehen hat.[251] Der verfassungsrechtliche Schutz des Art. 9 Abs. 3 GG "umfasst nicht die besondere Ausprägung, die das Tarifvertragssystem in dem zur Zeit des Inkrafttretens des Grundgesetzes geltenden Tarifvertragsgesetz erhalten hat"[252]. Es bedarf insbesondere nicht der durch das TVG übertragenen Rechtssetzungsbefugnisse, um

---

[245] so auch Waltermann, ZfA 2000, 53, 56 ff.

[246] BVerfGE 4, 96, 106; 73, 261, 270

[247] Peters/Ossenbühl, Übertragung, S. 13

[248] Gamillscheg, Grundrechte, S. 88

[249] Peters/Ossenbühl, Übertragung, S. 15

[250] Hartmann, Gleichbehandlung, S. 63; Hinz, Tarifhoheit, S. 134 ff.; Scholz, in: Isensee/Kirchhof, Handbuch des Staatsrechts, Bd. VI, § 151, Rz. 101 f.; Zöllner, Rechtsnatur, S. 17; Bötticher, Gestaltungsrecht, S. 18 ff.; Stein, Staatsrecht, S. 367

[251] Bulla, DB 1980, 103, 104

[252] BVerfGE 20, 312, 317; 50, 290, 369

die Tarifautonomie zu gewährleisten. Der Gesetzgeber hätte seiner Aufgabe auch auf eine andere Weise nachkommen können. So hätte er zum Beispiel ein auf privatrechtlicher Grundlage basierendes, rechtsverbindliches Tarifvertragssystem zur Verfügung stellen können, ähnlich der von Bötticher vorgestellten Konzeption.[253] Auch ein Blick ins Ausland zeigt, dass ein funktionsfähiges Tarifvertragssystem auch ohne die Übertragung staatlicher Rechtsetzungsmacht sichergestellt werden kann.[254]

Daraus folgt, dass Art. 9 Abs. 3 GG lediglich die Verpflichtung des Gesetzgebers beinhaltet, ein funktionsfähiges Tarifvertragssystem zur Verfügung zu stellen. Damit ist nicht notwendigerweise die Befugnis zur Rechtsetzung verbunden. Dies ist nur eine der vom Grundgesetz vorgesehenen und mit ihm zu vereinbarenden Möglichkeiten. Für die Übertragung von Normsetzungsmacht bedarf es deshalb erst der Ausgestaltung durch den einfachen Gesetzgeber, der aber seiner Verpflichtung auch auf andere Weise hätte nachkommen können. Das Tarifvertragsgesetz dient damit der erforderlichen Anpassung der Rechtsordnung an den Kompetenzanspruch der Tarifpartner innerhalb des Ihnen von Art. 9 Abs. 3 GG zur Verfügung gestellten Betätigungsbereichs.[255] Ohne diese Konkretisierung könnten die Tarifpartner keine normativen Vereinbarungen treffen. Damit beruht die Normsetzungsbefugnis der Tarifpartner nicht unmittelbar auf der Verfassung, sondern auf staatlicher Delegation.

Der Begriff der Delegation bezieht sich hier also nur auf die Übertragung der dem einfachen Gesetzgeber zustehenden Rechtsetzungsmacht. Dem staatlichen Gesetzgeber stehen grundsätzlich die ausschließlichen und umfassenden Rechtsetzungsbefugnisse für alle Bereiche des gesellschaftlichen Lebens zu. Durch die grundgesetzliche Übertragung der Zuständigkeit zur Regelung der Arbeitsordnung auf die Tarifpartner trat seine Gestaltungsmacht hinter die Tarifautonomie zurück, ohne dass eine Übertragung von Rechtsetzungsmacht für diesen Bereich erfolgte. Kraft eigenen Entschlusses hat er dann mit Hilfe des TVG auch noch die ihm zustehende Rechtsetzungskompetenz zugunsten der Tarifvertragspartner aufgegeben.

Dabei wurde den Tarifvertragspartnern durch das TVG echte Rechtsetzungsmacht verliehen und nicht nur die Regelungen des Tarifvertrages in den Rang von Normen erhoben, wie es die Sanktionstheorie annimmt. Die Erklärung der Rechtsnormwirkung von Tarifvertragsregelungen mit Hilfe der Figur der dyna-

---

[253] Säcker, Gruppenautonomie, S. 264 Fn. 71; Söllner, ArbuR, 1966, 257, 260

[254] So fehlt zum Beispiel den in Großbritannien und Belgien ausgehandelten Tarifverträgen die normative Wirkung. Siehe dazu Adomeit, Rechtsquellenfragen, S. 136; Wiedemann, TVG, Rz. 36; Deinert, ZfA 1999, 361, 381 ff.; Hinz, Tarifhoheit, S. 135 f. m.w.N.

[255] Bulla, DB 1980, 103, 104 f.

mischen Verweisung kann nicht überzeugen. Anders als eine statische Verweisung käme sie einer "Blanko-Vollmacht"[256] an die Normsetzer gleich. Ohne Beteiligung des Gesetzgebers würden sich die die dynamische Verweisung enthaltenen Gesetze ändern können, möglicherweise sogar ohne Kenntnis des Gesetzgebers. In den wenigsten Fällen würde die Verweisungsnorm den Publikationserfordernissen und dem Bestimmtheitsgebot der Gesetzgebung gerecht werden. Zudem ließe sich mit der Verweisung auf von der Verwaltung geschaffene Vorschriften die Trennung von Legislative und Exekutive umgehen. Im Hinblick auf das Rechtsstaats- und das Demokratieprinzip bestehen deshalb erhebliche, generelle Bedenken gegen die Verfassungsmäßigkeit einer dynamischen Verweisung.[257]

Daneben geht der Regelungsgehalt des TVG über den einer dynamischen Verweisung hinaus.[258] Anders als in den üblichen Fällen der gesetzlichen Verweisung bestimmt das TVG keine konkrete Rechtsfolge unter Verweis auf die Vorschriften der Tarifverträge. Es wird vielmehr nur generell festgelegt, dass Tarifverträge Rechtsnormen enthalten, und gibt den Tarifvertragsparteien die Möglichkeit, mit diesen Rechtsnormen den "Inhalt, den Abschluss und die Beendigung von Arbeitsverhältnissen sowie betriebliche und betriebsverfassungsrechtliche Fragen" zu regeln, ohne überhaupt sagen zu können, ob und inwieweit es überhaupt zu solchen tarifvertraglichen Regelungen kommt. Damit geht das TVG über eine bloße Sanktion der Tarifvertragsnormen hinaus und verleiht den Tarifpartnern echte Rechtsetzungsbefugnis.[259]

Dagegen greift auch nicht das gegen die Delegationstheorie vorgebrachte Argument, dass es an einer staatlichen Kontrolle über die Tarifnormen als Voraussetzung der Übertragung staatlicher Rechtsetzungsbefugnisse fehle.[260] Zunächst bestehen Zweifel, ob eine solche überhaupt notwendig ist. Ein Tarifvertrag kommt in Verhandlungen zweier sich mit gegensätzlichen Interessen gegenüberstehenden Tarifpartnern zustande. Es besteht deshalb eine hohe Wahrscheinlichkeit für die soziale Ausgewogenheit der Tarifvertragsnormen. Im Vergleich zu anderen Autonomieträgern erscheint deshalb eine staatliche Kontrolle der Tarifvertragspartner entbehrlicher.[261]

Darüber hinaus ist die sich aus Art. 9 Abs. 3 GG ergebende Sonderstellung der Verbände zu beachten. Die in der Koalitionsfreiheit enthaltene Garantie der Ta-

---

[256] Ossenbühl, DVBl. 1967, 401, 403

[257] Kemper, Bestimmung, S. 70; Ossenbühl, DVBl. 1967, 401, 403 ff.; Karpen, Verweisung, S. 131 ff, 161 f.; BVerwGE 55, 250, 264; BVerfG NJW 1978, 1475, 1476 f.; Baden, NJW 1979, 623

[258] Kemper, ebenda, S. 70

[259] Huber, Wirtschaftsverwaltungsrecht, Bd. II, S. 428

[260] Wiedemann, Bindung, S. 30

[261] Gamillscheg, Grundrechte, S. 104; Wiedemann/Stumpf, TVG, 5. Auflage, § 1 Rz. 26

rifautonomie beinhaltet das Recht zur selbständigen Gestaltung der Arbeits- und Wirtschaftsbedingungen. Die Verbände sollen als sachkompetente Interessenvertretungen der Arbeitgeber und Arbeitnehmer die Arbeits- und Wirtschaftsbedingungen in eigener Verantwortung selbständig regeln. Den Tarifpartnern wird zuerkannt, dass "die unmittelbar Betroffenen besser wissen und besser aushandeln können, was ihren beiderseitigen Interessen und dem gemeinsamen Interesse entspricht, als der demokratische Gesetzgeber"[262]. Der sich aus den Interessengegensätzen ergebende Kompromiss stellt dabei ein sachgerechtes und sozial ausgewogenes Ergebnis sicher. Zugleich wird damit auch der Entscheidung des Verfassungsgebers zugunsten einer freiheitlich-demokratischen Rechtsordnung Rechnung getragen, die dem Staatsdirigismus eine Absage erteilt und die Entwicklung so weit wie möglich dem freien Zusammenwirken der gesellschaftlichen Kräfte überlässt.[263] Insoweit wird also den Tarifvertragspartnern vom Grundgesetz Unabhängigkeit gegenüber der Staatsgewalt zugesichert, was auch schon in der privatrechtlichen Organisation der Verbände und der Einordnung des Tarifvertrags als einem privatrechtlichen Institut zum Ausdruck kommt. Dies ist Teil der verfassungsrechtlichen Vorgaben und steht deshalb nicht im Widerspruch zur Wahrnehmung hoheitlicher Normsetzungsbefugnisse.[264] Diese tarifvertragliche Unabhängigkeit ist erst die Voraussetzung für ein funktionierendes Tarifvertragssystem, in dem die Verbände die Interessen der am Arbeitsleben Beteiligten wahrnehmen.[265] Eine staatliche Kontrolle der Tarifvertragsnormen würde folglich der verfassungsrechtlich garantierten Tarifautonomie widersprechen.[266]

Gänzlich anders stellt sich die Situation für die Gemeinden dar, denen eigenverantwortliches Handeln in Angelegenheiten der örtlichen Gemeinschaft durch Art. 28 Abs. 2 GG verfassungsrechtlich garantiert ist. Diese Garantie der Selbstverwaltung ändert aber nichts daran, dass die Gemeinden als Körperschaften des öffentlichen Rechts in die staatliche Verwaltung eingegliedert sind und staatliche Verwaltungsaufgaben wahrnehmen. Zu diesem Zweck sind sie insbesondere auch mit der Möglichkeit ausgestattet, ihre Angelegenheiten mit Hilfe von Verwaltungsakten als dem typischen Mittel staatlicher Verwaltung wahrzunehmen.

---

[262] BVerfGE 34, 307, 317

[263] BVerfGE 34, 307, 317, Waltermann, NZA 1991, 754, 757

[264] so aber Scholz, Koalitionsfreiheit, S. 58

[265] Nikisch, Arbeitsrecht, Bd. II, S. 71 f.; Hueck/Nipperdey, Arbeitsrecht, Bd. II/1, S. 84

[266] Huber, Wirtschaftsverwaltungsrecht, Bd. II, S. 380 f., Nikisch, ebenda, Bd. II, S. 71 f.; Hueck/Nipperdey, ebenda, S. 84; Galperin, ArbuR 1965, 1, 7; Otto, RdA 1973, 398, 398 f.; Küchenhoff, ArbuR 1963, 321, 326 f.; Löwisch, in: MünchArbR, Bd. 3, § 246 Rz. 30 f. unterscheidet zwischen der grundgesetzlich garantierten Regelungsbefugnis und der delegierten Rechtsetzungsmacht. Daraus folgert er, dass sich die Staatsaufsicht nur auf die Rechtsnormwirkung beziehen könne und diese von den Gerichten ausgeübt werde.

Die durch die Gemeinden, als eine Form dezentralisierter Verwaltungsorganisation, ausgeübte Selbstverwaltung bleibt trotzdem Teil der in Art. 20 Abs. 2 S. 2 GG genannten vollziehenden Gewalt. Jegliche Verwaltungstätigkeit ist als Ausübung einer ursprünglich einheitlichen Staatsgewalt anzusehen.[267] Eine so weitgehende Unabhängigkeit, wie sie die Tarifpartner genießen, kann es deshalb für die gemeindliche Selbstverwaltung im Rahmen der staatlichen Verwaltung nicht geben.[268] Die sich aus Art. 20 Abs. 3 GG ergebende Verantwortung des Staates, "innerhalb der dekonzentrierten und dezentralisierten Verwaltungsorganisation (....) das rechtmäßige Verhalten und die einheitliche Wirksamkeit aller Verwaltungsinstanzen"[269] sicherzustellen, rechtfertigt es, die Entscheidungen der Gemeinden in Selbstverwaltungsangelegenheiten unter verwaltungsmäßige (Rechts-) Aufsicht zu stellen.
Die Tarifverbände stehen demgegenüber außerhalb der staatlichen Organisation. Die Kontrolle des Staates ist auf die allgemeine Rechtskontrolle durch die Gerichte beschränkt.[270] Eine verwaltungsmäßige Aufsicht scheidet aus. Der Schutz der Betroffenen wird aber im Rahmen der allgemeinen Rechtskontrolle durch die unmittelbare Bindung der Tarifpartner an die Grundrechte verstärkt. Daneben erfolgte gerade im Bereich des Arbeitsrechts eine umfassende Gesetzgebung zum Schutz der am Arbeitsleben beteiligten Personen, deren unabdingbare Vorschriften wegen der Vorrangigkeit des staatlichen Gesetzesrechts auch von den Tarifpartnern Beachtung finden müssen.

bb) Unmittelbare Grundrechtsbindung

Unabhängig davon, ob man Tarifvertragsnormen als Gesetze i.S.d. Art. 1 Abs. 3 GG ansieht, folgt die unmittelbare Grundrechtsbindung schon aus der Charakterisierung der Tarifnormen als Rechtsnormen.[271] Als Teil der Rechtsordnung sind die Regelungen des Tarifvertrages, ebenso wie andere Rechtsnormen auch, an die aus der Normenhierarchie folgende Rangfolge der verschiedenen Rechtsquellen gebunden. Höherstufiges Recht genießt dabei den Vorrang vor unterstufigem Recht. Aus diesem Grund darf keine Rechtsnorm gegen höherrangiges Recht verstoßen. Dies gilt auch für die Tarifvertragsnormen. Sie stehen als materielle Gesetze in der Normenhierarchie unter dem Verfassungsrecht. Die Grund-

---

[267] Krebs, in: Isensee/Kirchhof, Handbuch des Staatsrechts, Bd. III, § 69 Rz. 40
[268] Küchenhoff, ArbuR 1963, 321, 327
[269] Schröder, JuS 1986, 371, 372; Löwer, in: von Münch/Kunig, GG, Bd. II, Art. 28 Rz. 62
[270] Wiedemann, RdA 1969, 321, 331
[271] Löwisch, Anm. RdA 2000, 312, 313; Säcker/Oetker, Grundlagen, S. 242 f.; Löwisch/Rieble, TVG, § 1 Rz. 137; Söllner, ArbuR 1966, 257, 262 f.; Schnorr, JR 1966, 327, 328; BAG, AP Nr. 4 zu Art. 3 GG

rechte als Rechtsquellen höheren Ranges haben deshalb grundsätzlich Vorrang. Insoweit müssen sich die Tarifnormen unmittelbar an ihnen messen lassen. Unterstützung erhält dieses Ergebnis von dem Gedanken, dass der staatliche Gesetzgeber bei der Delegation von Gesetzgebungsbefugnissen nicht mehr Rechtsetzungsmacht verleihen kann als er selbst überhaupt hat.[272] Hätte dieser die Normsetzungsbefugnisse selbst wahrgenommen, dann wäre er an die Grundrechte gebunden gewesen. Derjenige, der seine Rechtsetzungsgewalt vom Staat ableitet, muss dann ebenso an die Grundrechte gebunden sein. Ansonsten wäre der Gesetzgeber in der Lage, durch die Verleihung von Rechtsetzungsmacht den Grundrechtsschutz zu umgehen.[273] Dies heißt jedoch nicht, dass die Grundrechtswirkung überhaupt nicht variieren kann. So können sich Besonderheiten aus dem den Tarifvertragspartnern übertragenen verfassungsrechtlichen Regelungsauftrag und der ihnen garantierten Tarifautonomie ergeben.

Allein aus einer öffentlichen Funktion der Tarifvertragsverbände lässt sich dagegen eine Grundrechtsbindung nicht begründen. Die Verbände verfügen über keinen öffentlichen Status im Sinne einer hoheitlichen, staatsähnlichen Stellung.[274] Die Verbände handeln in erster Linie im Interesse ihrer Mitglieder. Die Erkenntnis, dass damit zugleich eine öffentliche Aufgabe, nämlich die Regelung der Arbeits- und Wirtschaftsbedingungen in der Bundesrepublik Deutschland, verbunden ist, hat lediglich faktisch-soziologische Bedeutung.[275] Damit ist aber keine rechtliche Einordnung in das öffentliche Recht verbunden. Hierfür wäre vielmehr ein legislativer Akt der Eingliederung erforderlich.[276] Allein die Übernahme öffentlicher Aufgaben reicht noch nicht. Man kann auch öffentliche Aufgaben erledigen, ohne in das öffentliche Recht eingegliedert zu sein, wie private karitative Verbände und Einrichtungen zeigen. Der Begriff des "Öffentlichen" und das öffentliche Recht können deshalb nicht gleichgesetzt werden.[277] Worauf es für die Grundrechtsbindung allein ankommt, ist das Mittel und die Befugnisse, mit dem die Verbände ihren Aufgaben nachkommen, hier also die Schaffung echter Rechtsnormen im Zuge der staatlich verliehenen Rechtsetzungsmacht. Der Verfassungsgeber hat ebenfalls deutlich gemacht, dass er die Wahrnehmung der Aufgaben durch die Verbände dem Privatrecht zuordnen will.

---

[272] Küchenhoff, Einwirkungen, Bd. II, S. 317, 341; BAGE 1, 258, 264; 4, 240, 251 f.

[273] Starck, AöR 92 (1967), 449, 455

[274] Richardi, in: MünchArbR, Bd. 3, § 233 Rz. 28; Scholz, in Maunz/Dürig, GG, Bd. I, Art. 9 Rz. 15

[275] Scholz, ebenda, Art. 9 Rz. 15; Ossenbühl, NJW 1965, 1561, 1562; Peters/Ossenbühl, Übertragung, S. 59; Säcker, Gruppenautonomie, S. 240; Martens, Öffentlich, S. 165

[276] Peters/Ossenbühl, Übertragung, S. 60; Ossenbühl, NJW 1965, 1561, 1562; Forsthoff, Verwaltungsrecht I, S. 492

[277] Kemper, Bestimmung, S. 10, Ossenbühl, NJW 1965, 1561, 1562 f.

In der unmittelbaren Grundrechtsbindung ist auch keine Tarifzensur zu sehen. Die Tarifautonomie kann auch bei einer unmittelbaren Grundrechtsbindung weiterhin gewährleistet bleiben, indem man den Tarifvertragspartnern innerhalb der Grundrechtskontrolle weitreichende Gestaltungsspielräume einräumt. Eines gänzlichen Verzichts auf die unmittelbare Grundrechtsbindung bedarf es dagegen nicht.
Wenn schließlich gegen die unmittelbare Grundrechtskontrolle der Tarifnormen durch die Arbeitsgerichtsbarkeit eingewandt wird, dass es an der Möglichkeit einer Weiterverweisung an das Bundesverfassungsgericht mangelt, so wird übersehen, dass dies bei einer Vielzahl von materiellen Rechtsnormen und auch für alle Fälle einer mittelbaren Grundrechtskontrolle gilt. In allen diesen Fällen besteht keine Möglichkeit der Weiterverweisung, obwohl diese Normen in ihren Auswirkungen wahrscheinlich nicht oder nur geringfügig schwächer sind als Tarifvertragsnormen, die Kompetenzen der Arbeitsgerichte also nur geringfügig weiter gehen.

IV) Zusammenfassung des ersten Teils

1. Mit der sozialen Mächtigkeit der Tarifpartner oder ihrer Funktionsnachfolge gegenüber dem Staat gelingt es nicht, eine unmittelbare Grundrechtsbindung widerspruchsfrei zu begründen. Die Grundrechtsbindung von Tarifverträgen lässt sich deshalb nur anhand ihrer Rechtsnatur klären. Je nachdem, ob diese staatlicher oder privatautonomer Herkunft sind, gelangt man zu einer unmittelbaren oder nur mittelbaren Grundrechtsbindung.

2. Die Erklärung der Rechtsnatur der Tarifnormen allein mit Hilfe rechtsgeschäftlicher Erklärungsmuster ist nicht in der Lage, die in § 4 Abs. 1 TVG bestimmte unmittelbare und zwingende Wirkung der Tarifnormen zu erklären. In Frage kommt deshalb nur eine Theorie, die die Rechtssatzeigenschaft der Tarifnormen anerkennt.

3. Die Tarifpartner sind befugt, durch unmittelbare und zwingende Regelungen in den Rechtskreis der Tarifgebundenen einzugreifen. Hierzu bedarf es einer speziellen Legitimation. Deren Herkunft ist entscheidend für die Rechtsnatur der Tarifverträge.

4. Den Tarifpartnern kommt keine originäre Rechtsetzungsbefugnis zu. Dies ergibt sich schon aus dem Rechtsetzungsmonopol des Staates.

5. Im Verbandsbeitritt liegt keine Legitimation zur Rechtsetzung. Mit dem Beitritt wird lediglich der Wille bekundet, Mitglied des Verbandes zu werden. Darin

liegt keine Unterwerfung unter das von den Tarifpartnern geschaffene Tarifvertragsrecht.

6. Tarifnormen sind echte Rechtsnormen, die sich durch Heteronomität und Generalität auszeichnen. In der durch die Tarifverträge ausgeübten Fremdbestimmung liegt ein unüberwindbarer Widerspruch zu einer privatautonomen (selbstbestimmten) Deutung des Tarifvertrages, wie sie von der mandatarischen Theorie vertreten wird.

7. Daraus folgt, dass die Rechtsetzungsmacht der Tarifpartner auf staatlicher Legitimation beruhen muss. Es handelt sich deshalb bei den Tarifverträgen um hoheitliches und nicht um privatautonom gesetztes Recht.

8. Grundlage dieser Legitimation ist die Delegation von Rechtsetzungsmacht durch das TVG. Zwar besteht für den Gesetzeber aus Art. 9 Abs. 3 GG die Verpflichtung, ein funktionsfähiges, staatsunabhängiges Tarifvertragswesen zur Verfügung zu stellen. Dadurch wurden die Verbände aber nicht zugleich mit Rechtsetzungsmacht ausgestattet. Hierzu bedurfte es vielmehr der Übertragung durch den einfachen Gesetzgeber. Dieser Verpflichtung ist er durch die Delegation von Rechtsetzungsmacht auf die Tarifvertragspartner nachgekommen.

9. Aus dem Rechtsnormcharakter der Tarifnormen ergibt sich eine unmittelbare Grundrechtsbindung, da diese im Rahmen der Normenhierarchie an die höherrangigen Grundrechte gebunden sind. Darüber hinaus folgt aus dem Gedanken der Delegation staatlicher Rechtsetzungsmacht eine unmittelbare Grundrechtswirkung, da der staatliche Gesetzgeber nicht mehr Rechtsetzungsmacht verleihen kann als er selbst hat.

2. Teil: Wirkungsweise der Grundrechte und ihre Beschränkung im Tarifvertragssystem

Im zweiten Teil der Arbeit eröffnet sich das eigentliche Problem hinsichtlich der Grundrechtsbindung der Tarifvertragspartner. Es geht um die Intensität des Grundrechtsschutzes. Hierbei liefert die Feststellung der unmittelbaren Grundrechtsbindung lediglich die Ausgangsposition. Jedoch ergeben sich Unterschiede zum Verhältnis Staat und Bürger sowohl auf der Seite des Normgebers als auch auf der Seite des Normadressaten, die die Frage aufwerfen, ob die Grundrechte genauso gegenüber den Tarifpartnern wirken wie gegenüber dem Staat und inwieweit eine Einschränkung der Grundrechte durch Tarifvertragsnormen gerechtfertigt ist.
Zum einen sind die Tarifpartner als Normgeber der Tarifvertragsregelungen anders als der staatliche Gesetzgeber selbst Grundrechtsträger. Sie können sich auf eigene Grundrechtspositionen aus Art. 9 Abs. 3 GG berufen und diese möglicherweise den von den Tarifnormen beeinträchtigten Grundrechten der Tarifunterworfenen entgegenhalten.
Daneben ist die Position des Verbandsmitglieds weder mit derjenigen eines Staatsbürgers noch mit der eines Vertragspartners zu vergleichen.[278] Zwar sind die Mitglieder an die Normgebung der Tarifpartner gebunden. Die Wirkung der Tarifvertragsnormen ist aber zugleich mit dem Tatbestandsmerkmal der freiwilligen Mitgliedschaft im Verband verknüpft, wobei der Eintritt in den Verband grundsätzlich eine Stärkung der Rechtsposition des Einzelnen bedeutet.
Aus diesen Gründen wird es zum Teil für erforderlich gehalten, die Grundrechtsbindung der Tarifvertragspartner im Vergleich zur staatlichen Grundrechtsbindung zu modifizieren. Wie eine solche Modifizierung aussehen soll, ist jedoch umstritten. Erst mit der Beantwortung dieser Frage unter Heranziehung der tarifvertraglichen Besonderheiten lassen sich die genauen Folgen der Grundrechtsbindung für die Tarifvertragspartner und die Rechtsstellung der ihrer Rechtsetzungsmacht Unterworfenen feststellen.

I) Meinungen im Schrifttum

1) Unmodifizierte Wirkung der Grundrechte

a) Darstellung der Theorie

Zum Teil wird vertreten, dass die Tarifvertragspartner in gleicher Weise wie der staatliche Gesetzgeber an die Grundrechte gebunden seien. Die Grundrechtswir-

[278] Wiedemann, TVG, Einl. Rz. 209

kung und die hoheitlichen Eingriffsbefugnisse seien einfach zu übernehmen und auf die Tarifvertragspartner anzuwenden. Die Grundrechte entfalteten damit gegenüber den Tarifpartnern ihre volle Wirkung. Begründet wird diese Ansicht damit, dass die Befugnisse der Tarifpartner nicht weitergehen dürften als die des Gesetzgebers.[279] Die Tarifnormen müssten den grundgesetzlichen Anforderungen ebenso entsprechen wie die staatliche Gesetzgebung. Die Tarifpartner könnten keine Regelung treffen, die dem Staat, der sie mit Normsetzungsbefugnis ausgestattet habe, verwehrt sei.[280] Dafür spreche auch, dass schon der Gesetzgeber befugt sei, die Koalitionsfreiheit in einem bestimmten Umfang durch einfachgesetzliche Regelungen auszugestalten. Dann müssten erst recht die Grundrechte als die Maßstäbe der Verfassung die Koalitionsfreiheit begrenzen.[281]

Folge davon sei, dass die Tarifvertragspartner, wie der Gesetzgeber, einer Gemeinwohlbindung unterlägen. Dies sei vor allem im Rahmen des Übermaßverbots bedeutsam. Innerhalb der Verhältnismäßigkeitsprüfung müssten sich die Grundrechtseingriffe am Allgemeinwohl messen lassen. Ein Eingriff in die Grundrechte könne deshalb nur mit sachgerechten und vernünftigen Erwägungen des Gemeinwohls begründet werden.[282] Je weitreichender der Eingriff sei, desto gewichtiger müssten die Belange des Gemeinwohls sein, denen die Regelung dienen solle.[283]
Auf Gründe aus dem Interessenbereich der Verbandsmitglieder komme es dagegen nicht an. Regelungen, die nur Partikularinteressen dienten und nicht die Gesamtwirkungen für die Allgemeinheit berücksichtigten, seien unzulässig.[284] Interessen der Verbandsmitglieder könnten aber dann Berücksichtigung finden, wenn sie von Verfassungsrang wären, also z.B. bei Regelungen zum Schutz von Grundrechten der Verbandsmitglieder.[285]

---

[279] Loritz, ZfA 1990, 133, 142, 156 f.; Nikisch, Arbeitsrecht, Bd. I, S. 352

[280] Nikisch, ebenda, S. 352

[281] Loritz, ZfA 1990, 133, 156 f.

[282] zum Gemeinwohlerfordernis im Rahmen der Berufsfreiheit: Bengelsdorf, ZfA 1990, 563, 572 f.; Stahlhacke, DB 1989, 2329, 2333; Schlüter/Belling, NZA 1988, 297, 302; Loritz, ZfA 1990, 133, 161 ff.; Papier, RdA 1989, 137, 139; Gitter/Boerner, RdA 1990, 129, 134; Boerner, Altersgrenzen, S. 113 ff.; Scholz, ZfA 1981, 265, 295; Zöllner, DB 1989, 2121, 2122 ff.; Glaubitz, Arbeitszeit, S. 468 f.

[283] Reuter, ZfA 1978, 1, 42 f. möchte die einzelnen Tarifvertragsregelungen nicht mehr anhand des Gemeinwohls prüfen, da bereits das tarifvertragliche Regelungssystem von Gemeinwohlerwägungen gedeckt sei. Dies würde jedoch dazu führen, dass eine Grundrechtskontrolle der Tarifvertragsnormen generell entfällt.

[284] Bengelsdorf, ZfA 1990, 563, 573; Loritz, ZfA 1990, 133, 161

[285] Loritz, ZfA 1990, 133, 173 ff.

Auch seien die Tarifpartner im Unterschied zum parlamentarischen Gesetzgeber nicht befugt, die Interessen des Gemeinwohls selbst zu bestimmen.[286] Es fehle den Tarifpartnern hierfür an der demokratischen Legitimation zur Bestimmung vorrangiger Gemeinschaftsinteressen.[287] Tarifvertragliche Eingriffe seien deshalb nur dort zulässig, wo allgemein anerkannte und von der jeweiligen Politik des Gemeinwesens unabhängige Gemeinschaftsgüter zu schützen seien.[288]

Zudem müssten die grundlegenden und weitreichenden Entscheidungen dem parlamentarischen Gesetzgeber vorbehalten bleiben, der sich der demokratischen Verantwortung nicht einfach durch Delegation von Rechtsetzungsmacht entziehen dürfe.[289] Es gelte deshalb hinsichtlich der Grundrechtseinschränkung durch Tarifnormen der allgemeine Parlamentsvorbehalt, wobei auch aus Art. 9 Abs. 3 GG kein kompetentieller Vorrang des Tarifvertrages folge.[290]

Im Falle der Berufsfreiheit seien die Tarifpartner dann an die Drei-Stufen-Theorie des BVerfG gebunden. Folglich habe das Arbeitsgericht zunächst zu prüfen, auf welcher Stufe ein Eingriff stattfinde. Abhängig davon bedürfe es zur Rechtfertigung eines Eingriffs mehr oder weniger wichtiger Gründe des Gemeinwohls. Als Beispiel sei bei einer Regelung auf der Stufe der subjektiven Berufswahlfreiheit die Rechtfertigung durch ein wichtiges Gemeinschaftsgut erforderlich, um Art. 12 GG einzuschränken. Wegen des allgemeinen Parlamentsvorbehalts sei es aber den Tarifpartnern grundsätzlich versagt, Eingriffe auf der Stufe der Berufswahlfreiheit vorzunehmen, da es sich bei diesen um intensive Eingriffe in das Grundrecht der Berufsfreiheit handele.[291]

b) Stellungnahme

Die Annahme einer inhaltsgleichen Grundrechtsbindung der Tarifpartner, wie sie gegenüber dem staatlichen Gesetzgeber besteht, müsste dazu führen, dass alle tariflichen Regelungen auch vom staatlichen Gesetzgeber hätten getroffen werden können und umgekehrt. Dass dies nicht stimmen kann, lässt sich schon anhand einiger Beispiele nachweisen. So wurde eine Urlaubsregelung im hessischen Weiterbildungsgesetz vom Bundesverfassungsgericht[292] als unverhältnis-

---

[286] Bengelsdorf, ZfA 1990, 563, 570; Gitter/Boerner, RdA 1990, 129,134; Boerner, Altersgrenzen, S. 109; Loritz, ZfA 1990, 133, 166; Scholz, ZfA 1981, 265, 295
[287] Boerner, Altersgrenzen, S. 109
[288] Gitter/Boerner, RdA 1990, 129, 134; Boerner, Altersgrenzen, S. 109
[289] Loritz, ZfA 1990, 133, 148 f.;
[290] Scholz, ZfA 1981, 265, 294 f.
[291] Loritz, ZfA 1990, 133, 148 f.; Scholz, ZfA 1981, 265, 293 ff.
[292] BVerfGE 77, 308, 336 ff.

mäßiger Eingriff in die Berufsfreiheit angesehen, da sie den Arbeitgebern Entgeltfortzahlungspflichten für den zusätzlichen Bildungsurlaub pädagogischer Mitarbeiter auferlegte, ohne die Möglichkeit eines finanziellen Ausgleichs.[293] Eine entsprechende Regelung durch die Tarifpartner wäre dagegen wohl unbedenklich.[294] Ebenso wird in aller Regel die staatliche Lohnfestsetzung als rechtswidriger Eingriff in die Vertragsfreiheit der Arbeitsvertragsparteien und Akt des Staatsdirigismus abzulehnen sein.[295] Demgegenüber ist die Festsetzung der Löhne gerade ein Hauptbestandteil tarifvertraglicher Regelungsbefugnis und ohne Zweifel zulässig. Auch der tarifliche Ausschluss betriebsbedingter Kündigungen im Rahmen von Kündigungsschutzabkommen als Gegenleistung für die Zurückhaltung bei Lohnerhöhungen ist in einem solchen Ausmaß als gesetzliche Regelung unvorstellbar und dürfte einen unzulässigen Eingriff in die Berufsfreiheit darstellen.[296]

Bei der Anwendung einer inhaltsgleichen Grundrechtsbindung auf die Tarifpartner wird übersehen, dass grundlegende Unterschiede zwischen dem staatlichen Gesetzgeber und den Koalitionen bestehen. Dies beginnt schon mit der grundgesetzlichen Garantie der Tarifautonomie. Anders als der staatliche Gesetzgeber können sich die Tarifpartner auf den aus Art. 9 Abs. 3 GG folgenden verfassungsrechtlichen Schutz berufen. Die Tarifpartner sind zugleich Grundrechtsträger, deren Tarifautonomie gewahrt bleiben muss. Durch die Tarifautonomie wird den Tarifpartnern Unabhängigkeit vom Staat bei der Gestaltung der Arbeits- und Wirtschaftsbedingungen garantiert. Die Tarifpartner sollen "insbesondere Löhne und andere materielle Arbeitsbedingungen in einem von staatlicher Rechtsetzung freigelassenen Raum in eigener Verantwortung und im wesentlichen ohne staatliche Einflussnahme"[297] regeln können. Als Folge dieses verfassungsrechtlichen Schutzes der Tarifautonomie darf eine grundrechtliche Überprüfung der Tarifverträge auf ihre Rechtmäßigkeit durch die Gerichte nicht so weit führen, dass die Tarifautonomie außer Kraft gesetzt würde. Eine (umfassende) Grundrechtsprüfung würde genau dies bedeuten. Die Tarifpartner unterlägen dann der strengen Kontrolle der Gerichte. Ihr Gestaltungsfreiraum wäre auf ein Minimum beschränkt, und sie könnten damit ihrem vom Grundgesetz übertragenen Verfassungsauftrag nicht mehr nachkommen. Gerade die Verhältnismäßigkeitsprüfung bietet wegen ihres unbestimmten Charakters die Möglichkeit, unterschiedliche Bewertungen in die Grundrechtsprüfung einfließen zu lassen. Die Tarifnormen

---

[293] Nach dem BVerfG bestehe hier, anders als beim allgemeinen Bildungsurlaubsanspruch, keine Verantwortungsbeziehung des Arbeitgebers. Der finanzielle Aufwand dürfe deshalb nicht einzelnen Arbeitgebern auferlegt werden, sondern müsse verteilt werden.

[294] Dieterich, Grundrechtsbindung, S. 117, 119

[295] Belling, ZfA 1999, 547, 611

[296] Belling, ZfA 1999, 547, 611 f.

[297] BVerfGE 44, 322, 340 f.

müssten von den Gerichten auf ihre Angemessenheit überprüft werden. Diese würden dabei ihre eigenen Erwägungen an die Stelle der Erwägungen der Tarifpartner setzen. Letztlich würden sie also darüber entscheiden, welche Arbeitsbedingungen ausgewogen und sachgerecht sind. Damit würden die Gerichte anstelle der Tarifpartner über den Inhalt eines Tarifvertrages bestimmen und somit eine Art Tarifzensur[298] ausüben. Die Tarifautonomie soll aber gerade sicherstellen, dass die Tarifpartner als diejenigen mit der größten Sachkenntnis über den Inhalt des Tarifvertrages unabhängig entscheiden.[299] Damit würde eine umfassende Verhältnismäßigkeitsprüfung dem in der Tarifautonomie zum Ausdruck kommenden Gedanken der tarifvertraglichen Gestaltungsfreiheit widersprechen.[300] In der Inhaltsbestimmung des Tarifvertrags müssen die Tarifpartner also grundsätzlich frei bleiben, was eine Modifizierung der Schrankensystematik erforderlich macht. Man wird deshalb nicht umhin kommen, den Tarifpartnern zumindest weitreichende Gestaltungsspielräume innerhalb der Grundrechtsprüfung zuzuerkennen, um nicht in den Kernbereich der Tarifautonomie einzugreifen.[301]
Aus diesem Grund ist es auch unerheblich, ob der Gesetzgeber zur Ausgestaltung der Koalitionsfreiheit befugt ist. Daraus ergeben sich keine Rückschlüsse hinsichtlich der Wirkung der Grundrechte auf die Koalitionsfreiheit. Die Gestaltungsmacht des Gesetzgebers endet am Kernbereich der Koalitionsfreiheit. Wie oben dargestellt würde aber auch eine umfassende Inhaltskontrolle anhand der Grundrechte in diesen Kernbereich eingreifen.

Zudem widerspricht eine umfassende Kontrolle durch die Gerichte auch dem Verhandlungscharakter eines Tarifvertrages. Dieser ist auf der einen Seite zwar ein materielles Gesetz, auf der anderen Seite unterliegt er aber auch den Vertragsregeln.[302] Tarifverträge können nur im Zusammenspiel mit dem sozialen Gegenspieler zustande kommen, so dass sich das Ergebnis als Kompromiss gegenläufiger Interessen darstellt. Gegnerische Vorschläge werden mitunter nur deshalb akzeptiert, weil auch eigene weitreichende Forderungen Aufnahme in den Tarifvertrag gefunden haben. Die Verhandlungsmöglichkeiten wären aber stark eingeschränkt, wenn die Koalitionen damit rechnen müssten, dass ein er-

---

[298] BAG, NZA 2001, 613, 617; BAG 25.10.2000 - 4 AZR 438/99
[299] BVerfGE 34, 307, 317
[300] Löwisch/Rieble, TVG, Grdl. Rz. 36 ff.; Richardi, ZfA 1990, 211, 220 f.; BVerfG, NZA 1991, 809, 812 = ArbuR 1992, 29, 32; Löwisch, in: MünchArbR, Bd. 3, § 239 Rz. 89; BAG, NZA 2001, 41, 44; BAG, NZA 2001, 613, 617; BAG, ZIP 2001, 716, 717 = EWiR 2001, 579 f. mit Anm. Schlachter
[301] so Rieble, ZTR 1993, 54, 60 f.; Säcker/Oetker, Grundlagen, S. 288 f.; Müller, Tarifautonomie, S. 165; Löwisch/Rieble, TVG, § 4 Rz. 210 f.; Bulla, DB 1980, 158, 159
[302] Hromadka, DB 1992, 1042, 1044 spricht deshalb von der "Janusköpfigkeit" des Tarifvertrags.

zielter Kompromiss vor Gericht nicht bestehen kann.[303] Der Tarifvertrag würde bei einer umfassenden Verhältnismäßigkeitsprüfung unter einem "repressiven richterlichen Genehmigungsvorbehalt"[304] stehen bzw. bis zur rechtskräftigen Entscheidung nur "schwebend wirksam"[305] sein und damit die Gefahr in sich tragen, dass gerade der Teil des Tarifvertrags, der einem der Tarifpartner als Ausgleich für eigene Zugeständnisse dient, aufgehoben wird. Um dieses Risiko zu vermeiden, würden die Tarifpartner von solchen Kompromissen nur noch sehr eingeschränkt und vorsichtig Gebrauch machen. Wenn die Verfassung aber den Tarifpartnern die Ordnung des Arbeitslebens überträgt, dann muss ihnen hierfür auch der nötige Spielraum gelassen werden.[306] Gerade der Verhandlungsspielraum und die daraus folgende Möglichkeit, über die Vereinbarung eines Kompromisses zu einem interessengerechten Ausgleich zu kommen, ist eine wesentliche Voraussetzung eines autonomen Tarifvertragssystems, wie es vom Grundgesetz garantiert wird. Es muss deshalb für die Tarifpartner schon beim Abschluss des Tarifvertrags erkennbar sein, ob der Tarifvertrag Bestand haben wird. Eine solche Sicherheit ist aber bei einer umfassenden Verhältnismäßigkeitsprüfung, in der das Gericht seine eigenen Erwägungen zum Maßstab der Abwägung macht, nicht möglich.

Darüber hinaus unterscheiden sich der staatliche Gesetzgeber und die Tarifpartner vor allem auch durch unterschiedliche verfassungsrechtliche Zielvorgaben. Ziel jeglichen staatlichen Handelns ist die Förderung des Allgemeinwohls. Die Tätigkeit der Verbände ist dagegen deutlich interessengerichtet.[307] Schutzgut der Tarifautonomie ist nicht das Gemeinwohl, sondern es sind die Interessen der Verbandsmitglieder. Offenbar wird dies, wenn man die Entwicklungsgeschichte der Tarifautonomie betrachtet.[308] Diese nahm ihren Anfang, als der mit der zunehmenden Industrialisierung im 19. Jahrhundert verbundene Überschuss an Arbeitskräften zu einer chronischen Unterlegenheit der Arbeitnehmerschaft gegenüber den Arbeitgebern führte. Dies erwies sich dabei als derart strukturbedingtes Machtungleichgewicht der Vertragsparteien, dass die Funktionsfähigkeit des Vertrages in diesem Bereich gestört war, dass also der Grundsatz der individuellen Verhandlungs- und Vereinbarungsfreiheit als Instrument des Güteraustauschs beim Umsatz der abhängigen Arbeit versagte.[309] Zur Überwindung dieser Fehlentwicklung bildeten sich Arbeitnehmervertretungen, die unter anderem mit Hilfe von Tarifverträgen das auf individualrechtlicher Ebene bestehende Un-

---

[303] Löwisch, in: MünchArbR, Bd. 3, § 239 Rz. 87
[304] Löwisch/Rieble, TVG, Grdl. Rz. 39
[305] Wiedemann, Normsetzung, S. 661, 664
[306] Gamillscheg, Kollektives Arbeitsrecht, Bd. 1, S. 670
[307] BVerfGE 38, 281, 307
[308] Picker, Tarifautonomie, S. 21 ff.
[309] Picker, ebenda, S. 24

gleichgewicht zwischen den Arbeitsvertragsparteien auszugleichen und einheitliche Arbeitsbedingungen zu schaffen suchten. Vorpositiver Grund der Entstehung des Tarifvertragswesens und der normative Zweck seiner rechtlichen Rezeption ist daher der Schutz des einzelnen Arbeitnehmers und seiner Interessen. Durch die Tarifgesetzgebung soll vermieden werden, dass der einzelne Arbeitnehmer die Arbeitsbedingungen mit dem in der Regel wirtschaftlich überlegenen Arbeitgeber aushandeln muss.[310] So wie deshalb die Gewerkschaften zur Wahrnehmung der Interessen ihrer Mitglieder bestimmt sind, obliegt es den Arbeitgeberverbänden, zur Herstellung der tarifvertraglichen Parität die Interessen ihrer eigenen Mitglieder wahrzunehmen. Das Grundrecht aus Art. 9 Abs. 3 GG schützt folglich nicht nur die Koalitionsfreiheit der Tarifvertragsparteien. Verbunden ist damit ein Verfassungsauftrag zur Wahrung und Förderung der Arbeits- und Wirtschaftsbedingungen als Interessenvertreter ihrer Mitglieder. Diese Zielvorgabe ist grundlegender Bestandteil der Tarifautonomie und gehört zu dessen verfassungsrechtlich geschütztem Kernbereich.

Art. 9 Abs. 3 GG gewährleistet daher den Koalitionen mit der Tarifautonomie zugleich die Erreichung ihres Zwecks, der in der Wahrung und Förderung der Arbeits- und Wirtschaftsbedingungen ihrer Mitglieder liegt.[311] Insoweit ist es vom Grundgesetz vorbestimmt, dass die Verbände als Interessenvertreter ihrer Mitglieder handeln und nicht der Förderung des Gemeinwohls verpflichtet sind.[312] Als Interessenvertreter müssen die Tarifpartner aber auch in der Lage sein, die Interessen ihrer Mitglieder wahrzunehmen, ohne dass hierfür ein öffentliches Interesse besteht. Tarifverträge sind dabei das Instrument dieser Interessenvertretung durch die Verbände. Deren Inhalt darf folglich nicht durch Allgemeininteressen bestimmt werden, sondern muss sich an den Interessen der Verbandsmitglieder orientieren.[313] Dass mit der Tarifautonomie mittelbar auch eine gesamtgesellschaftliche, im öffentlichen Interesse liegende Aufgabe verbunden ist, die die Verbände durch ihre eigennützige Tätigkeit erfüllen, ist hierfür unerheblich. Dadurch wird die Tätigkeit der Koalitionen selbst nicht gemeinwohlbezogen.[314] Vielmehr muss dieses mittelbare Ziel hinter der ausdrücklichen Verpflichtung zur Interessenvertretung ihrer Mitglieder zurücktreten. Die Tarifpartner müssen in erster Linie gegenüber denen verantwortlich sein, die ihrer Rechtsetzungsmacht unterliegen und die direkt von den Auswirkungen der

---

[310] Söllner, RdA 1989, 144, 149

[311] BVerfGE 44, 322, 344

[312] Wiedemann, TVG, Einl. Rz. 209, 349; ders., RdA 1997, 297, 303; ders., Normsetzung, S. 661, 664; Richardi, ZfA 1990, 211, 221; Däubler, Tarifvertragsrecht, Rz. 421; Kempen/Zachert, TVG, Grdl. Rz. 135 ff.; Rieble, ZTR 1993, 54, 60; Söllner, ArbuR 1966, 257, 263; Säcker/Oetker, Grundlagen, S. 263 ff.

[313] ähnlich BAG, NZA 2001, 613, 617

[314] Richardi, ZfA 1990, 211, 221; Söllner, ArbuR, 1966, 257, 263

Tarifnormen betroffen sind. Auch wenn sich die Ziele der Mitgliedschaft und des Gemeinwohls gelegentlich decken, wird in vielen Fällen das Interesse der Mitgliedschaft nicht im Interesse des Gemeinwohls liegen. Die Tarifpartner können dann nicht gleichzeitig die Interessen ihrer Mitglieder wahrnehmen und dem Gemeinwohl verpflichtet sein. Eine Verpflichtung auf das Gemeinwohl würde zudem der von der Verfassung dem Tarifvertragssystem zugrunde gelegten Konstruktion eines freien Wirkens der gegensätzlichen Kräfte stören und die sinnvolle Gestaltung der Arbeitsordnung erschweren.[315] Die Beschränkung der Tarifvertragspartner auf die Wahrnehmung von Mitgliederinteressen gewährleistet, durch "die offene Austragung der Meinungsverschiedenheiten zwischen den verschiedenen Gruppen und durch die Kompromisse, durch die diese Konflikte beigelegt werden, (....) eine tragbare Lösung für Probleme zu finden, über die ein consensus omnium nicht besteht", die also gerade nicht durch die "obersten Grundsätze des Zusammenlebens in Staat und Gesellschaft" vorgegeben sind.[316]
Eine andere Frage ist aber, ob die Grenze tarifvertraglichen Handelns bei einem gemeinwohlschädlichen Verhalten liegt. Anders als nach der oben vertretenen Meinung sind die Tarifpartner grundsätzlich befugt, die Interessen ihrer Mitglieder wahrzunehmen und Grundrechte anderer einzuschränken, auch wenn kein öffentliches Interesse an der Regelung besteht. Die tarifvertragliche Regelungsbefugnis könnte jedoch dort aufhören, wo die Tarifnorm dem Wohl der Allgemeinheit entgegensteht und ihm schadet.

Die Stellung der Tarifvertragspartner als Interessenvertreter ihrer Mitglieder entspricht auch den von diesen zur Grundlage ihres Beitritts gemachten Vorstellungen. Die Wahrnehmung mitgliedschaftlicher Interessen durch die Koalitionen wird von ihnen vorausgesetzt. Der maßgebliche Grund für ihren Verbandsbeitritt ist es, die eigenen Rechte im arbeitsvertraglichen Bereich durch den Zusammenschluss mit anderen Mitgliedern in einer Interessengruppe zu stärken. Deshalb begeben sie sich mit ihrem freiwilligen Beitritt unter den Geltungsbereich des Tarifvertrages und schaffen damit die tatbestandlichen Voraussetzungen, die einen Grundrechtseingriff überhaupt erst ermöglichen. Der Verbandsbeitritt erfolgt nicht uneigennützig. Das Wohl der Allgemeinheit ist hierbei unerheblich. Folglich würde eine generelle Bindung an das Gemeinwohl und die daraus folgende, grundsätzliche Unterordnung der Mitgliederinteressen unter das Gemeinwohl in einem völligen Widerspruch zu den Vorstellungen der Verbandsmitglieder stehen. Die Interessenbezogenheit des Tarifvertrags wird auch deutlich, wenn man die Parallele zum Einzelarbeitsvertrag zieht. Dieser wird von den Vertragsparteien nur in ihrem eigenen Interesse ausgehandelt und abgeschlossen, ohne dass

---

[315] ähnlich Picker, Tarifautonomie, S. 44
[316] Söllner, ArbuR 1966, 257, 263; Fraenkel, Pluralismus, B 3, 8

das Wohl der Allgemeinheit Beachtung findet. Dann muss dies ebenfalls für den Tarifvertrag gelten, der in der Hauptsache nichts anderes ist als die Fortführung des Einzelarbeitsvertrags auf kollektiver Ebene. Zudem entfaltet der Tarifvertrag grundsätzlich nur Wirkung hinsichtlich der Verbandsmitglieder. Die Tarifpartner sind dagegen nicht in der Lage, Rechtsnormen mit Geltung für die Allgemeinheit zu setzen. Anders aber der Gesetzgeber. Dieser hat vor allem auch die Möglichkeit und die Verpflichtung, Rechtnormen für die Allgemeinheit zu bestimmen. Die Notwendigkeit, hierbei einen gerechten Ausgleich herbeizuführen, ist ein Hauptgrund für die Gemeinwohlbindung. Schon aus diesem Grund wäre eine Gemeinwohlbindung für die Verbände verfehlt.

Die Vertretung von Mitgliederinteressen durch die Tarifpartner als verfassungsrechtliche Zielvorgabe kann auch nicht nur auf die Grundrechte und Güter von Verfassungsrang der Mitglieder beschränkt sein. Bei den Bereichen, die zu den traditionellen Gestaltungsfeldern der Tarifpartner zählen (z.B. Lohn, Arbeitszeit, Urlaub), dürften nur noch in den seltensten Fällen Grundrechtspositionen oder Positionen von Verfassungsrang betroffen sein. Die Koalitionen wären gerade in diesen Bereichen zu einer Regelung nicht befugt. Sinn der Tarifautonomie ist es aber, die Mehrzahl der Arbeitsbedingungen, die auch im Arbeitsvertrag zu vereinbaren wären, der Gestaltungsmacht der Tarifpartner zu unterwerfen. Dies wäre bei einer Beschränkung der Grundrechtseingriffe auf Güter von Verfassungsrang unmöglich.

Ein Blick auf das Tarifvertragssystem, speziell das Zustandekommen eines Tarifvertrags, bestätigt die Rolle der Tarifverbände als Interessenvertreter ihrer Mitglieder. Die Tarifautonomie soll hierbei gewährleisten, dass die Vertreter der Arbeitsvertragsparteien ohne Einflussnahme von außen die Arbeits- und Wirtschaftsbedingungen aushandeln können. Seinen Ausdruck findet das in einem Tarifvertragssystem, in dem die sozialen Gegenspieler grundsätzlich ohne Beteiligung des Staates den Tarifvertrag aushandeln. Hierbei liegt die Idee zugrunde, dass die Vertreter der Arbeitsvertragsparteien zum einen über die größte Fachkenntnis verfügen. Zum anderen soll der Interessengegensatz zwischen den Tarifvertragspartnern und die dadurch erforderlichen Verhandlungen sicherstellen, dass es sich bei dem Tarifvertrag um einen beiden Arbeitsvertragsparteien gerecht werdenden Kompromiss handelt. Die Tarifpartner sollen hierbei als Interessenvertreter ihrer Mitglieder tätig werden, um über den Weg des Interessengegensatzes angemessene Regelungen der Arbeitsbedingungen zu schaffen. Dies setzt aber voraus, dass die Tarifpartner (nur) im Interesse ihrer Mitglieder handeln dürfen. Würden die Tarifpartner nicht im Interesse ihrer Mitgliedschaft handeln können und müssten beide Tarifpartner die Interessen der Allgemeinheit berücksichtigen, gäbe es keinen Interessengegensatz bei den Tarifverhandlungen. Dieser ist jedoch eine Grundlage des Tarifvertragssystems und damit auch

Teil der verfassungsrechtlichen Garantie des Art. 9 Abs. 3 GG. Die Wahrnehmung von Mitgliederinteressen ist deshalb Voraussetzung eines funktionierenden Tarifvertragssystems, das auf dem Interessengegensatz der Verbände aufbaut.

Insoweit unterscheiden sich die Aufgaben und die Anforderungen an den staatlichen Gesetzgeber und an die Tarifvertragsparteien. Die Aufgabe des staatlichen Gesetzgebers ist eine andere, da das oberste Ziel des Gesetzgebers die Regelung des gesellschaftlichen Zusammenlebens in seiner Gesamtheit ist. Dabei ist er auf die Wahrnehmung der Interessen der ganzen Bevölkerung und eines funktionierenden Staatswesens verpflichtet. Die Aufgabe des staatlichen Gesetzgebers geht also über die Wahrnehmung begrenzter Gruppeninteressen, wie sie die Tarifpartner wahrnehmen, hinaus. Ausdruck findet dies in der Gemeinwohlbindung der Hoheitsträger bei der Gesetzgebung. Zwischen den am Gesetzgebungsverfahren Beteiligten besteht grundsätzlich kein Interessengegensatz wie bei den Tarifverhandlungen zwischen Arbeitgeber- und Arbeitnehmervertretern. Jeder gewählte Vertreter des Volkes ist verpflichtet, bei der Gesetzgebung die Interessen der Allgemeinheit zu wahren. Insoweit ist die Zielsetzung aller am Gesetzgebungsverfahren Beteiligten die gleiche. Es bestehen hier höchstens Meinungsverschiedenheiten darüber, wie diesem Auftrag am Besten nachgekommen werden kann.

Dass dem Verfassungsgeber die unterschiedlichen Anforderungen bei den Tarifpartnern und dem staatlichen Gesetzgeber bewusst waren, lässt sich schon aus der den Tarifpartnern von der Verfassung übertragenen Rechtsform erkennen. Ihnen wurde gerade nicht eine öffentliche Rechtsform verliehen, die grundsätzlich mit einer Gemeinwohlbindung verbunden gewesen wäre. Die Verbände bewegen sich auf dem Gebiet des Privatrechts als eingetragener oder nicht eingetragener Verein. Ziel eines Vereins ist grundsätzlich die Förderung der Vereinsinteressen bzw. der Interessen der Mitglieder und nicht die Förderung des Allgemeinwohls.

Die verfassungsrechtlich zugewiesene Rolle als Interessenvertreter und die Ablehnung einer Gemeinwohlbindung führt zu unterschiedlichen Anforderungen an staatliche und tarifvertragliche Normgebung. Dies wirkt sich insbesondere im Bereich des Verhältnismäßigkeitsgrundsatzes aus. Voraussetzung der Verhältnismäßigkeit im Rahmen staatlicher Gesetzgebung ist, dass die Grundrechtseinschränkung im Interesse des Allgemeinwohls liegt. An diesem Maßstab ist dann die Norm auf Geeignetheit, Erforderlichkeit und Angemessenheit zu überprüfen. Lehnt man eine Gemeinwohlbindung für die Tarifpartner ab, müssen andere Maßstäbe für eine Verhältnismäßigkeitsprüfung gefunden werden.

Insgesamt wird deutlich, dass ein Bedürfnis nach einer Modifizierung der Grundrechtsbindung besteht. Die Tarifvertragspartner können wegen der Ihnen verfassungsrechtlich zugewiesenen Rolle keiner staatsgleichen Grundrechtsbindung unterworfen werden. Fraglich ist jedoch, wie eine solche Modifizierung aussehen soll.

2) Abgeschwächte Wirkung der Grundrechte im Rahmen einer modifizierten Grundrechtsbindung

Zahlreiche Stimmen in der Literatur wenden sich gegen die inhaltsgleiche Anwendung der Grundrechte auf die Tarifvertragspartner und vertreten die Auffassung, dass die Grundrechtswirkung wegen der Besonderheiten des Tarifvertragswesens modifiziert werden müsse. Weitgehende Übereinstimmung besteht über die Begründung für eine solche Modifizierung. So weise das Tarifvertragswesen wegen des Schutzes aus Art. 9 Abs. 3 GG, der freiwilligen Mitgliedschaft in den rechtsetzenden Verbänden und der Besonderheiten beim Zustandekommen von Tarifnormen, die vor allem im vertraglichen Charakter eines Tarifvertrages begründet seien, erhebliche Unterschiede zum staatlichen Gesetzgeber auf, so dass eine bloße Übernahme der dem Staat gegenüber bestehenden Grundrechtswirkung ausgeschlossen sei. So einheitlich auch die Begründung für eine Modifizierung der Grundrechtsbindung ist, so ungeklärt ist die Frage, wie eine solche Anpassung der Grundrechtswirkung an das Tarifvertragssystem aussehen soll. Die Vorschläge reichen hierbei von der Annahme eines Grundrechtsverzichts bis zur Modifizierung der grundgesetzlichen Schrankensystematik an die Besonderheiten des Tarifvertragssystems.

a) Grundrechtsverzicht

aa) Darstellung der Theorie

Teilweise wird angenommen, dass das Verbandmitglied mit dem Beitritt zum Verband auf seine Grundrechte verzichtet habe. Ein solcher Ansatz findet sich zumeist bei Vertretern einer mittelbaren Grundrechtsbindung.[317] Jedoch könnte die Annahme eines Grundrechtsverzichts ohne weiteres auch Anwendung im Rahmen der unmittelbaren Grundrechtsbindung finden.

Nach dieser Ansicht sei in dem Beitritt zum Verband eine konkludente Erklärung des Verbandsmitglieds dahingehend zu sehen, auf seine Grundrechte ver-

---

[317] siehe 1. Teil III) 2) b) cc)

zichten zu wollen.[318] Das Mitglied unterwerfe sich damit unbeschränkt der Rechtsetzungsmacht der Verbände. Ein Grundrechtsverzicht sei deshalb möglich, weil die Gewährleistung personaler Freiheiten zugleich auch die Freiheit der Nichtausübung und der freiwilligen Selbstbeschränkung einschließe. Jedoch könnten die Grundrechtsträger nicht unbegrenzt über ihre Grundrechte verfügen.[319] So verstoße ein globaler und zeitlich unbegrenzter Blankettverzicht gegen den aus Art. 1 Abs. 1, 19 Abs. 2 GG folgenden unverzichtbaren Menschenwürdekern. Daneben hänge die freiwillige Einschränkung mancher Grundrechte von dem fortbestehenden Willen zum Grundrechtsverzicht ab. Einem Grundrechtsverzicht nicht zugänglich seien die Grundrechte auch dort, wo sie öffentlichen Interessen dienten, wie z.B. Art. 3 Abs. 2, 5 Abs. 1, sowie Art. 3, 6 und 7 GG.
Von anderer Seite wird betont, dass es der gesamtgesellschaftliche Zweck grundrechtlicher Freiheiten verbieten würde, dass man auf diese absolut und dauerhaft verzichte.[320] Damit liege die Grenze eines Grundrechtsverzichts im Wesensgehalt des jeweiligen Grundrechts. Da eine tarifliche Grundrechtsbegrenzung den Wesensgehalt eines Grundrechts erst berühre, wenn sie für den Einzelnen faktisch weitgehend unentrinnbar erscheint, wird auf der Arbeitnehmerseite eine viel engere Grenze als auf der Arbeitgeberseite gezogen.[321] Wegen der faktischen Geltung der Tarifnormen auch im außertariflichen Bereich sei der Arbeitnehmer der sozialen Macht der Tarifpartner nämlich viel stärker unterworfen als ein Arbeitgeber.
Grundrechtlich geschützt werde demnach nur noch der unverzichtbare Kernbereich der Grundrechte.[322] Dem einzelnen Verbandsmitglied als Grundrechtsträger sei es möglich, seine Freiheit selbst weiter zu beschränken als staatliche Eingriffe von ihm hinzunehmen seien.[323] Durch diese Abschwächung des Grundrechtsschutzes verfügten die Koalitionen über einen größeren Gestaltungsspielraum als der staatliche Gesetzgeber.

---

[318] Dieterich, Grundrechtsbindung, S. 117, 127 f., so auch Kempen/Zachert, TVG, Grdl. Rz. 160 ff.; Schliemann, ZTR 2000, 198, 203
[319] Dieterich, Grundrechtsbindung, S. 117, 128
[320] Kempen, ArbrGgw. 1988, 78, 92; Kempen/Zachert, TVG, Grdl. Rz. 160, wobei aber wegen dem in den Verbänden bestehenden Mehrheitsdruck bei einem prinzipiell möglichen tarifvertraglichen Grundrechtsverzicht engere Grenzen gezogen werden sollen als bei einem individualrechtlichen Grundrechtsverzicht.
[321] Kempen/Zachert, TVG, Grdl. Rz. 163
[322] Dieterich, Grundrechtsbindung, S. 117, 128; ders. Betriebsnormen, S. 462; Schliemann, ZTR 2000, 198, 203
[323] Dieterich, ebenda, S. 117, 121

bb) Stellungnahme

Grundrechtsträger sind generell zwar in der Lage, auf Grundrechte zu verzichten. Die Entscheidung über die Nichtwahrnehmung grundrechtlicher Befugnisse gehört zur prinzipiellen Freiheit der Grundrechtsträger.[324] Der Verzicht selbst ist auch ein Akt der Freiheitsausübung.[325]
In dem Beitritt zum Verband kann jedoch keine konkludente Erklärung eines Grundrechtsverzichts gesehen werden.[326] Es erscheint als eine reine Fiktion, dass dem bloßen Verbandsbeitritt ein solcher Erklärungsgehalt beigemessen werden soll. Beim Beitritt werden entsprechende Erklärungen weder ausdrücklich noch schlüssig abgegeben.[327] Für einen in seinen Auswirkungen weitreichenden Grundrechtsverzicht gibt es keine Anhaltspunkte. Der Einzelne will im Gegenteil dazu durch seinen Verbandsbeitritt seine wirtschaftliche und rechtliche Stellung verbessern und nicht auf Rechte verzichten.[328] Völlig konstruiert erscheint eine im Beitritt liegende Verzichtserklärung, wenn man bedenkt, dass es sich bei der tarifvertraglichen Rechtsetzung um das Produkt des Zusammenwirkens beider Tarifvertragspartner handelt, und dass deshalb die Verzichtserklärung ebenso an den gegnerischen Verband zu richten wäre wie an den eigenen.[329]

Eine solche Reduzierung der Grundrechtsgeltung auf den unverzichtbaren Kernbereich der Grundrechte wird auch dem erhöhten Schutzbedürfnis der Verbandsmitglieder nicht gerecht. Aufgrund der bedeutenden Rolle, die die Regelung der Arbeits- und Wirtschaftsbedingungen für Arbeitnehmer und Arbeitgeber spielt, und der geringen Einflussnahmemöglichkeiten des Mitglieds im Verband, darf der grundrechtliche Schutz nicht so weit zurückgedrängt werden. Der Einzelne wäre dem Verband praktisch ausgeliefert.

Selbst wenn man in dem Beitritt zum Verband eine Grundrechtsverzichtserklärung sehen will, bestehen grundsätzliche Bedenken gegen die Zulässigkeit eines solchen Grundrechtsverzichts. Wegen der Bedeutung des Grundrechtsverzichts für den Grundrechtsträger ist es erforderlich, dass diesem die Reichweite seines Tuns deutlich wird.[330] Dies gilt hier um so mehr, da der Grundrechtsverzicht im Tarifvertragsrecht wegen der Auswirkungen auf das Arbeitsverhältnis der

---

[324] Lerche, in: Isensee/Kirchhof, Handbuch des Staatsrechts, Bd. V, § 122 Rz. 45
[325] Pieroth/Schlink, Grundrechte, Rz. 135; v. Münch, in: v. Münch/Kunig, Bd. 1, Vorb. Art. 1-19, Rz. 63
[326] Belling, ZfA 1999, 547, 605 ; Blomeyer, ZfA 80, 1, 22; Misera, Tarifmacht, S. 75; Däubler, Mitbestimmung, S. 218 f.; Wiedemann, TVG, Einl. Rz. 207 und 209; Jarass, NZA 1990, 505, 510
[327] Misera, Tarifmacht, S. 75
[328] Däubler, Mitbestimmung, S. 218
[329] Däubler, ebenda, S. 219
[330] Jarass/Pieroth, GG, Vorb. Art 1 Rz. 27

Grundrechtsträger weitreichende Folgen hätte. Zudem würde es sich hier um einen für die Zukunft erteilten Grundrechtsverzicht handeln. Es sind deshalb strenge Anforderungen an die Bestimmtheit einer Verzichtserklärung zu stellen. Der generelle Verzicht auf Grundrechte ist nicht möglich. Es kann immer nur auf einzelne, durch die Grundrechte geschützte Handlungsweisen verzichtet werden.[331] Ein durch den Beitritt ausgedrückter genereller Verzicht auf die Grundrechte würde diesen Anforderungen nicht genügen.[332]

Hinzu kommt, dass Zweifel an der Freiwilligkeit eines Grundrechtsverzichts bestehen würden.[333] Freiwilligkeit ist die Grundvoraussetzung jedes Grundrechtsverzichts.[334] Zwar besteht hier kein Zwang zum Beitritt. Der Beitritt geschieht freiwillig, wenn auch wegen der mit einer Nichtmitgliedschaft verbundenen Nachteile ein gewisser Beitrittsdruck vorhanden ist.[335] Dagegen ist es wegen § 3 Abs. 3 TVG unmöglich, sich durch Austritt aus dem Verband von der Tarifbindung zu lösen. Würde man im Beitritt die konkludente Erklärung eines Grundrechtsverzichts sehen, so müsste im umgekehrten Fall des Ausscheidens aus dem Verband die Rücknahme der Verzichtserklärung zu sehen sein. Wegen § 3 Abs. 3 TVG wäre diese Rücknahmeerklärung unbeachtlich. Es kann aber grundsätzlich keinen Grundrechtsverzicht geben, der unwiderruflich ist.[336] Der Grundrechts-träger muss jederzeit die Möglichkeit haben, seine Verzichtserklärung zu widerrufen. Hoheitsgewalten haben wegen des Grundsatzes der freien Selbstbestimmung des Individuums den jeweils aktuellen Willen der Grundrechtsträger zu berücksichtigen.[337] Ansonsten würde der Grundrechtsverzicht in seiner Wirkung einer unzulässigen Grundrechtsentäußerung gleichkommen.[338] Das Festhalten an der Verzichtserklärung gegen den Willen des aus dem Arbeitgeberver-

---

[331] Jarass/Pieroth, ebenda, Vorb. Art 1 Rz. 27

[332] Wiedemann, TVG, Einl. Rz. 207

[333] Jarass, NZA 1990, 505, 510; Däubler, Mitbestimmung, S. 218, der generell von der Ungültigkeit einer Verzichtserklärung ausgeht, wenn diese gegenüber einer sozial überlegenen Macht abgegeben wird, da hier immer die Gefahr bestehe, dass "der Verzicht kein freiwilliger, sondern ein durch die einseitige Machtlage faktisch erzwungener" sei. (Däubler, Streik, S. 100)

[334] Jarass/Pieroth, GG, Vorb. vor Art. 1, Rz. 27; Sachs, GG, Vor Art. 1 Rz. 56; Dreier, GG, Vorb. Rz. 83; Stern, Staatsrecht, Bd. III/2, S. 913 ff.; Robbers, JuS 1985, 925, 926; Malorny, JA 1974, 475, 479

[335] Jarass, NZA 1990, 505, 510 ist der Meinung, dass auch dieser Beitrittsdruck ein Indiz für die fehlende Freiwilligkeit eines Grundrechtsverzichts ist.

[336] Stern, Staatsrecht, Bd. III/2, S. 916; Malorny, JA 1974, 475, 479 f.; Sachs, GG, Vor Art. 1 Rz. 55, der bei bestimmten Grundrechten einen Ausschluss der Widerruflichkeit für möglich hält, wenn es dafür eine gesetzliche Grundlage gibt.

[337] Stern, ebenda, S. 916;

[338] Malorny, JA 1974, 475, 479

band ausgeschiedenen Mitglieds würde also gegen die Voraussetzung der Freiwilligkeit eines Grundrechtsverzichts verstoßen.

Letztendlich kann die Konstruktion eines Grundrechtsverzichts schon deshalb nicht überzeugen, weil sie eine wesentliche Frage unbeantwortet lässt. Mit Hilfe der Annahme eines Grundrechtsverzichts ließe sich nur eine Modifikation der Grundrechtsbindung im Verhältnis zu den Koalitionsmitgliedern erklären. Für Außenseiter, die tariflichen Regelungen über Betriebsnormen gem. § 3 Abs. 2 TVG unterworfen sind, kommt dagegen ein Verzicht auf ihre Grundrechte schon mangels eines Beitritts zu den Verbänden nicht in Frage. Es würde hier schon an der Verzichtserklärung fehlen. Dies hätte zur Folge, dass die Grundrechtseingriffe gegenüber Außenseitern in vollem Umfang zu prüfen wären.[339] Jedoch besteht auch bei den Außenseitern ein Bedürfnis nach einer Anpassung des Grundrechtsschutzes. Die Gründe, die für eine Modifizierung der Grundrechtsbindung sprechen, gelten auch für die Tarifnormen, die gegenüber den Außenseitern wirken. Auch in diesem Bereich können sich die Koalitionen auf ihre verfassungsrechtlich garantierte Tarifautonomie berufen. Daneben sind auch hier die Unterschiede beim Zustandekommen eines Tarifvertrages und bei der Zielsetzung der Tarifpartner im Vergleich zum staatlichen Gesetzgeber zu beachten.

Es ist auch im Hinblick auf einheitliche betriebliche Regelungen erforderlich, dass die Grundrechte die gleiche Wirkung gegenüber Verbandsmitgliedern und Außenseitern entfalten. Eine Unterscheidung zwischen Koalitionsmitgliedern, die sich nicht auf ihre Grundrechte berufen können, und den Außenseitern, die Grundrechte in vollem Umfang geltend machen könnten und damit die Tarifpartner sogar einer Gemeinwohlbindung unterwerfen würden, führt dazu, dass im Bereich der Betriebsnormen unterschiedliche Regelungen für Verbandsmitglieder und Außenseiter wirksam wären. Regelungen, die gegenüber den Verbandsmitgliedern rechtmäßig wären, könnten gegenüber Außenseitern unzulässig sein.[340] Die Tarifpartner müssten bei ihrer Rechtsetzung zwischen den beiden Gruppen unterscheiden oder auf Regelungen verzichten. Es besteht aber eine besondere Notwendigkeit für die Gleichbehandlung der Außenseiter. Bei Betriebsnormen ist eine Beschränkung auf die organisierte Arbeitnehmerschaft nicht möglich.[341] Offensichtlich ist dies bei allen betriebsverfassungsrechtlichen

---

[339] so Dieterich, Grundrechtsbindung, S. 117, 132 f. unter Hinweis auf Hanau, RdA 1996, 158 ff.

[340] Löwisch, Anm. RdA 2000, 312, 314, der auch deshalb eine mittelbare Grundrechtsbindung ablehnt.

[341] Mit Rücksicht auf die negative Koalitionsfreiheit der Außenseiter sieht das BAG darin sogar eine Voraussetzung für die Geltung von Betriebsnormen. Danach könnten nur solche Tarifnormen als betriebliche Normen i.S.d. § 3 II TVG angesehen werden, die "in der sozialen Wirklichkeit aus tatsächlichen oder rechtlichen Gründen nur einheitlich gelten können"

Fragen. Hier gebietet es schon die Natur der Sache, dass Regelungen, die die Interessenvertretung der Belegschaft im Betrieb betreffen, sich nicht auf einen Teil der Belegschaft beschränken dürfen. Aber auch hinsichtlich der Normen über betriebliche Fragen besteht die Notwendigkeit einer einheitlichen Regelung. Hierfür gibt es zum einen rechtliche Gründe. Dies wird dann wesentlich, wenn gesetzliche Regelungen die Gleichbehandlung von Gewerkschaftsmitgliedern und Außenseitern verlangen. Als Beispiel sei hier auf die Sozialauswahl im Rahmen des Kündigungsschutzes hingewiesen, für die auch die Tarifpartner Auswahlrichtlinien aufstellen können. Eine Geltung nur für die organisierten Arbeitnehmer würde den in § 1 Abs. 3 KSchG geforderten einheitlichen Auswahlvorgang verhindern.[342]
Zum anderen machen tatsächliche Gründe eine betriebseinheitliche Geltung von Tarifnormen erforderlich.[343] Dabei können die Gründe sowohl im technisch-organisatorischen als auch im wirtschaftlichen Bereich liegen.[344] Ersteres ist der Fall, wenn sich die praktische Umsetzung einer Regelung und des mit ihr verfolgten Zwecks nicht auf die organisierte Arbeitnehmerschaft beschränken lässt, so z.B. bei der Lage der Schichtarbeitszeit oder dem Arbeitstempo der Maschinen. Zweiteres ist immer dann gegeben, wenn die Beschränkung auf die Gewerkschaftsmitglieder einen unverhältnismäßigen Mehraufwand verursachen würde, so bei Sozialeinrichtungen, die nur bei Einbeziehung der gesamten Belegschaft kostengünstig funktionieren können. Damit wäre eine Unterscheidung zwischen der Grundrechtswirkung gegenüber Mitgliedern und gegenüber Außenseitern, wie sie die Folge der Annahme eines Grundrechtsverzichts durch den Verbandsbeitritt wäre, in ihren Auswirkungen nicht vertretbar, da sie der einheitlichen Geltung von Betriebsnormen zuwiderläuft.

b) Differenzierung der Grundrechtswirkung nach dem Regelungsgegenstand

aa) Darstellung der Theorie

Nach einer weiteren, von Käppler[345] vertretenen Ansicht könne die unmittelbare Grundrechtsbindung[346] nicht einfach durch Gleichsetzung der Tarifnormen mit

---

(BAG, AP Nr.46, 47 und 57 zu Art. 9 GG). Dies sei immer dann der Fall, wenn eine Regelung nicht Inhalt eines Individualarbeitsvertrags sein könne, wobei es ausreicht, "wenn eine individualvertragliche Regelung wegen evident sachlogischer Unzweckmäßigkeit ausscheidet" (BAG, AP Nr. 57 zu Art. 9 GG).

[342] Löwisch/Rieble, TVG, § 1 Rz. 88 ff. mit weiteren Beispielen

[343] Wiedemann, TVG, § 1 Rz. 569 ff.; Löwisch/Rieble, ebenda, § 1 Rz. 95 ff.

[344] Löwisch/Rieble, TVG, § 1 Rz. 95 ff.

[345] Käppler, NZA 1991, 745, 748 ff.

staatlichem Recht bestimmt werden. Vielmehr müsse "vor allem nach den verschiedenen Regelungsgegenständen und den damit verbundenen Gestaltungsfunktionen von Tarifnormen sowie hinsichtlich des Geltungsgrundes" differenziert werden.[347]

Käppler unterscheidet bei der Legitimation der normativen Wirkung zwischen der abstrakten Legitimation durch staatliche Anerkennung und der auf einer zweiten Ebene hinzutretenden konkreten Legitimation durch mitgliedschaftliche Tarifbindung. Wo eine Regelung Außenseiter betreffe, bei denen eine solche mitgliedschaftliche Legitimation nicht gegeben sei, müsse die Bindungsintensität der Grundrechte deshalb besonders dicht sein. Zudem müsse beachtet werden, dass die Mitglieder gerade deshalb den Verbänden in Ausübung ihrer durch Art. 9 Abs. 3 GG gewährleisteten, individuellen Freiheit beigetreten seien, damit diese die Interessen ihrer Mitglieder auf kollektiver Ebene angemessen wahrnehmen könnten. Insbesondere sei es widersprüchlich, wenn ein Außenseiterarbeitnehmer Arbeitsvertragsbedingungen frei vereinbaren könne, ohne an den Grundrechten gemessen zu werden, der im Interesse der Arbeitnehmerschaft handelnden Gewerkschaft dies dagegen nicht möglich sei.
Daraus ergäben sich zwei Voraussetzungen, unter denen die Grundrechte gegenüber den Tarifpartnern keine weitergehende grundrechtliche Bindungsintensität entfalteten als gegenüber einem Individualvertrag. Zum einen müsse es sich um tarifliche Inhaltsnormen handeln, die auch in einem privatautonom ausgehandelten Vertrag vereinbart werden könnten. Hier trete der auf einer abstrakttypisierenden Interessenbewertung beruhende Tarifvertrag lediglich an die Stelle der konkret-individuellen Interessendurchsetzung. Daneben müsse die "konkrete Legitimation der Geltung der tariflichen Regelung auf einem freien, grundrechtlich gewährleisteten Beitritt zur Koalition beruhen"[348].

bb) Stellungnahme

Die Ansicht ist schon von ihrem Ansatz her widersprüchlich. Zum einen werden die Tarifverträge dem Privatrecht zugerechnet und hinsichtlich der normativen

---

[346] Nicht ganz eindeutig ist die Begründung für eine unmittelbare Grundrechtsbindung. So ordnet Käppler die Tarifverträge zwar dem Privatrecht zu; andererseits ist sie der Ansicht, dass die kollektivautonome, abstrakt-generelle und verbindliche Regelsetzung von ihren Voraussetzungen und Wirkungen her gegenüber der privatautonom-rechtsgeschäftlichen Gestaltungsmacht so wesensverschieden sei, dass eine unmittelbare Grundrechtsbindung gerechtfertigt sei (Käppler, NZA 1991, 745, 749).
[347] Käppler, NZA 1991, 745, 749, wobei sie daneben auch noch eine Differenzierung im Hinblick auf die unterschiedlichen betroffenen Grundrechte vornehmen möchte, ohne jedoch näher darauf einzugehen.
[348] Käppler, NZA 1991, 745, 750

Wirkung auf die mitgliedschaftliche Legitimation abgestellt. Zum anderen wird aber eine unmittelbare Grundrechtsbindung angenommen. Sieht man aber die Legitimation durch das Mitglied als ausschlaggebend an, handelt es sich um eine privatautonome Normsetzungsmacht der Tarifpartner. Dies hätte zur Folge, dass keine unmittelbare Grundrechtsbindung besteht, sondern die Tarifpartner lediglich über die Schutzpflichttheorie an die Grundrechte gebunden sind.

Zudem ändert, wie oben festgestellt, die Verknüpfung der Tarifgeltung mit der Mitgliedschaft nichts an der Fremdbestimmtheit der Tarifvertragsnormen. Wegen dieser Fremdbestimmtheit bedarf es aber des grundrechtlichen Schutzes durch eine unmittelbare Grundrechtsprüfung. Dies gilt für den gesamten Bereich der Tarifnormen. Auch die Tarifnormen, die in einem privatautonom ausgehandelten Vertrag vereinbart werden könnten, wirken gegenüber dem Verbandsmitglied fremdbestimmt und können dieses mit weitreichenden Folgen unangemessen benachteiligen. Der Gegensatz von Fremd- und Selbstbestimmung wird am genannten Vergleich mit einem Außenseiter besonders deutlich. Im Gegensatz zu diesem ist das Koalitionsmitglied nämlich nicht mehr in der Lage, frei über die Arbeitsbedingungen zu bestimmen. Eine Vereinbarung zwischen den Arbeitsvertragsparteien könnte grundsätzlich an einer entgegenstehenden Tarifvertragsregelung scheitern. Insoweit bedarf das Verbandsmitglied des grundrechtlichen Schutzes. Dagegen kann der Außenseiter auch weiterhin die Arbeitsbedingungen selbstbestimmt aushandeln. Es liegt deshalb kein Widerspruch darin, wenn Tarifvertragsnormen über Arbeitsvertragsbedingungen anhand der Grundrechte überprüft werden, privatautonome Vereinbarungen von Außenseitern hingegen nicht.

Daran ändert auch der Hinweis auf die Funktion der Verbände als Interessenvertreter nichts. Zwar sind die Koalitionen Interessenvertreter ihrer Mitglieder. Dies allein ist aber nicht ausreichend, um die Grundrechtsbindung auf das privatautonome Maß abzuschwächen. Die Mitgliedschaft ist keine homogene Gemeinschaft, sondern ein breites Spektrum von unterschiedlichen Meinungen. Beim Tarifabschluss sind die Tarifpartner nicht an die Interessen des einzelnen Mitglieds gebunden. Anders als im Privatrecht hat das einzelne Mitglied keinen direkten Einfluss auf seinen Interessenvertreter. In der Regel werden vielmehr nur die Mehrheitsinteressen innerhalb des Verbandes wahrgenommen, so dass die Gefahr besteht, dass die Interessenvertretung nicht den Interessen des Einzelnen entspricht. Wegen der unmittelbaren und zwingenden Wirkung bedarf das Mitglied deshalb des Schutzes vor ihn unangemessen beeinträchtigenden Regelungen.

Soweit auf den Beitritt zum Verband abgestellt wird, hat diese Meinung zudem ähnliche Auswirkungen wie die Annahme eines Grundrechtsverzichts. Sie führt nämlich dazu, dass im Ergebnis zwischen der Grundrechtswirkung gegenüber Verbandsmitgliedern und gegenüber Außenseitern unterschieden wird. Einer solchen Unterscheidung stehen die oben dargelegten Einwände hinsichtlich der unterschiedlichen Geltung von Betriebsnormen entgegen.

c) Beschränkung der Grundrechtskontrolle auf typisierbare Interessenkonflikte im Lager der Repräsentierten

aa) Darstellung der Theorie

Singer[349] möchte die Grundrechtsbindung einschränken, indem er die Grundrechtskontrolle auf typisierbare Interessenkonflikte im Lager der Repräsentierten begrenzt. Grundsätzlich biete das System der kollektiven Tarifautonomie die Gewähr dafür, dass die widerstreitenden Interessen der Tarifunterworfenen zu einem angemessenen Ausgleich gebracht würden. Eine Kontrolle anhand der Grundrechte komme deshalb nur in den Fällen in Frage, in denen die Richtigkeitsgewähr eines Tarifvertrages gefährdet sei. Dies sei aber nur dort der Fall, wo Interessengegensätze im Lager der Repräsentierten beständen und das System der kollektiven Interessenvertretung keine Gewähr dafür biete, dass die Interessen der Verbandsminderheit in ausreichendem Maß Berücksichtigung fänden.[350]

Bei einer strukturell gleichartigen Interessenlage sei dagegen der Grundrechtsschutz ausgeschlossen. In diesem Fall würden die Interessen der Verbandsminderheiten zwangsläufig durch die parallel gerichteten Interessen der Mehrheit mitrepräsentiert. Damit sei "die Funktion des Vertragsmechanismus auch in Bezug auf die repräsentierten Drittinteressen gewährleistet, und es besteht insoweit keine Veranlassung, die Grundrechte als Schutzgebote in Anspruch zu nehmen"[351], um eine Benachteiligung der Verbandsminderheit durch die Verbandsmehrheit zu verhindern.

Eine umfassende Grundrechtskontrolle würde dazu führen, dass auch in den Fällen, in denen sich die Mehrheitsinteressen nicht gegen die Verhandlungsposition des sozialen Gegenspielers habe durchsetzen können, eine Grundrechtskontrolle stattfinde. Hier habe aber gerade der Vertragsmechanismus auch im Hinblick auf die repräsentierten Drittinteressen funktioniert. Deshalb laufe eine so umfassende Grundrechtskontrolle auf eine Tarifzensur hinaus und verstoße damit gegen die Tarifautonomie, da nicht mehr die Tarifpartner darüber entschie-

---

[349] Singer, ZfA 1995, 611, 629 ff.
[350] Singer, ZfA 1995, 611, 627
[351] Singer, ZfA 1995, 611, 638

den, was ein gerechter Ausgleich gegensätzlicher Interessen sei, sondern die Gerichte.[352]

Interessenkonflikte innerhalb eines Verbandes lägen vor allem dann vor, wenn der Tarifvertrag keine einheitliche Regelung für die Tarifunterworfenen treffe, sondern zwischen verschiedenen Gruppen unterscheide und eine davon gegenüber anderen Gruppen bevorzuge oder benachteilige. Auf der Arbeitnehmerseite seien hier vor allem unterschiedliche Lohntarife für Männer und Frauen oder Differenzierungen zwischen Angestellten und Arbeitern, Verheirateten und Ledigen, ausländischen und inländischen Arbeitnehmern zu nennen. Vergleichbare Interessenkonflikte beständen aber auch zwischen Arbeitsplatzbesitzern und Arbeitsplatzsuchenden. Aus diesem Grund seien zum Beispiel Tarifverträge zur Verkürzung der wöchentlichen Arbeitszeit oder zur Festlegung von Altersgrenzen für das Ausscheiden aus dem Betrieb sowie Rationalisierungsabkommen an Art. 12 GG zu messen. Dagegen zeichne sich die Arbeitgeberseite bis auf einige Ausnahmen grundsätzlich durch eine Gleichgerichtetheit der Interessen aus.[353]

Interessenkonflikte seien dagegen immer dann ausgeschlossen, wenn Regelungen nur den Interessen und dem Schutz der anderen Seite dienten.[354] Insoweit liefen sie generell den Interessen sowohl der Mitgliedermehrheit als auch der Mitgliederminderheit entgegen. Wegen der Parallelität der Interessen könne deshalb davon ausgegangen werden, dass der Verband die Interessen aller Mitglieder wahrgenommen habe. Ein Funktionieren des Vertragsmechanismuses könne deshalb vorausgesetzt werden. Gelte die tarifvertragliche Regelung einheitlich, sei dieser nicht schon dann gestört, wenn die Normadressaten unterschiedlich stark von den Regelungen betroffen seien.[355] Ein Interessengegensatz bestehe hier nicht, da auch das Interesse der weniger stark Betroffenen auf Abwehr und Vermeidung von übermäßigen Einschränkungen der Betätigungsfreiheit gerichtet sei. Vor allem könne auch nicht jede individuelle Interessendifferenz zu einer Grundrechtskontrolle führen.[356] Ein gewisses Maß an Typisierung und Generalisierung sei dem System der kollektiven Interessenwahrnehmung immanent, da es auf der typisierenden Annahme basiere, dass "die als Einheit verstandenen Interessen der Mitglieder von ihrem jeweiligen Verband angemessen berücksichtigt werden"[357]. Eine "mikrojuristische, individualistische" Betrachtungsweise würde nicht nur dieses kollektive System zerstören, sondern auch die Rechts-

[352] Singer, ZfA 1995, 611, 629
[353] Singer, ZfA 1995, 611, 635
[354] Singer, ZfA 1995, 611, 632
[355] Singer, ZfA 1995, 611, 637
[356] Singer, ebenda
[357] Singer, ebenda

sicherheit ernsthaft gefährden, ohne dass das grundrechtliche Schutzgebot dies zwingend erfordere.

Eine Ausnahme von diesen Grundsätzen bestehe aber für höchstpersönliche Rechtsgüter.[358] Über diese könnten grundsätzlich nur die Betroffenen selbst verfügen. Deshalb bedürfe es bei tarifvertraglichen Bestimmungen über Torkontrollen, Blutalkoholuntersuchungen, HIV-Tests, graphologische Gutachten und psychologische Einstellungstests trotz des Fehlens eines Interessengegensatzes der grundrechtlichen Kontrolle, um zu verhindern, dass die Grenzen des verfassungsrechtlich Zulässigen überschritten würden. Daneben komme eine Grundrechtskontrolle dann in Betracht, wenn und soweit die grundrechtliche Gewährleistung nicht nur den Einzelnen, sondern zumindest auch ein überindividuelles Gut schütze oder die tarifvertragliche Regelung den unantastbaren Kernbereich der Grundrechte, der dem freiwilligen Verzicht des Einzelnen unzugänglich sei, berühre.[359]

Auf Seiten der Arbeitnehmer seien deshalb z.B. Nebentätigkeitsverbote, Residenzpflichten, Ausschlussfristen, Wettbewerbsverbote und Rückzahlungsklauseln, die allein den Schutz der Arbeitgeber bezweckten, nicht der Grundrechtskontrolle unterworfen. Auf der Arbeitgeberseite gehe das Interesse bei Regelungen wie der Verkürzung der Arbeitszeit, Beschränkungen der Produktions-, Betriebs- oder Ladenschlusszeiten, Beteiligungen der Arbeitnehmer am Produktivvermögen oder Einschränkungen der Kündigungsfreiheit durch Rationalisierungsschutzabkommen dahin, solche Beschränkungen ihrer unternehmerischen Freiheit zu verhindern.

bb) Stellungnahme

Singer nimmt an, dass es sich bei der Tarifgesetzgebung um eine besondere Form der Privatautonomie handele.[360] Die Grundrechte entfalteten ihre Wirkung gegenüber den Tarifunterworfenen aus ihrer Schutzpflichtfunktion heraus[361]. Deshalb sei die Grundrechtsbindung auf die Fälle beschränkt, in denen eine Vertragsstörung im System der kollektiven Interessenwahrnehmung vorliege. Geht man jedoch von dem Ansatz aus, dass die Tarifnormen, wegen ihrer Rechtsnormqualität und weil die Tarifpartner übertragene Rechtsetzungsmacht ausüben, einer unmittelbaren Grundrechtsbindung unterliegen, so bedarf es zunächst keiner Vertragsstörung als Voraussetzung einer Grundrechtskontrolle.

[358] Singer, ZfA 1995, 611, 633
[359] Singer, ZfA 1995, 611, 636
[360] Singer, ZfA 1995, 611, 620
[361] Singer, ZfA 1995, 611, 623 ff.

Vielmehr sind grundsätzlich alle Tarifnormen, die von den Tarifpartnern als gemeinsame Normengeber geschaffen werden, an den Grundrechten zu messen. Jedoch ließe sich vertreten, dass der Verfassungsgeber durch Art. 9 Abs. 3 GG auch das Zustandekommen eines Tarifvertrages durch Tarifverhandlungen zwischen den sozialen Gegenspielern geregelt habe und dass dadurch ebenfalls eine Vermutung für die Richtigkeit eines Tarifabschlusses begründet werde. Insofern könnte auch bei einer unmittelbaren Grundrechtsbindung auf die Beschränkung der Grundrechte auf typisierbare Interessenkonflikte im Lager der Repräsentierten zurückgegriffen werden.

Dieser Grundrechtsschutz kann aber nicht auf das Verhältnis zum eigenen Verband beschränkt werden.[362] Eine Kontrolle beider Sozialpartner ist erforderlich, da gerade die vom gegnerischen Verband bestimmten Tarifvertragsnormen für die Tarifunterworfenen fremdbestimmt wirken. Der soziale Gegenspieler kann sich auf keinerlei demokratische Legitimation durch die Mitglieder des anderen Verbands berufen. Dabei greifen diese Regelungen zumeist stärker in die Rechte der Mitglieder des Tarifpartners ein als die vom eigenen Verband durchgesetzten Tarifnormen. Eine solche Beschränkung der Grundrechtsgeltung hätte also zur Folge, dass in den Fällen, in denen der Einzelne besonders schutzwürdig ist, eine Kontrolle anhand der Grundrechte nicht erfolgt.

Auch erscheint es willkürlich, immer dann von gleichgerichteten Interessen auszugehen und damit eine Grundrechtskontrolle auszuschließen, wenn die Tarifvertragsnorm nur der anderen Seite zugute kommt. Hier können sehr wohl Interessenkonflikte innerhalb des Verbandes bestehen. Zwar mag es stimmen, dass grundsätzlich auch die Interessen der Mehrheit auf Vermeidung und Abwehr von Beschränkungen gerichtet sind. Jedoch handelt es sich bei einem Tarifvertrag um einen Kompromiss, der der Zustimmung beider Tarifpartner bedarf. Stimmt die eine Seite einer Tarifvertragsnorm zu, die generell ihren Interessen zuwider läuft und dem gegnerischen Verband zugute kommt, liegt darin zugleich auch eine Entscheidung des eigenen Verbandes zum Nachgeben, die möglicherweise von der Mitgliederminderheit nicht in dieser Weise getroffen worden wäre. Es besteht immer die Möglichkeit, dass die Verbandsminderheit dem Tarifvertrag unter den vereinbarten Bedingungen nicht zugestimmt hätte. Dann haben sich auch hier die Mehrheitsinteressen zugunsten eines Kompromisses gegenüber den Interessen einer Minderheit durchgesetzt. Die Entscheidung, die nachteilige Regelung zu akzeptieren, stellt sich letztlich auch als eine Mehrheitsentscheidung dar, bei der nicht sicher ist, ob die Interessen der Verbandsminderheit ausreichend Berücksichtigung fanden oder leichtfertig aufgegeben wurden. Insofern besteht hier die Gefahr von Interessengegensätzen über das Ausmaß der Kom-

[362] Wiedemann, TVG, Einl. Rz. 207

promissbereitschaft, also über die Frage, unter welchen Voraussetzungen die Bedingungen des sozialen Gegenspielers zu akzeptieren sind. Diese könnenebenfalls weitreichende Folgen für die Verbandsmitglieder haben. Damit tragen auch solche Regelungen, die den Interessen des gegnerischen Verbandes dienen, die Gefahr einer Majorisierung in sich. Eine Beschränkung der Grundrechtskontrolle auf Interessenkonflikte im Lager der Repräsentierten ist damit nicht möglich.

d) Eingeschränkter Grundrechtskatalog

Erwähnung in der Literatur[363] findet auch die Ansicht, dass nur ein eingeschränkter Grundrechtskatalog im Verhältnis zu den Tarifpartnern gelten solle. Einzelne Grundrechte seien im Verhältnis der Tarifpartner zu ihren Mitgliedern nicht anwendbar. Dies sei immer dort der Fall, wo ein Bedürfnis nach tarifvertraglichen Regelungen bestehe, die aber der staatliche Gesetzgeber selbst wegen der Grundrechte nicht regeln könne.

Aus gutem Grund ist diese Ansicht nie ausführlicher begründet und vertreten worden.[364] Es fehlt hier schon an abgrenzbaren Kriterien, nach denen beurteilt werden kann, welche Grundrechte nicht gelten sollen bzw. wann eine solche Ausnahme anzunehmen ist. Einer Anwendung eines eingeschränkten Grundrechtskatalogs steht damit schon der Grundsatz der Rechtssicherheit entgegen.[365]

Zudem widerspricht die Nichtanwendung einzelner Grundrechte dem oben gefundenen Ergebnis, wonach sich die unmittelbare Geltung der Grundrechte aus dem Grundsatz der Normenhierarchie ergibt. Alle Grundrechte sind gegenüber den Tarifnormen höherrangiges Recht. Da es vom Grundsatz der Normenhierarchie keine Ausnahmen gibt, folgt daraus zwingend, dass alle Grundrechte ohne Ausnahme den Tarifnormen als dem niederrangigen Recht vorgehen. Dies wird auch durch die Überlegung bestätigt, dass der Staat nicht mehr Rechtsetzungsmacht verleihen kann, als er selbst hat. Der Staat ist aber grundsätzlich an alle Grundrechte gebunden. Ausnahmen gibt es nicht. Die Rechtsordnung kennt keine vollständige Ausklammerung einzelner Grundrechte.

---

[363] Zöllner, RdA 1964, 443, 448; ablehnend: Misera, Tarifmacht, S. 69 ff.; Hartmann, Gleichbehandlung, S. 75 f.; Wiedemann/Stumpf, TVG, 5. Auflage, Einl. Rz. 57

[364] Auch die Ausführungen bei Zöllner, RdA 1964, 443, 448, wonach "die tarifvertragliche Rechtssetzung nicht den gleichen grundrechtlichen Schranken unterworfen ist wie die staatliche", sind nicht eindeutig.

[365] Hartmann, Gleichbehandlung, S. 76; Wiedemann/Stumpf, TVG, 5. Auflage, Einl. Rz. 57

e) Praktische Konkordanz

aa) Darstellung der Theorie

Eine gewichtige Meinung in der Literatur versucht den Gegensatz zwischen der Normsetzungsmacht der Tarifpartner und den Grundrechten ihrer Mitglieder mit Hilfe der praktischen Konkordanz zu lösen.[366] Sowohl die Koalitionen, die sich auf Art. 9 Abs. 3 GG berufen könnten, als auch die Mitglieder seien Grundrechtsträger. Zwar werde den Tarifpartnern staatliche Normsetzungsmacht verliehen. Das Recht zur Gestaltung der Wirtschafts- und Arbeitsbedingungen folge aber dem Grundrecht aus Art. 9 Abs. 3 GG. Mit der Schaffung von Tarifverträgen würden die Koalitionen deshalb auch ihr eigenes Grundrecht wahrnehmen.[367] Die Tarifvertragsparteien seien also nicht nur in der Rolle des Grundrechtsverpflichteten. Sie seien vielmehr gleichzeitig auch Grundrechtsberechtigte.

Bei der Tarifnormsetzung ständen sich dann die durch Art. 9 Abs. 3 GG geschützte Tarifautonomie und die Grundrechte der Mitglieder in einem Spannungsverhältnis gegenüber.[368] Im Rahmen ihrer kollektiven Betätigung seien die Verbände bestrebt, die individuellen Freiheiten zu beschränken, wohingegen der Einzelne versuche, dieser verfassungsrechtlich geschützten Kollektivmacht seine Freiheitsrechte entgegenzusetzen.[369] Da Grundrechte aber nicht isoliert gewährleistet würden, könne Art. 9 Abs. 3 GG nur im Zusammenhang mit den sonstigen Grundrechten betrachtet werden.[370] Die Grundrechte begrenzten sich insoweit gegenseitig. Die Koalitionsfreiheit bilde hier einen Gemeinschaftsvorbehalt für die Ausübung des individuellen Grundrechts.[371]

Bei gegenläufigen Grundrechtspositionen sei dann die praktische Konkordanz das Mittel, um die unterschiedlichen Grundrechtspositionen zu einem optimalen Ausgleich zu bringen. Es komme hierbei zu einer Abwägung zwischen den Grundrechten der Mitglieder und dem Grundrecht der kollektiven Koalitionsfreiheit.[372] Die Abgrenzung richte sich hierbei nach dem konkreten Einzelfall, der

---

[366] Belling, ZfA 1999, 547, 605 ff.; Weiss/Weyand, BB 1990, 2109, 2115; Weyand, ArbuR 1991, 65, 73; Misera, Tarifmacht, S. 81 f.; Gamillscheg, Kollektives Arbeitsrecht, § 16 I 1 a); Weyand, ArbuR 1991, 65, 73; Schnorr, Kollektivmacht, S. 229 ff.; Biedenkopf, Tarifautonomie, S. 114; Boecken, ZfA 2000, 379, 387; BAG 25.10.2000 - 4 AZR 438/99

[367] Belling, ZfA 1999, 547, 602

[368] Belling, ZfA 1999, 547, 606

[369] Schnorr, Kollektivmacht, S. 229, 231

[370] Misera, Tarifmacht, S. 81 f.

[371] Schnorr, Kollektivmacht, S. 229, 246; Biedenkopf, Tarifautonomie, S. 114

[372] Misera, Tarifmacht, S. 82; zum Teil wird auch angenommen, dass sich nicht die Grundrechte der Koalition und ihrer Mitglieder gegenüberstehen, sondern die Grundrechte der Arbeitnehmer und der Arbeitgeber (Weyand, ArbuR 1991, 65, 73) oder die Grundrechte von

"an dem Inhalt, Sinn und Zweck der Tarifmacht und an dem Gehalt des jeweiligen Grundrechts zu messen"[373] sei. Weder das betroffene Grundrecht noch die Tarifautonomie dürften aber mehr als notwendig eingeschränkt werden, um beiden zu optimaler Wirksamkeit zu verhelfen.[374] Bei der Abwägung müsse dann auf der einen Seite die "Fremdnützigkeit" der Koalitionsfreiheit berücksichtigt werden. Die Koalitionen seien nämlich nur mit ihren Rechten ausgestattet worden, um die Interessen ihrer Mitglieder effektiv wahrnehmen zu können.[375] Zum anderen sei aber die Tarifautonomie ein "notwendiges Strukturelement einer freiheitlichen Gesellschafts- und Wirtschaftsordnung", dessen Funktionsfähigkeit im öffentlichen Interesse zu erhalten sei.[376]

Die Anwendung der praktischen Konkordanz habe zur Folge, dass der Grundrechtsschutz abgeschwächt werde. Die Tarifpartner könnten über ihre Rechtsetzungsbefugnisse hinaus eigene Rechte geltend machen. Das Mitglied könne somit den Tarifpartnern nicht mehr seine Grundrechte in vollem Umfang entgegenhalten. Diese müssten sich vielmehr an der Tarifautonomie messen lassen. Die im Verhältnis zum staatlichen Gesetzgeber abgeschwächte Wirkung der Grundrechte begründe sich zum einen schon daraus, dass die Koalitionen als Private in Ausübung ihres Grundrechts an der inhaltlichen Gestaltung der Tarifnormen mitwirkten. Der Grundrechtseingriff stamme damit nicht ausschließlich aus der staatlichen Sphäre.[377]
Daneben sei auch die Rechtsnatur des Tarifvertrags eine andere als bei hoheitlichem Recht. Die persönliche Zuständigkeit der Tarifparteien sei auf die Mitglieder einer freiwilligen Vereinbarung beschränkt und die Normsetzung weise damit ein Element freiwilliger Unterwerfung auf.[378] Das durch dieses privatautonome Element bewirkte geringere Maß an Heteronomität führe dazu, dass es sich bei den Tarifnormen um ein "hybrides Gebilde" handele.[379] Zudem habe das einzelne Mitglied größere Einflussnahmemöglichkeiten auf die Willensbildung im Verband als im Staat.[380] Das Bedürfnis nach freiheitssichernder Grundrechtskontrolle reduziere sich damit.[381]

Mitgliedermehrheit und -minderheit (mit einem privat-autonomen Ansatz: Wiedemann, Bindung, 168 ff.).
[373] Misera, Tarifmacht, S. 86
[374] Weiss/Weyand, BB 1990, 2109, 2115; Weyand, ArbuR 1991, 65, 73; Belling, ZfA 1999, 547, 607
[375] Belling, ZfA 1999, 547, 608
[376] Belling, ZfA 1999, 547, 608 f.
[377] Belling, ZfA 1999, 547, 602 f.
[378] Biedenkopf, 46. DJT, S. 97, 114; Misera, Tarifmacht, S. 84
[379] Belling, ZfA 1999, 547, 603 f.
[380] Misera, Tarifmacht, S. 84 f.
[381] Belling, ZfA 1999, 547, 603

Hinzu komme, dass durch die Mitgliedschaft in den Verbänden grundsätzlich die Rechtsstellung der einzelnen Mitglieder gestärkt werde. Wenn die Mitglieder aber die Vorteile des Tarifvertragsystems für sich beanspruchten, dann müssten sie auch in einem begrenzten Umfang die Nachteile in Kauf nehmen.[382]

bb) Stellungnahme

Eine Modifizierung der Grundrechtsbindung mit Hilfe der praktischen Konkordanz erscheint ebenfalls nicht geeignet. Dieser Meinung ist zugute zu halten, dass sie sich um den Ausgleich der widerstreitenden Interessen bemüht, um zu einem sachgerechten Ergebnis zu gelangen. Hierfür bedarf es jedoch nicht der Anwendung der praktischen Konkordanz. Vielmehr könnte auch im Rahmen einer den Bedürfnissen der Tarifautonomie angepassten Verhältnismäßigkeitsprüfung eine Abwägung vorgenommen werden, die einen Interessenausgleich herbeiführt.

Die Anwendung der praktischen Konkordanz kommt aber schon deshalb nicht in Betracht, weil die durch Art. 9 Abs. 3 GG garantierte Tarifautonomie keinen grundrechtlichen Schutz gegenüber den eigenen Mitgliedern entfaltet. Grundsätzlich ist die praktische Konkordanz ein Mittel, um zwei konkurrierende Grundrechtspositionen zu einem optimalen Ausgleich zu bringen. Sie kommt dann zur Anwendung, wenn sich zwei Grundrechtsträger gegenüberstehen und beide grundrechtliche Positionen geltend machen können. Es kommt dann zu einer verhältnismäßigen Zuordnung der Grundrechte.[383] Zugrunde liegt die Auffassung, dass jegliches Grundrecht seine Grenzen an den Grundrechten anderer findet. Da einige Hoheitsträger zugleich auch Grundrechtsberechtigte sind, kann die praktische Konkordanz auch in diesen Fällen Anwendung finden. Obwohl der Hoheitsträger selbst Grundrechtsverpflichteter ist, kann er sich auf den ihm zustehenden verfassungsrechtlichen Schutz berufen und diesen den Grundrechtsbetroffenen entgegenhalten. Bestes Beispiel hierfür ist das Verhältnis zwischen Universitäten und den Professoren bzw. den Studenten.[384] Die Universitäten können, obwohl sie ansonsten selbst grundrechtsverpflichtet sind, ihr Grundrecht aus Art. 5 Abs. 3 GG gegenüber den betroffenen Grundrechtsberechtigten geltend machen. Das hat zur Folge, dass "die Grundrechtsberechtigten zugleich Einschränkungen hinnehmen müssen, die sich aus der Funktionsfähigkeit des Universitätsbetriebs ergeben".[385] Der Grundsatz, dass weder der Staat noch seine Einrichtungen Grundrechte als subjektive öffentliche Rechte in Anspruch neh-

[382] Belling, ebenda
[383] Hesse, Verfassungsrecht, Rz. 72
[384] Belling, ZfA 1999, 547, 606
[385] Stern, Staatsrecht, Bd. III/1, S. 1390 f.

men können, gilt dann nicht, wenn Grundrechte in einem Bereich verteidigt werden, in dem die Einrichtungen vom Staat unabhängig sind.[386]

Voraussetzung für die Anwendung der praktischen Konkordanz wäre also zunächst, dass die Koalitionen dem verletzten Grundrechtsträger zumindest auch in ihrer Rolle als Grundrechtsträger gegenüberstehen und sie diesem deshalb ihr Grundrecht aus Art. 9 Abs. 3 GG entgegenhalten können. Die Tarifvertragspartner handeln hier aber ausschließlich als Hoheitsträger im Rahmen ihrer vom einfachen Gesetzgeber verliehenen Rechtsetzungsmacht. Dass ihnen ein eigenes Grundrecht aus Art. 9 Abs. 3 GG zusteht, ändert daran nichts. Die aus der Koalitionsfreiheit folgende Tarifautonomie wird hier nicht beeinträchtigt. Sie garantiert nur die Unabhängigkeit bei der Gestaltung der Arbeits- und Wirtschaftsbedingungen im Verhältnis zum Staat und zu außerhalb der Koalitionssphäre stehenden Dritten.[387] Sie schützt damit nur vor Eingriffen aus dieser Richtung. Demgegenüber schützt Art. 9 Abs. 3 GG die Tarifvertragsparteien nicht vor den eigenen Mitgliedern, die sich auf ihre Grundrechte berufen und in deren primärem Interesse die Koalitionsfreiheit besteht. Die Tarifautonomie wirkt nicht im Verhältnis zu den Verbandsmitgliedern und kann deshalb nicht deren Grundrechten entgegengehalten werden.

Art. 9 Abs. 3 GG wurde geschaffen, um die Rechte der Arbeitsvertragsparteien, insbesondere auch das im Arbeitsleben entscheidende Grundrecht der Berufsfreiheit, über ihre Mitgliedschaft in den Verbänden zu stärken. Das Tarifvertragssystem soll das auf Individualebene bestehende Ungleichgewicht zwischen den Arbeitsvertragsparteien ausgleichen. Damit kommt dem Tarifvertragssystem eine dienende und ergänzende Funktion zu.[388] Die Koalitionen sind dabei die Interessenvertreter ihrer Mitglieder. Aus diesem Grund wird nur die Unabhängigkeit der Koalitionen dem Staat gegenüber und gegenüber außenstehenden Dritten garantiert, nicht aber gegenüber den Mitgliedern. Die Tarifautonomie ist lediglich das Mittel und die Tarifnormen sind das Ergebnis der Interessenwahrnehmung für die Verbandsmitglieder. Die Verbände haben kein selbständiges Interesse an der Tarifautonomie. Einem Tarifvertragspartner stehen "keine Grundrechte zum Zweck der Selbstbehauptung gegenüber seinem Mitglied zu, sondern gegenüber dem Staat zu dem Zweck der effektiven Repräsentation der Mitglieder"[389]. Wenn die Tarifautonomie aber der Wahrnehmung der Interessen und dem Schutz der Verbandsmitglieder dient, dann kann sie sich nicht zugleich

---

[386] BVerfGE 15, 256, 262

[387] Reuter, ZfA 1978, 1, 37; Loritz, ZfA 1990, 133, 157; Wiedemann, Bindung, S. 168; Waltermann, Berufsfreiheit, S. 90 Fn. 55; Schlachter, Gleichheitswidrige Tarifnormen, S. 654

[388] Wiedemann, ebenda, S. 168

[389] Belling, ZfA 1999, 547, 608, der aber zu einer Anwendung der praktischen Konkordanz kommt.

gegen diejenigen richten, die zu schützen sie bezweckt. Durch die Tarifautonomie sollen die Rechte der Verbandsmitglieder gestärkt und nicht ihre Grundrechte eingeschränkt werden. Die Schutzrichtung des Grundrechts aus Art. 9 Abs. 3 GG würde ansonsten in ihr Gegenteil verkehrt werden. Da die Tarifpartner ihre Normsetzungsbefugnisse gemeinschaftlich für die Mitglieder beider Verbände ausüben und die tarifvertragliche Rechtsetzung deshalb immer auch die Grundrechtsausübung des gegnerischen Verbandes beinhaltet, ist es unerheblich, aus welchem Verband das betroffene Mitglied kommt.

Die Tarifvertragspartner können sich deshalb gegenüber ihren Mitgliedern nicht auf ihr Grundrecht aus Art. 9 Abs. 3 GG berufen, jedenfalls soweit diese in ihrer Rolle als Mitglied eines Verbandes betroffen sind. Gerade die Mitgliedschaft in einem Berufsverband ist aber auf die Ausgestaltung von Arbeitsverhältnissen im Rahmen der Tarifverträge gerichtet. Aus diesem Grund werden bei der Tarifnormsetzung die Grundrechte der Mitglieder nicht durch die Tarifautonomie begrenzt. Den Tarifverbänden kommt hierbei nur die Rolle eines Normgebers zu. Sie handeln gegenüber ihren Mitgliedern nicht als Grundrechtsträger, sondern ausschließlich als Grundrechts-verpflichteter. Im Verhältnis zu den tariflichen Außenseitern kann schon wegen der Notwendigkeit einer einheitlichen Grundrechtskontrolle nichts anderes gelten. Zudem sind die Tarifpartner zumindest im Bereich tarifvertraglicher Außenseiterwirkung verpflichtet, auch die Interessen der tarifgebundenen Nichtmitglieder zu vertreten. Vor allem wäre es letztendlich widersprüchlich, wenn die Außenseiter einer stärkeren Grundrechtseinschränkung unterliegen würden als die Mitglieder, obwohl bei ihnen das Element eines freiwilligen Verbandsbeitritts fehlt.

Beachtet man, dass Art. 9 Abs. 3 GG eine andere Schutzrichtung hat, dann ergibt sich, dass die grundrechtliche Kollisionslage nicht zwischen der darin garantierten Tarifautonomie und den verletzten Grundrechten bestehen kann. Die praktische Konkordanz ist ein Mittel, um auf grundrechtlicher Ebene bestehende Interessengegensätze auszugleichen. Dieser Interessengegensatz besteht aber zwischen denjenigen, deren Grundrechte beeinträchtigt werden, und denjenigen, deren Interessen durch die Tarifvertragsregelung wahrgenommen wurden. Es ist nicht die bloße Normsetzungsbefugnis der Tarifpartner, die den Schutz der Mitgliedergrundrechte erforderlich macht, sondern erst die inhaltliche Gestaltung der Tarifnormen, die eine Grundrechtseinschränkung bewirkt und dabei vom Willen des Einzelnen abweicht. Die mit einer Tarifnorm verfolgten Ziele und Interessen sind es deshalb, die den Grundrechten entgegenstehen. Folglich kann es ausschließlich zwischen diesen beiden Positionen zu einer Grundrechtskollision und zu einer Anwendung der praktischen Konkordanz kommen.[390] Dabei kann es sich sowohl um einen Interessengegensatz im Verhältnis Arbeitgeber und Arbeitnehmer handeln als auch um Interessengegensätze, die im selben Verband bestehen. Für den Grundrechtsträger ist es unerheblich, wessen Interessen eine Grundrechtsbeschränkung dient. Unabhängig davon wirken die Tarifnormen für ihn fremdbestimmt.[391] Die Abwägung müsste darum zwischen dem betroffenen Grundrecht und den durch die Tarifnorm geschützten grundrechtlichen Belangen entschieden werden.[392]

Besteht die Kollisionslage zwischen den unterschiedlichen Interessen im Umfeld einer tarifvertraglichen Regelung, wirft die Anwendung der praktischen Konkordanz erhebliche Schwierigkeiten auf. Grundsätzlich werden hierbei Grundrechtspositionen zum Ausgleich gebracht. In den Fällen, in denen das der tarifvertraglichen Regelung zugrunde liegende Interesse aber nicht dem Schutz grundrechtlicher Positionen dient, wäre eine tarifvertragliche Regelung nicht möglich. Dies würde dazu führen, dass Eingriffe in die Grundrechte der Verbandsmitglieder nur noch zum Schutz von Grundrechten anderer oder von sonstigen Gütern von Verfassungsrang möglich wäre. Den Tarifvertragspartnern muss es aber möglich bleiben, auch aus "niederrangigen" Gründen tätig zu werden. Im Vergleich zum staatlichen Gesetzgeber wären ihre Regelungsmöglichkeiten ansonsten übermäßig eingeschränkt.

Zudem spricht die Vergleichbarkeit mit der herkömmlichen Grundrechtssystematik dagegen. Beim Grundrechtseingriff durch eine Tarifvertragsnorm wirken die Normsetzungskräfte ähnlich wie bei der Gesetzgebung des Staates. Die Koalitionen üben zusammen die Gesetzgebungsfunktion aus, indem sie die Tarifverträge aushandeln und in Kraft setzen. Die Tarifvertragsnormen greifen dann in

---

[390] So Wiedemann, Bindung, S. 168 f., der annimmt, dass sich "divergierende Interessen von Mehrheit und Minderheit" gegenüberstehen. Schneider, VVDStRL 43 (1985), 7, 30 ist der Ansicht, dass hier die Grundrechte des Arbeitnehmers und des Arbeitgebers miteinander kollidieren.

[391] siehe 2. Teil I) 2) c) bb)

[392] Dies wird auch nicht durch BAG AP Nr. 56 zu Art. 9 GG widerlegt. Das Gericht hat hier die Kollision des Grundrechts der Tarifautonomie und das aus der Berufsfreiheit erwachsene Recht auf Unternehmensautonomie mit Hilfe der praktischen Konkordanz gelöst. Hieraus lässt sich jedoch nicht auf eine Anwendung der praktischen Konkordanz bei Tarifvertragsnormen schließen. (Säcker/Oetker, Grundlagen, S. 248 ff.) Gegenstand der Klage war nicht ein Grundrechtseingriff durch die normative Wirkung einer Tarifvertragsregelung, sondern die mögliche Verletzung von Grundrechten eines Arbeitgebers durch eine unter Androhung von Arbeitskampfmaßnahmen gegen ihn erhobene Tarifforderung. Insoweit handelte es sich hier um ein Problem aus dem Arbeitskampfrecht, bei der sich die Tarifautonomie als Mittel der Interessendurchsetzung und die Grundrechte des Tarifvertragsgegners (hier die Berufsfreiheit) unmittelbar gegenüberstanden, nicht aber die Grundrechte der Tarifunterworfenen.

die Grundrechte Einzelner ein. Dies geschieht wiederum zur Wahrnehmung von Drittinteressen. In der Schrankensystematik des Grundgesetzes gegenüber dem staatlichen Gesetzgeber wird aber die praktische Konkordanz angewendet, um bei Grundrechten ohne Gesetzesvorbehalt eine Einschränkung zu erreichen. Das Modell der praktischen Konkordanz hat dort seine Berechtigung, wo das Grundgesetz das Problem kollidierenden Verfassungsrechts nicht gesehen hat. Wo das Grundgesetz Gesetzesvorbehalte enthält, hat der Verfassungsgeber die Kollisionsgefahr gesehen und die Eingriffsmöglichkeiten entsprechend den Eingriffsnotwendigkeiten geschaffen.[393] Als Teil der grundgesetzlichen Schrankensystematik kann eine Anwendung der praktischen Konkordanz aber nicht einfach aus ihr herausgerissen werden und getrennt von ihr zur Anwendung kommen. Um ein Unterlaufen der gesetzlichen Vorbehalte zu verhindern, muss deren Anwendung vorrangig sein.[394] Da die Tarifpartner bei der Ausübung von Hoheitsmacht, und als solches sind die Tarifverträge anzusehen, auf die Gesetzesvorbehalte zurückgreifen können, gilt der Vorrang der Gesetzesvorbehalte auch im Bereich der Tarifverträge. Es besteht damit zunächst kein Bedürfnis nach Anwendung der praktischen Konkordanz, die entwickelt wurde, um Grundrechte ohne Gesetzesvorbehalt einzuschränken. Der Verfassungsgeber hat durch die Verwendung verschiedenartiger Gesetzesvorbehalte deutlich gemacht, dass die Grundrechte nicht alle in gleicher Weise einschränkbar sein sollen. Diese vorgegebene Wertigkeit der einzelnen Grundrechte innerhalb dieser abgestuften Schrankensystematik würde mit der Anwendung der praktischen Konkordanz umgangen werden. Für jeden Einzelfall müsste eine neuerliche Abwägung der betroffenen Grundrechte vorgenommen werden, wobei konkrete Anhaltspunkte für die Abgrenzung fehlen. Damit führt ein Rückgriff auf die vorhandenen Gesetzesvorbehalte auch zu größerer Rechtssicherheit. Soweit ein Bedürfnis nach Abwägung besteht, kann diesem in der Verhältnismäßigkeitsprüfung nachgekommen werden.

f) Anpassung der grundgesetzlichen Eingriffsbefugnisse an die Anforderungen des Tarifvertragssystems

aa) Darstellung der Theorie

Nach einer verbreiteten Ansicht soll auf die dem Gesetzgeber übertragenen grundgesetzlichen Eingriffsbefugnisse zurückgegriffen werden, wobei diese an die Bedürfnisse des Tarifvertragssystems anzupassen seien.[395] Auch bei unmittelbarer Grundrechtswirkung könne es keine schlichte Parallelverschiebung der

[393] Pieroth/Schlink, Grundrechte, Rz. 331 f.
[394] Jarass/Pieroth, GG, Vorb. vor Art. 1 Rz. 39
[395] Wiedemann, TVG, Einl. Rz. 209; ders., RdA 1997, 297, 302

für einen staatlichen Eingriff entwickelten Inhaltskriterien auf das Verhältnis der Tarifpartner zu den Tarifunterworfenen geben.[396] Insbesondere der Grundrechtsschutz aus Art. 9 Abs. 3 GG müsse hierbei Beachtung finden. Die mit der Gewährung der autonomen Rechtsetzung verbundenen verfassungsrechtlichen Vorgaben führten zu einer Modifizierung der Eingriffsbefugnisse.[397]

Den Gesetzesvorbehalten entsprächen parallele Tarifvertragsvorbehalte zugunsten der Grundrechte der Mitglieder der Tarifvertragsparteien.[398] Im Rahmen der verhältnismäßigen Zuordnung sei dann "das mit der Regelung verfolgte Ziel den betroffenen Grundrechtspositionen nach den Maßstäben des Verhältnismäßigkeitsprinzips gegenüberzustellen".[399] Hierbei seien jedoch die auf den parlamentarischen Gesetzgeber zugeschnittenen Anforderungen für die Tarifvertragspartner zu modifizieren. So müssten an die Stelle der Gemeinschaftsgüter die Belange der Normunterworfenen treten.[400] Daneben könnten Eingriffe auch aus verbandspolitischen Gründen gerechtfertigt sein.[401] Eine Bindung an das Gemeinwohl komme hingegen nicht in Frage. Die Koalitionen seien berechtigt, ausschließlich im Interesse ihrer Mitglieder tätig zu werden. Drittinteressen und Gemeinwohl bildeten dagegen keine Zielvorgaben.[402] Wäre für die Tarifnormsetzung ein öffentliches Interesse notwendig, so könnten die Tarifpartner nur in Ausnahmefällen in die Grundrechte eingreifen, da es bei der Festlegung von Löhnen und Arbeitsbedingungen ausschließlich und vorwiegend um einen Ausgleich der Interessen der Arbeitsvertragsparteien gehe.[403]

Die Möglichkeit auf der einen Seite, Grundrechte aus Gründen von Partikularinteressen einzuschränken, und das Verbot der Wahrnehmung allgemeinpolitischer Aufgaben auf der anderen Seite führten dazu, dass der Kompetenzbereich der Tarifpartner im Vergleich zum staatlichen Gesetzgeber teils eingeschränkt, teils erweitert sei.[404]

---

[396] Wiedemann, TVG, Einl. Rz. 209; ders., RdA 1997, 297, 302
[397] Säcker/Oetker, Grundlagen, S. 252, 264 und 272
[398] Kempen/Zachert, TVG, Grdl. Rz. 162; Däubler, Tarifvertragsrecht, Rz. 420a f.
[399] Waltermann, NZA 1991, 754, 756
[400] Löwisch/Rieble, TVG, § 1 Rz. 163; Kempen/Zachert, TVG, Grdl. Rz. 190; Däubler, Tarifvertragsrecht, Rz. 420a f.; Blomeyer, ZfA 1980, 1, 30; Säcker/Oetker, Grundlagen, S. 263 ff.; Wiedemann, TVG, Einl. Rz. 209; ders., RdA 1997, 297, 303; Rieble, ZTR 1993, 54, 60; BVerfGE 44, 322, 344
[401] Kempen/Zachert, ebenda, Grdl. Rz. 190
[402] Wiedemann, TVG, Einl. Rz. 209; ders., RdA 1997, 297, 303
[403] Däubler, Tarifvertragsrecht, Rz. 421
[404] Wiedemann, TVG, Einl. Rz. 209; ders., RdA 1997, 297, 303

Von anderer Seite wird betont, dass die Tarifpartner in der Lage seien, die Belange des Gemeinwohls selbst zu bestimmen. Aus der Garantie der Koalitionsfreiheit ergebe sich für die Tarifpartner auch die Befugnis, im Bereich ihrer Regelungszuständigkeit eigene wirtschafts-, sozial- und gesellschaftspolitische Vorstellungen in den Rang von Gemeinschaftsinteressen zu erheben und damit das Gemeinwohl näher zu konkretisieren.[405] Für die mit Tarifautonomie ausgestatteten Tarifpartner als dem Normgeber im Bereich zur Regelung der Wirtschafts- und Arbeitsbedingungen könne dann nichts anderes gelten als für den staatlichen Gesetzgeber, der grundsätzlich befugt sei, das öffentliche Interesse näher zu bestimmen.[406] Insoweit könnten auch umstrittene und die nicht einer weiteren Allgemeinheit zuzurechnenden Belange der am Arbeitsleben Beteiligten von den Tarifpartnern zu Gemeinschaftsinteressen gemacht werden.

Bei der für Grundrechtseingriffe notwendigen Interessenabwägung sei ferner zu berücksichtigen, dass sich das organisierte Mitglied freiwillig dem Verband angeschlossen habe und mit Eingriffen in seine Individualsphäre habe rechnen können.[407] Darüber hinaus müsse den Tarifpartnern wegen der Tarifautonomie ein weitreichender Gestaltungsspielraum zuerkannt werden.[408] Aus dem gleichen Grund finde auch der allgemeine Parlamentsvorbehalt keine Anwendung.

bb) Stellungnahme

Für eine modifizierte Anwendung der grundgesetzlichen Eingriffsbefugnisse spricht, dass man hierbei auf das differenzierte System der grundrechtlichen Schrankenvorbehalte zurückgreifen kann. Dabei ist es vor allem möglich, die Wertungen des Gesetzgebers hinsichtlich der einzelnen Grundrechte zu berücksichtigen. Nicht alle Grundrechte sind im gleichen Maß einschränkbar. So gibt es Grundrechte, die keinem Eingriffsvorbehalt unterliegen und nur zugunsten anderer Grundrechte und Rechtsgüter von Verfassungsrang einschränkbar sind. Innerhalb dieses abgestuften Systems würden dann Anpassungen an die Besonderheiten des Tarifvertragssystems vorgenommen werden, die sicherstellen, dass vor allem die grundgesetzlich garantierte Tarifautonomie gewahrt bleibt. Insoweit unterscheidet sich diese Meinung erheblich von der oben dargestellten An-

---

405 Waltermann, Berufsfreiheit, S. 107 ff.; ders., NZA 1991, 754, 760; ders, RdA 1993, 217; Wend, Arbeitsplatzbesetzungsregelungen, S. 148 ff.; Stark, Verfassungsfragen, S. 168 f.; Beck, ArbuR 1981, 367, 338 und 373 f.; Reuß, ZfA 1970, 319, 327 und 331; dagegen Rieble, ZTR 1993, 54, 60

406 Waltermann, NZA 1991, 754, 760

407 Wiedemann, TVG, Einl. Rz. 209; ders., RdA 1997, 297, 302

408 Rieble, ZTR 1993, 54, 60 f.; Bulla, DB 1980, 158, 159; Säcker/Oetker, Grundlagen, S. 288 f.; Müller, Tarifautonomie, S. 165; Löwisch/Rieble, TVG, § 4 Rz. 210 f.

sicht, die die inhaltsgleiche Übertragung der staatlichen Eingriffsbefugnisse auf die Tarifpartner befürwortet.

Wie oben begründet, ist die Gemeinwohlbindung der Tarifpartner abzulehnen.[409] Insoweit wird hier richtigerweise davon ausgegangen, dass die Tarifpartner auch in der Lage sein müssen, die Interessen ihrer Mitglieder wahrzunehmen. Abzulehnen ist dagegen die zum Teil vertretene Ansicht, dass die Tarifpartner in der Lage sein sollen, die für die Gemeinwohlbindung entscheidenden Gemeinwohlinteressen selbst zu bestimmen. Zwar ist die Wahrnehmung von Mitgliederinteressen durch die Tarifpartner zulässig und durch Art. 9 Abs. 3 GG gerechtfertigt. Damit werden diese Privatinteressen aber nicht gleichzeitig zu Interessen der Allgemeinheit. Sie bleiben vielmehr Gruppeninteressen. Bei den meisten Tarifnormen besteht kein Interesse der Allgemeinheit an einer Regelung. Dies unterscheidet die Normsetzung durch die Verbände von der Normsetzung durch den staatlichen Gesetzgeber.
Wenn dagegen angeführt wird, dass auch der staatliche Gesetzgeber in der Lage sei, Gemeinschaftsinteressen zu formulieren, wird nicht erkannt, dass auch der Gesetzgeber hierbei nicht bloße private Gruppeninteressen in den Rang von Gemeinwohlbelangen erhebt und erheben kann. Wenn der Gesetzgeber die Gemeininteressen näher bestimmt, so trifft er eine Konkretisierung innerhalb einer Auswahl an möglichen Gemeinwohlzielen.Der Gesetzgeber ist in der Lage, dort Entscheidungen über die (vorrangigen) Gemeinwohlinteressen zu treffen, wo diese umstritten sind und von politischen Wertungen abhängen.[410] Dabei können sich die Interessen der Allgemeinheit und bestimmter Gruppen innerhalb der Allgemeinheit decken. Auch können sicherlich nicht die Interessen aller Bürger gleichermaßen gefördert werden. Das heißt aber nicht, dass es dem Gesetzgeber möglich ist, rein private Interessen in den Stand von Gemeininteressen zu erheben. Ansonsten würde der durch die Gemeinwohlbindung erreichte Grundrechtsschutz ins Leere laufen. Voraussetzung für die nähere Bestimmung des Gemeinwohls ist stets, dass ein möglicher Nutzen für die Allgemeinheit in Betracht kommt. Wählt der Gesetzgeber aus einer Reihe von Möglichkeiten aus und konkretisiert damit das Gemeinwohl, ist er dabei immer verpflichtet, das Wohl der Allgemeinheit in seiner Gesamtheit zu verfolgen, auch wenn es ihm überlassen bleibt, bestimmten Bereichen gegenüber anderen mehr Gewicht beizumessen. Anders die Tarifpartner. Diese können oder müssen auch rein private Interessen in der Art wahrnehmen, dass kein Nutzen für die Allgemeinheit besteht. So schützen zum Beispiel tarifliche Rückzahlungsklauseln in bezug auf Gratifikationen sowie berufliche Nebentätigkeitsverbote nur das Privatinteresse des Ar-

[409] siehe unter 2. Teil I) 1) b)
[410] BVerfGE 13, 97, 107; Schwerdtfeger, Öffentliches Recht, § 32 Rz. 459

beitgebers.[411] Allein durch die Bestimmung im Tarifvertrag wird aus ihnen kein Belang des öffentlichen Interesses.

Wenn auch vieles für eine Anwendung der grundgesetzlichen Eingriffsbefugnisse unter Anpassung an die Bedürfnisse des Tarifvertragssystems spricht, so fehlt es hier jedoch an einer eindeutigen dogmatischen Herleitung sowie einer umfassenden Auseinandersetzung mit den erforderlichen Modifikationen im Einzelnen. In diesem Zusammenhang muss dann auch zu den Anpassungen im Rahmen eines Parlamentsvorbehalts und der Reichweite eines möglichen Gestaltungsspielraums Stellung genommen werden.

II) Das eigene Modell

Obwohl festgestellt wurde, dass die Tarifpartner einer unmittelbaren Grundrechtswirkung unterliegen, bedarf es einer Anpassung der Grundrechtswirkung an die Besonderheiten des Tarifvertragssystems. Wenn man die Grundrechtswirkung gegenüber dem Staat zum Vergleich heranzieht, fällt auf, dass diese zunächst von zwei gegensätzlichen Faktoren bestimmt wird. Auf der einen Seite steht der Schutzbereich der Grundrechte, in dem den Grundrechtsträgern Freiheit garantiert wird. Je weiter sich der Schutzbereich erstreckt, desto größer ist die Grundrechtswirkung. Auf der anderen Seite unterliegen die Grundrechte verschiedenen Beschränkungen. Je umfassender ein Grundrecht beschränkt werden kann, desto geringer ist seine Grundrechtswirkung. Legt man diese Betrachtung zugrunde, gibt es zunächst zwei grundlegende Ansätze, den Grundrechtsschutz den Besonderheiten des Tarifvertragssystems anzupassen. Zum einen könnte man die Grundrechtswirkung modifizieren, indem man den Freiheitsbereich, den die Grundrechte gewähren, verändert. Die andere Möglichkeit wäre, die Einschränkbarkeit der Grundrechte zu verändern. Erst wenn man einen solchen Ausgangspunkt festgestellt hat, ist man in der Lage, konkrete Anhaltspunkte für eine Modifizierung des Grundrechtsschutzes zu finden.

1) Vorüberlegungen

a) Der grundrechtlich geschützte Freiheitsbereich

Als Ergebnis des ersten Teils der Arbeit steht fest, dass die Tarifvertragspartner wie der staatliche Gesetzgeber unmittelbar an die Grundrechte gebunden sind. Dies bedeutet zunächst, dass sie diese grundsätzlich bei der Tarifnormsetzung zu

[411] Däubler, Tarifvertragsrecht, Rz. 421, siehe zur Zulässigkeit von Rückzahlungsklauseln und von Nebentätigkeitsverboten: Wiedemann, TVG, § 1 Rz. 401 sowie Einl. Rz. 335

beachten haben. Dabei wirken die Grundrechte im Verhältnis zu den Tarifvertragspartnern als Abwehrrechte. Dies ermöglicht es dem Einzelnen, sich gegen Beeinträchtigungen seines verfassungsrechtlichen Statuses zu wehren.[412] Eingriffe in die Grundrechte können "abgewehrt" werden. Geschützt wird hierbei der "status negativus" der Grundrechte.[413] Das ist der Bereich, in dem die Freiheit des Einzelnen grundsätzlich Vorrang vor jeglicher hoheitlichen Machtentfaltung genießt. Dies sagt aber nur etwas über die grundsätzliche Wirkungsweise der Grundrechte aus. Damit ist noch keine Entscheidung darüber getroffen worden, wieweit der geschützte Freiheitsbereich der Grundrechte überhaupt geht.[414] Ist aber ein Grundrechtsproblem bereits auf Grundlage einer Analyse des "Normbereichs" zu lösen, so bedarf es nicht mehr der Frage nach einer Begrenzung des Grundrechts.[415]
Im Verhältnis zum Staat ist dies eindeutig. Hier wird der maximale Freiheitsbereich geschützt und ein Grundrechtsoptimum gewährt. Man könnte nunmehr vertreten, dass der geschützte Freiheitsbereich der Grundrechte angepasst werden müsse, um den Besonderheiten des Tarifvertragssystems Rechnung zu tragen. Auffällig sind hierbei die Ähnlichkeiten zur Grundrechtswirkung im Rahmen der Schutzpflichttheorie. Auch bei dieser wird der Freiheitsbereich, den die Grundrechte schützen, verändert. Er wird auf ein Minimum reduziert. Damit entfalten die Grundrechte ihre Schutzwirkung nur bei erheblichen Beeinträchtigungen, die das verfassungsrechtlich gebotene Untermaßverbot überschreiten.[416] Erst dann ist der Staat zum schützenden Eingriff verpflichtet.

Wird der Freiheitsbereich der Grundrechte gegenüber den Tarifnormen in ähnlicher Weise verändert, bedeutet dies zunächst die Abkehr von der umfassenden Geltung der Grundrechte. Anstelle der maximalen Schutzwirkung müssten neue Kriterien dafür gefunden werden, wann die Grundrechte ihre Wirkung entfalten. Das richtige Maß müsste irgendwo zwischen den Extrempositionen eines maximalen und eines minimalen Grundrechtsschutzes zu suchen sein. Wenn man bedenkt, dass selbst bei der Schutzpflichttheorie große Schwierigkeiten bestehen, das eindeutigere Schutzminimum festzulegen, wird deutlich, dass die Anpassung des Freiheitsbereichs an die Erfordernisse des Tarifvertragssystems mit erheblichen Abgrenzungsproblemen über die Reichweite des Grundrechtsschutzes verbunden wäre. Es lassen sich hier nur schwer Kriterien finden, die den Freiheitsbereich konkretisieren könnten. Die Grenze wäre fließend zwischen dem ge-

---

[412] Hesse, Verfassungsrecht, Rz. 287
[413] Pieroth/Schlink, Grundrechte, Rz. 58
[414] Belling, ZfA 1999, 547, 601
[415] Hesse, Verfassungsrecht, Rz. 310; v. Münch, in: v. Münch/Kunig, GG, Bd. I, Vorb. Art. 1-19 Rz. 48
[416] BVerfGE 88, 203, 254

schützten Freiheitsbereich und außerhalb der Grundrechtswirkung stehenden Eingriffen.

Gegen eine Veränderung des grundrechtlichen Freiheitsbereichs spricht aber vor allem, dass dies mit der Funktion der Grundrechte als Abwehrrechte nicht mehr vereinbar wäre. Dem umfassenden Schutz, den die Grundrechte gewähren, kommt eine spezielle Aufgabe zu. Grundsätzlich wirken die Grundrechte mit maximaler Intensität. Das Grundrechts-Optimum wird geschützt. Dies bedeutet, dass das jeweils geschützte Grundrechtsgut in seinem gesamten Umfang dem Grundrechtsschutz unterliegt. Diese umfassende Geltung der Grundrechte ist zugleich ein wesentlicher Bestandteil ihrer abwehrrechtlichen Funktion. Hierdurch wird zunächst die Bedeutung der Grundrechte als Grundlage der Rechtsordnung unterstrichen. Die Grundrechte sollen grundsätzlich Vorrang vor dem Gesetz genießen. Daneben werden die Grundrechte durch die umfassende Wirkung aber auch unter einen besonderen Schutz gestellt. Eingriffe in die Grundrechte gelten dadurch immer zunächst als rechtswidrig, unabhängig von der Schwere des Eingriffs. Erst wenn sich der Hoheitsträger auf besondere Rechtfertigungsgründe berufen kann, handelt es sich ausnahmsweise um einen rechtmäßigen Eingriff. Dies hat zur Folge, dass alle Eingriffe in die Grundrechte unter einem Rechtfertigungszwang stehen.[417] Der Staat wird gewissermaßen darlegungs- und beweispflichtig.[418] In der Wirkung kommt dieser Ansatz einer "Beweislastverteilung" zuungunsten des Staates gleich. Eine Veränderung bzw. Reduzierung des grundrechtlichen Freiheitsbereichs würde hingegen dazu führen, dass der Bürger erst einmal darlegen müsste, dass die Grundrechte überhaupt Anwendung finden. Der Rechtfertigungszwang des Staates würde in sein Gegenteil verkehrt werden. Dies widerspricht dem Charakter der Grundrechte als Abwehrrechte gegen jegliche Art staatlicher und auch tarifvertraglicher Grundrechtseingriffe.

Es ist deshalb naheliegender, den speziellen Anforderungen des Tarifvertragssystems bei der Einschränkbarkeit der Grundrechte Rechnung zu tragen. Dies hat den Vorteil, dass man nicht das bewährte Regel-Ausnahmeverhältnis von Grundrechtsfreiheit und Eingriff außer Kraft setzt. Zudem kann man in Ansätzen auf eine im Grundgesetz festgeschriebene und abgestufte Schrankensystematik zurückgreifen und vermeidet damit Abgrenzungsschwierigkeiten. Dies ermöglicht eine zwischen den einzelnen Grundrechten differenzierende Betrachtungsweise, wobei die unterschiedlichen Wertungen des Verfassungsgebers bei der

[417] Dreier, GG, Bd. I, Vorb. Rz. 34; Pieroth/Schlink, Grundrechte, Rz. 44; Isensee, in: Isensee/Kirchhof, Handbuch des Staatsrechts, Bd. V, § 115, Rz. 51
[418] Dreier, ebenda, Vorb. Rz. 34

Schaffung der Grundrechtsschranken berücksichtigt werden können und zu unterschiedlich hohen Anforderungen führen.

b) Notwendigkeit der Begrenzung der Grundrechte

Grundsätzlich gewähren also die Grundrechte umfassenden Schutz vor tarifvertraglichen Eingriffen. Es gilt nun herauszufinden, auf welche Weise die Grundrechte Beschränkungen durch die Tarifnormen unterliegen. Hierbei stellt sich zunächst die Frage nach dem Grund für eine solche Grundrechtsbegrenzung.

Im Verhältnis Staat-Bürger unterliegen die Grundrechte als Ausgleich für ihre umfassende Wirkung besonderen Einschränkungsmöglichkeiten. Eine solche Begrenzung rechtfertigt sich aus dem Koordinierungs- und Kompatibilisierungsbedürfnis der Grundrechte.[419] Das Zusammenleben des Menschen in einem Gemeinwesen führt dazu, dass die (Grund-)Rechte der einzelnen Bürger unter Umständen mit den Rechten anderer Bürger oder mit dem Wohl der Allgemeinheit kollidieren. Daneben wäre bei einer grenzenlosen Grundrechtsausübung die Handlungsfähigkeit des Staates nicht mehr gewährleistet. Kein Grundrecht darf deshalb schrankenlos gewährt werden. Es bedarf der Fixierung bestimmter Grenzen für die Grundrechtsausübung zum Zweck des Ausgleiches und der Vermittlung konfliktträchtiger Freiheitsbetätigungen sowie ihrer Kompatibilisierung mit anderen Verfassungsgütern.[420] Da die Verfassung nur zu einem geringen Teil selbst die "Zuordnung von Freiheitsrechten und anderen Rechtsgütern"[421] vornimmt, muss der staatliche Gesetzgeber befugt sein, in die Grundrechte einzugreifen, da er ansonsten seiner Aufgabe zur Regelung des menschlichen Zusammenlebens nicht nachkommen könnte.[422] Der Verfassungsgeber hat dies erkannt und im Grundgesetz eine Schrankensystematik entwickelt, die den Hoheitsträger zu Eingriffen in die Grundrechte legitimiert. Damit gewährt das Grundgesetz die Grundrechte nicht schrankenlos, sondern regelt zugleich die Möglichkeit ihrer Einschränkbarkeit.

Für die Tarifpartner stellt sich die gleiche Problematik. Der Verfassungsauftrag aus Art. 9 Abs. 3 GG bestimmt die Verbände zur Regelung der Arbeits- und Wirtschaftsbedingungen. Ähnlich wie der Staat das Zusammenleben umfassend regelt, wurde den Tarifpartnern diese Aufgabe für den Bereich des Arbeitslebens übertragen. Auch hierbei müssen sie zwischen den unterschiedlichen Interessen und Rechten der am Arbeitsleben Beteiligten vermitteln und einen angemesse-

---

[419] Dreier, ebenda, Vorb. Rz. 84
[420] Dreier, ebenda, Vorb. Rz. 32
[421] Hesse, Verfassungsrecht, Rz. 317
[422] v. Münch, in: v. Münch/Kunig, Vorb. Rz. 52

nen Ausgleich herbeiführen. Dabei müssen sie zwar nicht das Gemeinwohl wahren, wohl aber die Interessen ihrer Mitglieder fördern. Auch im Rahmen des Tarifvertragssystems besteht deshalb ein Bedürfnis, die "konkurrierenden Interessen so aufeinander abzustimmen, dass sie soweit wie möglich miteinander harmonieren und sich in den unvermeidlichen Konfliktfällen entsprechend ihrem objektiven Rangverhältnis durchsetzen"[423]. Dieser Aufgabe könnten sie aber nicht nachkommen, wenn die Grundrechte gegenüber den Tarifpartnern grenzenlos wirken würden und es keine Möglichkeit der Beschränkung gäbe. Eine kollektive Interessenwahrnehmung ist notwendigerweise damit verbunden, dass die Rechte Einzelner hinter den Mehrheitsinteressen zurücktreten müssen und dadurch beeinträchtigt werden.[424] Da eine Vielzahl der Tarifvertragsnormen im grundrechtsrelevanten Bereich wirkt, wären die Tarifpartner nicht mehr in der Lage, die Arbeits- und Wirtschaftsbedingungen umfassend zu regeln. Ein funktionierendes Tarifvertragssystem könnte nicht mehr gewährleistet werden, wenn ausnahmslos jeder Eingriff in die Grundrechte rechtswidrig wäre. Damit besteht eine Notwendigkeit der Begrenzung der Grundrechte durch die Tarifverträge.

c) Tarifnormen als Schranken der Grundrechte

Damit ist die Ausgangsposition bestimmt. Den Tarifpartnern ist es grundsätzlich verwehrt, bei ihrer Tarifnormsetzung in den Schutzbereich der Grundrechte einzugreifen. Diese wirken umfassend. Eine Veränderung des geschützten Freiheitsbereichs ist abzulehnen. Nur aufgrund spezieller Grundrechtsschranken ist den Tarifpartnern deshalb ein Eingriff in die Grundrechte möglich.[425]

Hierbei können sie jedoch auf die sich aus dem Grundgesetz ergebenden Grundrechtsbeschränkungsmöglichkeiten zurückgreifen. Die Befugnis hierfür ergibt sich aus dem Gesichtspunkt übertragener Hoheitsmacht. Grundsätzlich kann sich jeder Hoheitsträger auf die grundgesetzlichen Gesetzesvorbehalte berufen. Die Verfassung ermöglicht dem Staat und insbesondere dem förmlichen Gesetzgeber die Einschränkung von Grundrechten, um das menschliche Zusammenleben angemessen regeln zu können. Seine Aufgabe der Ordnung der Grundrechte kann er aber nicht in allen Bereichen wahrnehmen. Dort, wo er Hoheitsmacht auf an-

---

[423] Bulla, DB 1980, 103, 105

[424] Belling, ZfA 1999, 547, 606

[425] Anders wäre es, wenn man die Geltung der Grundrechte mit ihrer Schutzpflichtfunktion begründet hätte. Als Folge davon hätte die Tarifvertragsparteien grundsätzlich in den Bereich der Grundrechte eingreifen dürfen. Die Grundrechte wirken hier gerade nicht umfassend. Das Problem der Intensität des Grundrechtsschutzes wäre somit kein Problem der Begrenzung der Grundrechte. Vielmehr müsste festgestellt werden, warum sich der Wirkungsbereich der Grundrechte über das Schutzminimum hinaus erweitern könnte.

dere delegiert hat, übernehmen diese seine Aufgabe. Die Delegaten haben dabei die gleichen Pflichten zur Beachtung der Grundrechte. Sie müssen deshalb auch die gleichen Rechte hinsichtlich der Grundrechtsbegrenzung haben, um der ihnen übertragenen Aufgabe nachkommen zu können.

Auch die Tarifpartner sind vom Gesetzgeber mit Rechtsetzungsbefugnissen ausgestattet worden und üben als Normgeber für den Bereich der Arbeits- und Wirtschaftsbedingungen trotz der privatrechtlichen Rechtsform übertragene Hoheitsmacht aus. Als Träger von Hoheitsmacht können damit auch die Tarifpartner die Schrankenregelungen des Grundgesetzes für sich in Anspruch nehmen. Die grundrechtlichen Gesetzesvorbehalte werden dabei ausgefüllt durch die Tarifvertragsnormen, die die Funktion materieller, grundrechtseinschränkender Gesetze übernehmen. Es sind deshalb auch die Eingriffsvoraussetzungen zu beachten, die für materielle Gesetzgeber gelten.
Schon aus der Stellung als Hoheitsträger folgt deshalb die Befugnis zur Anwendung der Gesetzesvorbehalte, mit deren Hilfe die Grundrechte eingeschränkt werden können. Es bedarf deshalb zur Beschränkung der Grundrechte zunächst nicht des Rückgriffs auf die Tarifautonomie, deren Anwendbarkeit gegenüber den Tarifunterworfenen zweifelhaft ist.[426]

Grundrechtsbeschränkungen mit Hilfe der Gesetzesvorbehalte sind jedoch an strenge Voraussetzungen gebunden. Nur wenn diese erfüllt werden, ist ein Grundrechtseingriff rechtmäßig. Auch wenn man oben zu dem Ergebnis gelangt ist, dass sich das Grundrecht aus Art. 9 Abs. 3 GG und die Grundrechte der Mitglieder nicht gegenüberstehen, kann es aber nicht unbeachtlich bleiben, dass die Tarifautonomie verfassungs-rechtlich garantiert ist. Diese muss auch bei einer verfassungsrechtlichen Überprüfung gewährleistet sein. Die Tarifnormen unterliegen nur unter Wahrung der aus Art. 9 Abs. 3 GG folgenden Besonderheiten dem Geltungszugriff der Grundrechte.[427] Die Anwendung der herkömmlichen Rechtmäßigkeitsvoraussetzungen einer Grundrechtseinschränkung würde aber erheblich in die Tarifautonomie eingreifen.[428] Sie wäre zum einen dann verletzt, wenn es zu einer umfassenden Billigkeitskontrolle durch die Gerichte, z.B. im Rahmen der Verhältnismäßigkeitsprüfung, käme. Zudem sind die von den Tarifpartnern verfolgten und durch die Tarifautonomie vorgegebenen Regelungsziele andere als die, an die der staatliche Gesetzgeber gebunden ist.Daraus ergibt sich ein unterschiedlicher Maßstab für die Rechtmäßigkeit von Grundrechtseinschränkungen.

---

[426] siehe 2. Teil I) 2) e) bb)
[427] Lerche, Bindung, S. 897, 907
[428] siehe 2. Teil I) 1) b)

Die Überprüfung von Grundrechtseingriffen durch Tarifnormen mit Hilfe der für den staatlichen Gesetzgeber entwickelten Maßstäbe würde deshalb gegen die verfassungsrechtlich geschützte Tarifautonomie verstoßen. Es bedarf insoweit einer Abänderung der Einschränkungsmöglichkeiten im Vergleich zum staatlichen Gesetzgeber.[429]

2) Modifikation der Rechtmäßigkeitskontrolle aus Gründen der Einheit der Verfassung

Die Anwendung der grundrechtlichen Rechtmäßigkeitskontrolle ohne entsprechende Modifikationen steht im Widerspruch zur Gewährung der Tarifautonomie und dem vom Grundgesetz vorgegebenen Tarifvertragssystem, in dem die Tarifpartner die Rolle von Interessenvertretern ihrer Mitgliedschaft übernehmen. Solche Widersprüche innerhalb der Verfassung müssen zu einem Ausgleich gebracht werden. Grundsätzlich ist die Vorstellung von verfassungswidrigem Verfassungsrecht abzulehnen.[430] Ein solcher Ausgleich geschieht mit Hilfe einer den Zusammenhang der verschiedenen Normen zueinander beachtenden (systematischen) Verfassungsinterpretation, die versucht, einen gerechten und optimalen Kompromiss zwischen den widerstreitenden Verfassungsnormen zu finden, um die Freiheitsgarantien und Wertentscheidungen der Verfassung zu größtmöglicher Wirkung kommen zu lassen.[431] Dieser Ansatz hat seinen Ursprung in dem Gedanken der Einheit der Verfassung. Die Verfassung ist nicht ein "Konglomerat zufällig aneinander gereihter Rechtssätze", sondern "von einer Konzeption, von einer Idee getragen (...), die es unternimmt, ein geschlossenes Ganzes der Ordnung des Staats- und Gemeinschaftslebens zu sein".[432] Trotzdem bestehen zwischen den unterschiedlichen Verfassungsaussagen zum Teil erhebliche Spannungen. Dies muss auch so sein, da "in jeder Rechtsordnung wesensmäßig einander widerstrebende Kräfte am Werk sind, die durch das Recht in das 'richtige' Maß zueinander gebracht werden sollen".[433] Das Streben nach der "inneren Harmonie des Verfassungswerks"[434] führt dann dazu, dass diese inneren Gegensätze und Wechselwirkungen zwischen den einzelnen Verfassungsvorschriften bei der Interpretation von Grundrechtsnormen beachtet werden müssen. Das Bundesverfassungsgericht bezeichnet dies als das "vornehmste Interpretations-

[429] Da Tarifverträge Gesetze im materiellen Sinn sind, soll bei der weiteren Untersuchung dem Prüfungsschema für staatliche, materielle Gesetze gefolgt werden. Siehe hierzu Pieroth/Schlink, Grundrechte, Rz. 252 ff; Ipsen, Staatsrecht II, Rz. 158 ff.
[430] Jarass/Pieroth, GG, Einl. Rz. 6
[431] Maunz/Zippelius, Staatsrecht, S. 46
[432] Stern, Staatsrecht, Bd. I, S. 132
[433] Ossenbühl, DÖV 1965, 649, 654
[434] BVerfGE 6, 309, 361

prinzip", da das Wesen der Verfassung gerade darin bestehe, "eine einheitliche Ordnung des politischen und gesellschaftlichen Lebens der staatlichen Gemeinschaft zu sein".[435] Aus diesem Grund darf keine grundrechtliche Vorschrift isoliert betrachtet werden, sondern nur im Zusammenhang mit den übrigen Vorschriften, die eine innere Einheit darstellen.[436] Alle Verfassungsnormen sind deshalb so zu interpretieren, dass Widersprüche zu anderen Verfassungsnormen vermieden werden bzw. dass sich Widersprüche innerhalb der Verfassung auflösen.[437]

Dabei werden die widerstreitenden Verfassungsnormen unter Anwendung der praktischen Konkordanz zu einem Ausgleich gebracht.[438] Es ist somit diejenige Auslegung zu wählen, welche die juristische Wirkungskraft der betreffenden Norm am stärksten zur Entfaltung bringt.[439] Ziel des verhältnismäßigen Ausgleichs der gegenläufigen, gleichermaßen verfassungsrechtlich geschützten Positionen ist deshalb deren Optimierung.[440] Um dies zu erreichen, darf die Begrenzung nicht nur auf einer Seite ansetzen, sondern es müssen beiden Verfassungsgütern Grenzen gezogen werden. Die Grenzziehungen müssen daher im jeweiligen konkreten Fall verhältnismäßig sein; sie dürfen nicht weiter gehen als es notwendig ist, um die Konkordanz beider Rechtgüter herzustellen.[441]
Die verfassungsrechtlichen Gegensätze bestehen hier auf der einen Seite in der Notwendigkeit des Grundrechtsschutzes und den daraus folgenden grundgesetzlichen Anforderungen an Grundrechtseingriffe. Auf der anderen Seite hat der Verfassungsgeber in Art. 9 Abs. 3 GG aber auch das autonome Tarifvertragssystem unter seinen besonderen Schutz gestellt und die Aufgabe zur unabhängigen Gestaltung der Arbeits- und Wirtschaftsbedingungen auf die Tarifpartner übertragen. Dies steht im Widerspruch zur herkömmlichen grundgesetzlichen Überprüfung von Grundrechtseingriffen. Die Bindung an diese grundgesetzlichen Anforderungen der Grundrechtseinschränkung "muss dann und soweit zurückweichen, wenn und soweit der Funktionssinn des Art. 9 Abs. 3 GG zwingend etwas anderes fordert".[442] Wo diese beiden Verfassungsaussagen aufeinander treffen, ist deshalb nach einem verhältnismäßigen Ausgleich zu suchen. Die Schrankensystematik des Grundgesetzes muss dabei im Lichte der verfassungsrechtlichen Vorgaben zur Tarifautonomie interpretiert werden. Insoweit hat die

---

435 BVerfGE 19, 206, 220
436 BVerfGE 1, 14, 32
437 Hesse, Verfassungsrecht, Rz. 71
438 Sachs, GG, Vor Art. 1 Rz. 124; Hesse, ebenda, Rz. 72; Stern, Staatsrecht, Bd. I, S. 133
439 BVerfGE 6, 55, 72; 51, 97, 110
440 BVerfGE 81, 278, 292
441 Hesse, Verfassungsrecht, Rz. 72
442 Lerche, Bindung, S. 897, 907

Verfassung durch ihre Aussagen zum Tarifvertragssystem selbst schon eine Entscheidung über die Modifizierung des Grundrechtsschutzes getroffen.

Die Anwendung der praktischen Konkordanz unterscheidet sich hier von deroben besprochenen Ansicht[443], da sie im Vorfeld der konkreten Grundrechtsprüfung zwischen den Verfassungsaussagen zur Koalitionsfreiheit und den verfassungsrechtlichen Rechtmäßigkeitsvoraussetzungen von Grundrechtseingriffen stattfindet. Dies hat den Vorteil, dass ein genereller Maßstab für die einzelne Grundrechtsprüfung entwickelt werden kann. Die Grundrechte der Mitglieder wirken nicht anders als im Verhältnis zur Staatsmacht. Das Grundrecht der Koalitionsfreiheit verändert nicht den Freiheitsbereich der Grundrechte der Mitglieder, sondern führt zu einer Modifikation auf der Ebene der Grundrechtsbeschränkung. Obige Ansicht führt dagegen die praktischen Konkordanz erst im jeweiligen Einzelfall durch und stellt dabei das Grundrecht der Koalitionsfreiheit den Grundrechten der Verbandsmitglieder gegenüber. Die Stellung der Koalitionen als grundrechtseinschränkender Gesetzgeber für den Bereich der Arbeitsbedingungen wird hierbei vernachlässigt und die Entwicklung genereller Maßstäbe erschwert. Eine Modifizierung der Eingriffsvoraussetzungen und deren Anwendung auf die Tarifnormen entspricht deshalb mehr der Rolle eines vom Staat mit Rechtsetzungsbefugnissen ausgestatteten Gesetzgebers. Insoweit bleibt die grundrechtseinschränkende Tarifnormgebung mit der grundrechtseinschränkenden staatlichen Gesetzgebung vergleichbar, ohne dabei zu missachten, dass sich aus den Verfassungsaussagen zur Tarifautonomie wesentliche Anpassungen ergeben.

Da das Mittel, um die gegensätzlichen Verfassungsaussagen zu einem Ausgleich zu bringen, die Interpretation einer grundrechtlichen Norm unter Beachtung der gegensätzlichen Verfassungsregeln ist, scheidet eine Modifizierung dort aus, wo der Verfassungsgeber seinen Willen durch eindeutige Regelungen so deutlich zum Ausdruck gebracht hat, dass eine weitere Interpretation nicht in Frage kommt. Wo die Verfassung ausdrückliche Voraussetzungen nennt, ist eine Modifizierung deshalb nicht möglich. Eine Vielzahl der verfassungsrechtlichen Voraussetzungen für Grundrechtseinschränkungen ergeben sich aber aus ungeschriebenen Verfassungsprinzipien. Diese sind weniger bestimmt als Rechtsnormen und damit einer abweichenden Konkretisierung zugänglich. Dagegen kommt eine Anpassung eindeutig geregelter Gesetzesvorbehalte nicht in Frage.

Eine Modifizierung nach den Grundsätzen der Verfassungseinheit führt teilweise zu einer Abschwächung des Grundrechtsschutzes. Die Überprüfung der Tarifvertragsnormen auf ihre Verfassungsmäßigkeit muss dort enden, wo in den ver-

---

[443] siehe 2. Teil I) 2) e)

fassungsrechtlichen Schutzgehalt der Tarifautonomie eingegriffen werden würde. Die Rechmäßigkeitskontrolle der Tarifvertragsnormen findet deshalb ihre Grenze an dem Grundrecht der Tarifautonomie. Folglich muss den Tarifpartnern auch bei Grundrechtseingriffen ein weiter Gestaltungsspielraum zustehen. Insoweit ist die Überprüfbarkeit von Tarifvertragsnormen im Vergleich zur Überprüfbarkeit von staatlichen Eingriffen eingeschränkt. Zu einer weiteren Abschwächung des Grundrechtsschutzes kommt es, da die Tarifpartner nicht an das Gemeinwohl gebunden, sondern nur ihren Mitgliedern verantwortlich sind. Die Gemeinwohlbindung beschränkt jedoch die Eingriffsmöglichkeiten des staatlichen Gesetzgebers erheblich. Es handelt sich bei der Förderung des allgemeinen Wohls um ein besonders hohes Schutzgut. Eine ähnlich hohe Schranke gibt es für die Tarifpartner bei der Rechtsnormsetzung nicht. Grundrechtseinschränkungen müssen nicht dem allgemeinen Wohl dienen, sondern nur den unter Umständen vielschichtigen Interessen ihrer Mitglieder genügen. Insoweit besteht eine größere "Bandbreite" der Eingriffsmöglichkeiten.

Normalerweise kann der Staat zwar nicht mehr Rechte weitergeben als er selbst hat. Dem würde eigentlich eine Abschwächung des Grundrechtsschutzes widersprechen. Hier hat die Verfassung aber selbst ein anderes Konzept gewählt, indem sie die Tarifautonomie unter den besonderen Schutz des Grundgesetzes stellte. Damit beruht eine Abschwächung des Grundrechtsschutzes nicht auf der Übertragung von Rechtsetzungsmacht durch den einfachen Gesetzgeber. Die Modifizierung beruht vielmehr schon auf dem Grundgesetz als der Quelle der Grundrechte. Da die Entscheidung über die Art und Weise der Grundrechtsbindung bzw. die Einschränkbarkeit der Grundrechte von der Verfassung selbst getroffen wird, steht es ihr insoweit auch frei, den Grundrechtsschutz zur Gewährleistung anderer Güter von Verfassungsrang abzuschwächen. Dem steht auch der Grundsatz der Normenhierarchie nicht entgegen, da es sich bei den Vorschriften des Grundgesetzes grundsätzlich um gleichwertige Rechtsnormen handelt.

Eine solche Abschwächung bedeutet auch keine unangemessene Benachteiligung der Tarifunterworfenen. Diese haben sich freiwillig unter den Schutz der Verbände begeben. Die an sich fremdbestimmten Tarifnormen sind an ein autonomes Tatbestandsmerkmal geknüpft. Der Verfassungsgeber hat diese Koppelung von freiwilliger Verbandsmitgliedschaft und Tarifnormsetzung vorbestimmt, indem er zugleich die negative Koalitionsfreiheit garantierte. Die vollständige Unterwerfung von Nichtmitgliedern unter die Tarifnormen wäre deshalb verfassungsrechtlich unzulässig. Insoweit hat die Verfassung die Geltung von Tarifnormen anders als bei staatlicher Gesetzgebung an ein Element der Freiwilligkeit gebunden. Bei seinem freiwilligen Verbandsbeitritt muss das Verbandsmitglied auch mit Eingriffen in seine Grundrechte rechnen.[444] Er ist ja gerade in den Verband eingetreten, damit seine Arbeitsbedingungen auf kollektiver Ebene geregelt werden. Die Interessenvertretung durch die Verbände dient damit auch der Stärkung seiner eigenen Position. Zudem ist es ihm durch seine Mitgliedschaft in begrenztem Umfang möglich, Einfluss auf die Entscheidungen der Tarifpartner zu nehmen.

Die Mitglieder ziehen den Vorteil einer starken Interessenvertretung aus der Mitgliedschaft, zu der sie allein nicht in der Lage gewesen wären. Eine starke Interessenvertretung benötigt aber die Tarifautonomie. Damit erscheint es gerechtfertigt, dass sie auch die Nachteile, die aus dieser kollektiven Interessenvertretung entstehen, in Kauf nehmen müssen. Durch das in § 4 Abs. 3 TVG geregelte Günstigkeitsprinzip wird sichergestellt, dass einzelvertragliche Abreden, die günstiger für den Arbeitnehmer sind, Geltung erhalten.[445] Der Gesetzgeber hat hier eine Ausnahme von der Normenwirkung geschaffen, um Nachteile für die Arbeitnehmerschaft, die aus der kollektiven Interessenvertretung entstehen, auszugleichen. Gegenüber dem Arbeitgeber rechtfertigt sich diese Ausnahme daraus, dass er grundsätzlich in der stärkeren Verhandlungsposition ist und deshalb in freier Selbstbestimmung über die Vertragsbedingungen entscheiden kann. Deshalb ist es ihm zuzumuten, wenn er an die Regelungen gebunden ist, die er selbst getroffen hat.

Die Freiwilligkeit des Verbandsbeitritts kann dagegen nicht den tarifvertraglichen Außenseitern entgegengehalten werden, die im Rahmen des § 3 Abs. 2 TVG an Tarifvertragsnormen gebunden sind. Insoweit rechtfertigt sich aber die Abschwächung ihres Grundrechtsschutzes aus den Notwendigkeiten des Arbeitsablaufs. Die Tarifvertragspartner sind im Rahmen der Tarifautonomie auch befugt, die Ordnung des Betriebes zu regeln. Dies kann nur einheitlich für alle Beschäftigten geschehen. Es würde zu Störungen im Arbeitsablauf kommen, wenn bestimmte betriebliche Regeln nur für einen Teil der Mitarbeiter gelten, die übrigen sich aber nicht daran halten müssten.

Nachfolgend werden die Auswirkungen einer Modifikation der Grundrechtsschranken aus Gründen der Einheit der Verfassung anhand ihrer einzelnen Voraussetzungen aufgezeigt.

---

[444] Wiedemann, TVG, Einl. Rz. 209; ders., RdA 1997, 297, 303

[445] Buchner, DB 1990, 1715, 1719 will deshalb im Bereich der Berufsausübungsfreiheit ganz auf den Grundrechtsschutz verzichten, da das Spannungsverhältnis zwischen individueller Entfaltungsfreiheit und sozialer Bindung bereits durch das Günstigkeitsprinzip gelöst sei.

a) Zuständigkeitsschranke des Art. 9 Abs. 3 GG

Auch Grundrechtseinschränkungen durch Tarifnormen sind an gewisse formelle Voraussetzungen gebunden. So müssen einerseits die speziellen Verfahrensvorschriften bei der Normsetzung eingehalten werden. Diese ergeben sich in unproblematischer Weise aus dem TVG. Interessanter wegen seiner verfassungsrechtlichen Grundlage und nicht ohne Schwierigkeiten ist aber die Frage nach dem Kompetenzbereich der Tarifpartner.

Aus der grundgesetzlichen Gewährleistung des Art. 9 Abs. 3 GG ergibt sich eine Zuständigkeitsschranke für die Koalitionen. Den Tarifvertragspartnern ist ein Tätigwerden und damit die Möglichkeit, die Grundrechte durch Tarifnormen einzuschränken, nur erlaubt, wenn dies zur "Wahrung und Förderung der Arbeits- und Wirtschaftsbedingungen" geschieht. Nur insoweit wird ihnen vom Grundgesetz Gestaltungsmacht verliehen. Es handelt sich dabei um eine Zuständigkeitsschranke, die die Normsetzungsbefugnisse der Tarifpartner auf einen bestimmten Regelungsbereich beschränkt.[446] Die verfassungsrechtliche Gewährleistung ist deshalb auch für die Auslegung der Rechtsbegriffe des TVG maßgeblich.[447] Über diese Zuständigkeitsschranke hinausgehende Regelungen sind schon von vornherein unzulässig. Nur Rechtsgüter können den Eingriff rechtfertigen, deren Wahrung legitimer Bestandteil der Koalitionsgarantie ist. Damit verleiht das Grundgesetz den Tarifvertragspartnern nicht nur mehr Rechte im Vergleich zum staatlichen Gesetzgeber, sondern es beschränkt ihre Befugnisse zugleich.

aa) Anbindung an den Regelungsgegenstand

Daraus ergibt sich zunächst die Beschränkung der Rechtfertigungsgründe für tarifvertragliches Handeln auf die "Wahrung und Förderung der Arbeits- und Wirtschaftsbedingungen". Es gilt nun zu bestimmen, was der Verfassungsgeber hiermit gemeint hat. Insoweit ist problematisch, ob die Regelungsmacht der Tarifvertragsparteien nur durch den Regelungsgegenstand begrenzt wird oder ob es darüber hinaus auch auf die dahinterstehende Zielsetzung bzw. die Folgewirkungen der Regelung ankommt.[448]

Problematisiert wird dies vor allem anhand der Frage, ob von den Tarifvertragspartnern beschäftigungspolitische Ziele verfolgt werden können. Teilweise wird

---

[446] Bengelsdorf, ZfA 1990, 563, 570; Wiedemann/Stumpf, TVG, Einl. Rz. 161; Waltermann, NZA 1991, 754, 756; Söllner, ArbRGgw. Bd. 16 (1978), S. 19, 26

[447] Waltermann, ZfA 2000, 53, 79

[448] Waltermann, NZA 1991, 754, 755; für eine Begrenzung in doppelter Weise Rüthers, Tarifmacht, S. 18

angenommen, dass solche Zielsetzungen nicht mehr der Regelungsmacht der Tarifvertragspartner unterliegen. Regelungen zum Zweck der Beschäftigungspolitik lägen nicht in ihrem historisch gewachsenen Aufgabenbereich. Beschäftigungspolitik zu betreiben, sei deshalb nicht Aufgabe der Tarifvertragsparteien. Die Beschäftigungspolitik unterliege vielmehr wegen ihres Gesamtbezuges dem Gesetzgeber und der Regierung.[449] Regelungen des Tarifvertrags müssten dagegen den Interessen der Koalitionsmitglieder dienen.[450] Für die beschäftigungspolitische Kompetenz fehle es an der demokratischen Legitimation.[451] Zudem seien die Tarifpartner auch nicht in der Lage, eine sinnvolle und effektive Beschäftigungspolitik zu betreiben, da die gesamtwirtschaftlichen Folgen für sie nur eine untergeordnete Rolle spielten und sie in erster Linie versuchten, ihre eigenen Interessen durchzusetzen.[452] Sie entzögen sich ihrer Verantwortung ebenso wie ihrem Einfluss. Davon betroffen seien zum Beispiel Regelungen der Arbeitszeit, da seit dem Unterschreiten der 40-Stunden-Woche nicht mehr davon ausgegangen werden könne, dass sie gesundheitlichen Gründen oder der Sicherung angemessener oder ausreichender Freizeit dienten, aber auch andere Regelungen wie die tariflichen Altersgrenzen.

Eine solche Einschränkung tarifvertraglicher Regelungsbefugnis würde aber dazu führen, dass Regelungsgegenstände, die von jeher zum tarifvertraglichen "Kernbereich" gehörten, der Regelungsmacht der Tarifpartner entzogen sind.[453] Neben Regelungen, die die Arbeitszeit betreffen, wären hiervon auch Regelungen bezüglich der Lohnhöhe betroffen, da zum Beispiel sogenannte "Nullrunden" vor allem beschäftigungspolitisch motiviert sind. Zudem erscheint eine objektive Zielbestimmung nur schwer möglich. Grundsätzlich haben die meisten Tarifregelungen Folgewirkungen auch für den Arbeitsmarkt.

Eine Begrenzung des Kompetenzbereichs auf bestimmte Zielsetzungen ergibt sich auch nicht aus dem Wortlaut des Art. 9 Abs. 3 GG. Dieser verweist auf die Regelung der "Wirtschafts- und Arbeitsbedingungen". Die Tarifpartner sind damit befugt, die Bedingungen, unter denen abhängige Arbeit verrichtet wird, zu bestimmen. Der Verfassungsgeber eröffnet eine Regelungsmacht, die in ihrem Wirkungsbereich vom Regelungsgegenstand her definiert und begrenzt ist.[454] Zu einer solchen Interpretation des Art. 9 Abs. 3 GG hat sich auch der Gesetzgeber entschlossen, als er in § 1 Abs. 1 TVG vorsah, dass Regelungen des Inhalts, des

---

[449] Zöllner, DB 1989, 2121, 2121

[450] Zöllner, ebenda; Loritz, ZfA 1990, 133, 163; Rüthers, Tarifmacht, S. 16, 18; Rieble, ZTR 1993, 54, 60

[451] Bengelsdorf, ZfA 1990, 563, 570

[452] Zöllner, DB 1989, 2121, 2121; Bengelsdorf, ZfA 1990, 563, 570 f.

[453] Käppler, NZA 1991, 745, 748

[454] Käppler, ebenda

Abschlusses und der Beendigung des Arbeitsverhältnisses sowie betrieblicher und betriebsverfassungsrechtlicher Fragen zulässig sind. Die mittelbare Zielsetzung der Tarifpartner und die Folgewirkungen der Tarifregelung sind zunächst unerheblich.[455] Das Bundesverfassungsgericht[456] hat hierzu ausgeführt, dass den Koalitionen durch Art. 9 Abs. 3 GG die Aufgabe zugewiesen wurde, "insbesondere Löhne und sonstige materielle Arbeitsbedingungen" eigenverantwortlich und sinnvoll zu ordnen. Sobald der Gegenstand einer Tarifvereinbarung unmittelbar die Arbeitsbedingungen betrifft, kann eine tarifliche Regelungskompetenz nicht nur deshalb ausgeschlossen werden, weil die interessenschützende Funktion vermeintlich verfehlt, durch andere Zielsetzungen begleitet oder überlagert wird.[457] Es ist deshalb auf die tatsächliche Wirkung der angestrebten Tarifregelung auf die Arbeitsbedingungen abzustellen und nicht auf die mit ihr verfolgten tarifpolitischen Ziele.[458]

Die sich am Regelungsgegenstand orientierende Zuständigkeit der Tarifvertragspartner ist aber zu unterscheiden von der Frage nach der materiellen Rechtmäßigkeit einer Tarifnorm. Es besteht ein Unterschied zwischen der Regelungskompetenz für einen bestimmten Bereich und den Voraussetzungen, unter denen diese Zuständigkeit (zur Einschränkung von Grundrechten) wahrgenommen werden darf. Im letzteren Fall muss die Stellung der Tarifpartner als Interessenvertreter ihrer Mitglieder Berücksichtigung finden. Die mit einer Tarifnorm verfolgten Ziele erlangen dann Bedeutung, wenn es zu einer Abwägung zwischen dem betroffenen Grundrecht und der grundrechtseinschränkenden Norm kommt, also im Rahmen der Verhältnismäßigkeitsprüfung. Dabei stehen sich der Grundrechtsschutz und die mit einer Regelung verfolgten Ziele gegenüber. Dort gilt es deshalb zu klären, inwieweit die Interessen der Allgemeinheit bei der grundrechtsbegrenzenden Tarifnormsetzung Berücksichtigung finden.

Damit orientiert sich die Zulässigkeit einer Tarifnorm am zu regelnden Gegenstand. Inhalts- und Betriebsnormen legen dabei die Bedingungen der Leistungserbringung fest, wie zum Beispiel Arbeitslohn, Arbeitszeit und innerbetriebliche Verhaltensregeln. Daneben sind aber auch die Bestimmungen über die Begründung und Beendigung eines Arbeitsverhältnisses (z.B. Abschlussgebote und -verbote, Kündigungsschutzklauseln und Altersgrenzen) als Arbeitsbedingungen zu verstehen. Die Aufnahme einer Arbeit ist zugleich der Beginn aller Arbeitsbedingungen, die Beendigung der Arbeit dagegen die letzte der Arbeitsbedingungen. Auf die Zielsetzung der Arbeitsvertragsparteien kommt es dabei nicht

[455] Richardi, DB 1990, 1613, 1615, ders., ZfA 1990, 211, 218 f.; Däubler, DB 1989, 2534, 2535
[456] BVerfGE 44, 322, 340 f.
[457] Käppler, NZA 1991, 745, 748
[458] Kempen/Zachert, TVG, Grundl. Rz. 999; Käppler, NZA 1991, 745, 74

an. Ob mittelbar eine Stärkung des Arbeitsmarktes erreicht werden soll oder andere Gründe dahinter stehen, ist zunächst unerheblich. In ähnlicher Weise ergibt sich die Zulässigkeit von Vorschriften, die mittelbar den Verbraucherschutz betreffen. Sollten diese zum Beispiel die Art und Weise der Arbeitserbringung oder die Qualifikation der Arbeitnehmer betreffen, so sind diese Vorschriften zulässig, da sie Bedingungen der Arbeitsverrichtung bestimmen.

bb) "Wahrung und Förderung der Arbeits- und Wirtschaftsbedingungen"

Obwohl nun festgestellt wurde, dass auf die tatsächliche Wirkung der Tarifregelung abzustellen ist, ist damit noch keine Aussage darüber getroffen worden, was der Begriff der "Wahrung und Förderung der Arbeits- und Wirtschaftsbedingungen" meint. Gerade dies ist aber bedeutsam für die Feststellung des tariflichen Regelungsbereichs.

(1) Keine allgemeinpolitischen Regelungsgegenstände

Aus dem Wortlaut des Art. 9 Abs. 3 GG, der die Zuständigkeit der Koalitionen auf die "Förderung und Wahrung der Arbeits- und Wirtschaftsbedingungen" begrenzt, ergibt sich zunächst, dass alle die Bereiche entfallen, die keinen Bezug zu den Arbeits- und Wirtschaftsbedingungen aufweisen. Die Tarifpartner haben gerade keine Allzuständigkeit.[459] Ansonsten wären die Tarifpartner mit einer staatsähnlichen Gesetzgebungsbefugnis ausgestattet, die im Widerspruch zu ihrer historisch gewachsenen Rolle als Ordnungsfaktoren für den Bereich des Arbeitsrechts ständen und zudem nicht mit dem Rechtsetzungsmonopol des Staates in Einklang zu bringen wären. Diese Begrenzung stimmt mit den Erwartungen der Mitglieder beim Verbandsbeitritt überein.

Damit fallen Regelungen, die keinerlei Auswirkungen auf die Arbeitsbedingungen haben, nicht in den Zuständigkeitsbereich der Tarifpartner. Dies gilt zum Beispiel für strafrechtliche, schulpolitische oder Glaubensfragen, die nicht dem Regelungsbereich des Art. 9 Abs. 3 GG unterfallen. Daneben können tarifvertraglich vor allem keine Regelungen hinsichtlich des Privatlebens der Tarifgebundenen getroffen werden. Aus diesem Grund können die Tarifpartner zwar Art, Höhe und Modalitäten des Lohnes regeln, nicht aber die Verwendung des Arbeitsentgelts durch den Arbeitnehmer. Diese ist ebenso dem privaten Bereich

---

[459] Säcker/Oetker, Grundlagen, S. 50 f.; Söllner, ArbRGgw. Bd. 16 (1978), S. 19, 27 f.; anders war es in der ehemaligen DDR, die den Tätigkeitsbereich der Gewerkschaften in Art. 44 III, 45 I der Verfassung der DDR auf die "Arbeits- und Lebensbedingungen" erweiterte.

zuzurechnen wie die Bestimmung von Produktionen und Diensten, welche der Arbeitgeber mit Hilfe der Arbeitsleistung erbringt.[460]

(2) Keine Begrenzung auf arbeitsvertragliche Tatbestände

Andererseits weist schon die Verwendung des Begriffs der "Arbeits- und Wirtschaftsbedingungen" darauf hin, dass die Regelungsbefugnis über den Bereich der arbeitsvertraglichen Bestimmungen hinausgeht. Anders als in § 152 Abs. 1 GewO (1869), in dem lediglich die "Lohn- und Arbeitsbedingungen" genannt wurden, lässt hier der Verfassungsgeber erkennen, dass er die Regelungszuständigkeit nicht auf Gegenstände beschränken wollte, die üblicherweise Inhalt eines Arbeitsvertrages werden, also auf Fragen, die im Zusammenhang mit dem Arbeitsverhältnis als Austauschverhältnis stehen.[461] Vielmehr macht der Wortlaut deutlich, dass gerade auch die wirtschaftlichen Voraussetzungen der Arbeitserbringung umfasst sein sollen. Der Begriff der "Arbeits- und Wirtschaftsbedingungen" stellt sich deshalb als die Gesamtheit der wirtschaftlichen und sozialen Bedingungen dar, unter denen abhängige Arbeit geleistet wird.[462] "Wahrung und Förderung" ist hierbei als die Gesamtheit der Bestrebungen, die eine Koalition verfolgt, zu verstehen.

Dies entspricht auch dem Sinn des Art. 9 Abs. 3 GG. Dieser sieht in den Tarifvertragsparteien die bestimmenden Ordnungsfaktoren des Arbeitslebens. Dieser umfassenden Aufgabe könnten sie aber nicht gerecht werden, wenn ihnen eine über den Bereich des Individualarbeitsrechts hinausgehende Gestaltungsbefugnis verwehrt wäre. Der Lebensbereich der abhängigen Arbeit wird vor allem durch sein soziologisches, technologisches und ökonomisches Umfeld bestimmt.[463] Könnten die Tarifpartner hierauf keinen Einfluss nehmen, wären sie den sich daraus ergebenden Entwicklungen im Bereich der Arbeitserbringung hilflos ausgeliefert. Erst durch die Regelung auch dieser Tatbestände wird der Rahmen für

---

[460] Löwisch, Anlagenwahl, S. 474

[461] Waltermann, NZA 1991, 754, 757; Rüthers, Tarifmacht, S. 17; Badura, ArbRGgw. Bd. 15 (1977), S. 17, 27

[462] Kempen/Zachert, TVG, Grdl. Rz. 99 m.w.N.; Söllner, ArbRGgw. Bd. 16 (1978), S. 19, 23 ; Waltermann, NZA 1991, 754, 757; Säcker/Oetker, Grundlagen, S. 50; Meik, Kernbereich, S. 78; aus diesem Grund sind die Tarifpartner auch befugt, eine sogenannte Residenzpflicht zu vereinbaren, wonach der Arbeitnehmer seinen Wohnort in der Nähe seines Arbeitsplatzes einzurichten hat. Die Entfernung zum Arbeitsplatz und damit die Erreichbarkeit des Arbeitsplatzes gehören zu der Gesamtheit der Arbeitsbedingungen. Fraglich ist jedoch, ob die jeweilige Residenzpflicht gegen das Grundrecht auf Freizügigkeit aus Art. 11 GG verstößt (Däubler, Tarifvertragsrecht, Rz. 469; für Kempen/Zachert, TVG, Grdl. Rz. 188 stellt sich dies als ein Problem des Art. 12 GG dar, ebenso BVerfGE 65, 116, 125).

[463] Säcker/Oetker, Grundlagen, S. 64

angemessene Arbeitsbedingungen geschaffen.[464] Deshalb müssen die Tarifpartner in der Lage sein, die Bedingungen, unter denen Arbeitskraft eingesetzt wird, in einem größeren Zusammenhang zu ordnen.[465]

Jedoch sind hier nicht alle wirtschaftlichen Entscheidungen in den Regelungsbereich miteinbezogen. Eine Beschränkung ergibt sich ebenfalls aus dem Wortlaut des Art. 9 Abs. 3 GG. Durch die Verknüpfung der beiden Begriffe "Arbeits- und Wirtschaftsbedingungen" mit dem gemeinsamen Wortbestandteil "–bedingungen" hat der Verfassungsgeber deutlich gemacht, dass er sie als eine "funktionale Einheit"[466] betrachtet. Geht man von der Zusammengehörigkeit der Begriffe aus, so ergibt sich, dass nur solche "Wirtschaftsbedingungen" erfasst werden, die einen Bezug zu den Arbeitsbedingungen aufweisen.[467]
Dieses mit Hilfe des Wortlauts gefundene Ergebnis steht auch im Einklang mit der historischen Entwicklung der Koalitionen.[468] Sie waren von Anfang an Vertretungen für den Bereich des Arbeitsrechts, für den sie die Ordnungsfunktionen übernahmen. Unter diesem Gesichtspunkt ist die Koalitionsfreiheit als das "Grundrecht des Arbeitsrechts"[469] zu verstehen, das geschaffen wurde, um die sinnvolle Ordnung und Gestaltung des Arbeitslebens zu gewährleisten. Aus dem historischen Zusammenhang mit der Entwicklung der Arbeiterbewegung wird auch deutlich, dass die Regelungsbefugnis auf den Bereich der abhängigen Arbeit beschränkt ist.[470] Nur hierfür bedurfte es zum Schutz der Arbeitnehmer vor dem sozialen Gegenspieler der kollektiven Interessenwahrnehmung. Aus diesem Bedürfnis heraus entwickelten sich dann die Tarifverbände als Interessenverbände der abhängig Beschäftigten.

Die Beschränkung auf die Wirtschaftsbedingungen, die einen Bezug zu den Arbeitsbedingungen aufweisen, entspricht auch dem Sinn und Zweck der Tarifautonomie. Die Koalitionen sollen als Ordnungsfaktoren für den Bereich des Arbeitsrechts das Arbeitsleben der Beschäftigten sinnvoll ordnen und gestalten. Art. 9 Abs. 3 GG ist hingegen kein Grundrecht, welches die Mitbestimmung bei der unternehmerischen Planung und Leitung des Unternehmens sicherstellen will. Es soll dadurch keine wirtschaftliche Mitbestimmung im Unternehmen im Sinne der Geschäftsführung begründet werden.[471] Dies wäre aber der Fall, wenn

---

464 Käppler, NZA 1991, 745, 748
465 Waltermann, NZA 1991, 754, 758 f., Badura, Koalitionen, S. 27
466 Scholz, Koalitionsfreiheit, S. 46
467 Söllner, Begriffspaar, S. 23 f.; Säcker/Oetker, Grundlagen, S. 52; Wiedemann, RdA 1986, 231 f.; Beuthien, ZfA 1984, 1, 13 f.
468 Waltermann, NZA 1991, 754, 757
469 Scholz, Koalitionsfreiheit, S. 46; Söllner, ArbRGgw. Bd. 16 (1978), S. 19, 23
470 Säcker/Oetker, Grundlagen, S. 62 f.
471 Meik, Kernbereich, S. 83

die Tarifpartner den allgemeinen Bereich der wirtschaftlichen Unternehmensführung regeln könnten. Gestattet man den Tarifpartnern, "ihr eigenes planerisches Ermessen an die Stelle der unternehmerischen Sachkompetenz zu setzen oder die unternehmerische Entscheidung unter Zweckmäßigkeitsgesichtspunkten zu korrigieren", hieße das, den Koalitionen ein über ihren Aufgabenbereich hinausgehendes "allgemeines Wächteramt über den wirtschaftlichen Stand des Unternehmens zuzuerkennen".[472] Aus diesem Grund muss der Bereich der allgemeinen Geschäftspolitik von der Regelungsbefugnis der Tarifpartner ausgenommen werden. Die Tarifpartner haben kein allgemeines wirtschafts- oder unternehmenspolitisches Mandat. Deshalb unterfallen die reinen unternehmerischen Entscheidungen, wie z.B. unternehmenspolitische und unternehmensverfassungsrechtliche Grundsatzfragen, die keinen erkennbaren Bezug zu den Arbeitsbedingungen aufweisen, nicht dem Regelungsbereich der Tarifpartner. Dagegen sind Entscheidungen der Unternehmensleitung hinsichtlich betrieblicher und betriebsverfassungs-rechtlicher Fragen, die immer zugleich Regelungen der Arbeitsbedingungen darstellen, regelbar. Dies hat der Gesetzgeber in § 1 Abs. 1 TVG ausdrücklich erwähnt. Als Beispiele seien die Gestaltung des Arbeitsplatzes, die Festlegung der betrieblichen Arbeitszeit oder zusätzliche Mitbestimmungsrechte des Betriebsrates genannt.

(3) Mittelbare Auswirkungen auf die Arbeitsbedingungen

Damit sind die Extrempole der Regelungsbefugnis festgestellt. Den Tarifpartnern fehlt diese für Regelungen, die keinerlei Bezug zu den Arbeitsbedingungen aufweisen, da sie keine Auswirkungen auf das Arbeitsleben der Beschäftigten haben. Im Gegensatz dazu ist die Regelungsbefugnis der Tarifparteien immer dann eröffnet, wenn Arbeitsbedingungen unmittelbar geregelt werden. Dazwischen ergibt sich jedoch eine große Bandbreite von Regelungen, bei denen es fraglich ist, ob sie dem Regelungsbereich der Tarifpartner unterfallen. Dies ist der Fall, wenn eine Regelung zwar nicht unmittelbar die Arbeitsbedingungen regelt, aber mittelbar Einfluss auf die Arbeitsbedingungen nimmt. Hiervon sind in erster Linie die Entscheidungen der Unternehmensleitung betroffen. Diese werden in Fällen, in denen die Stellung des Unternehmens auf dem Wettbewerbsmarkt berührt ist und die zu einer Veränderung in der Geschäftsentwicklung führen können, mittelbar auch Auswirkungen auf die Arbeitsbedingungen haben. Die Geschäftsentwicklung eines Unternehmens beeinflusst immer auch die Arbeitsplatzsituation. Hier stellt sich die Frage, wo die Grenze tarifvertraglicher Regelungsbefugnis zu ziehen ist.

---

[472] Wiedemann, RdA 1986, 231, 232

Grundsätzlich müssen auch Sachverhalte regelbar sein, die nur mittelbar Auswirkungen auf die Arbeitsbedingungen haben. Für die betroffenen Arbeitnehmer besteht kein Unterschied, ob sich eine Maßnahme nur mittelbar oder unmittelbar auf ihn auswirkt, so dass zumindest ein Schutzbedürfnis besteht. Die Koalitionen könnten ihrem umfassenden sozialen Schutzauftrag nicht in ausreichendem Maß nachkommen, wenn sie auf die Ordnung der arbeitsrechtlichen und sozialen Folgewirkungen beschränkt wären.[473] Sie müssten dann den Folgen einer mittelbaren Beeinträchtigung durch unmittelbare Regelung der Arbeitsbedingungen entgegenzuwirken (zum Beispiel durch verstärkten Kündigungsschutz, die Beschaffung von Ersatzarbeitsplätzen oder Lohngarantien). Jedoch wird dies zumeist nicht ausreichend sein. Die bloße Bekämpfung der Folgeerscheinungen kann nicht die gleiche Wirkung zeigen wie die Kontrolle der Ursachen. Es gibt unternehmerische Entscheidungen mit derart schwerwiegenden Folgen für die Arbeitnehmer, dass sich die sozialen Folgen nicht oder nicht ausreichend ausgleichen oder mildern lassen.[474] Vor allem ist es zumeist viel aufwendiger, die nachteiligen Wirkungen einer schon bestehenden Sachentscheidung aufzufangen, als ihren Ursachen entgegenzuwirken.

Jedoch muss ein eindeutiger Bezug zu den Arbeitsbedingungen bestehen. Dies ist immer dann der Fall, wenn sich unternehmerische Entscheidung und der Einfluss auf die Arbeitsbedingungen nicht voneinander trennen lassen. Dann ist der Rechtskreis der Arbeitnehmer unmittelbar tangiert, wobei als Rechtskreis der Arbeitnehmer wiederum die Gesamtheit aller rechtlichen und sozialen Belange der Arbeitnehmer, die sich gerade aus ihrer Eigenschaft als abhängig Beschäftigte ergeben, zu verstehen ist.[475] Deshalb kann immer dann von einer tarifvertraglich regelbaren Unternehmerentscheidung gesprochen werden, wenn die Auswirkungen auf die Arbeitsbedingungen direkte Folge der Entscheidung sind und nicht von einer unbestimmbaren Reaktion von außen auf die unternehmerische Entscheidung abhängen.[476]

---

[473] Beuthien, ZfA 1984, 1, 14; so aber Bulla, DB 1980, 103, 106 ff. im Hinblick auf Entscheidungen über Rationalisierungsmaßnahmen mit der Begründung, dass es hierbei nur um die Stellung des Unternehmers gehe und nicht um dessen Rolle als Arbeitgeber.

[474] Beuthien, ZfA 1984, 1, 14; Wiedemann, RdA 1986, 231, 233

[475] Wiedemann, RdA 1986, 231, 232

[476] Meik, Kernbereich, S. 82; Beuthien, ZfA 1984, 1, 12; Wiedemann, RdA 1986, 231, 232; Säcker/Oetker, Grundlagen, S. 72; Kulka, RdA 1988, 336, 344; a.A. Biedenkopf, Sinn und Grenzen, S. 97, 156; Richardi, Kollektivgewalt, S. 181, die die Regelungsbefugnis der Tarifvertragsparteien auf den "sozialen Datenkranz" unternehmerischer Entscheidungen beschränken wollen, mithin also nur die Folgewirkungen der unternehmerischen Entscheidung für regelbar halten.

Damit dürfte zum Beispiel die Einführung von neuen Technologien, die zwangsläufig Auswirkungen auf die Beschaffenheit des Arbeitsplatzes zeigt, von der Regelungsbefugnis der Tarifpartner erfasst sein.[477] Wird demgegenüber lediglich das Auftreten des Unternehmens auf dem Markt, etwa durch Veränderung der Preisgestaltung, geändert, betrifft diese Entscheidung zunächst ausschließlich die Außenbeziehungen des Unternehmens.[478] Erst die noch nicht absehbare Reaktion des Marktes auf diese Entscheidung könnte die Unternehmensleitung zu betrieblichen Dispositionen zwingen, woraus sich dann die Veränderungen für die Arbeitsbedingungen ergeben. Damit wird ausgeschlossen, dass die Tarifpartner Einfluss auf Fragen der allgemeinen Geschäftspolitik eines Unternehmens nehmen.

cc) Folge des eingeschränkten Zuständigkeitsbereichs

Durch diese Begrenzung des Zuständigkeitsbereichs der Tarifvertragspartner auf Regelungen zur "Wahrung und Förderung der Arbeits- und Wirtschaftsbedingungen" werden die Rechtsetzungsbefugnisse gegenüber dem Staat erheblich eingeschränkt. Anders als der staatliche Gesetzgeber dürfen die Tarifpartner keine Bestimmungen allgemeiner Art außerhalb der Bedingungen, unter denen abhängige Arbeit geleistet wird, treffen. Zudem bleibt auch der Staat für den Bereich der Arbeits- und Wirtschaftsbedingungen grundsätzlich regelungsbefugt. Den Koalitionen steht zwar eine "Regelungsprärogative"[479] zu, der Staat kann aber dort eingreifen, wo dies erforderlich wird, weil die Tarifpartner der ihnen übertragenen Aufgabe einer sinnvollen Ordnung des Arbeitslebens nicht nachkommen wollen oder können.[480] Art. 9 Abs. 3 GG verleiht insofern nur ein Normsetzungsrecht, kein Normsetzungsmonopol. Der staatliche Gesetzgeber ist unter Berufung auf seine Gesetzgebungskompetenz aus Art. 74 Nr. 12 GG immer dann zur Schaffung gesetzlicher Regelungen befugt, wenn er zum Schutz von Grundrechten Dritter und anderer mit Verfassungsrang ausgestatteter Rechte handelt.[481] Hierdurch erklären sich vor allem die zahlreichen Vorschriften zum Arbeitsschutz, die an sich in den Zuständigkeitsbereich der Tarifvertragspartner fallen würden.

---

[477] BAG AP Nr. 56 zu Art. 9 III GG

[478] Wiedemann, RdA 1986, 231, 232

[479] Säcker, Grundprobleme, 50 ff., 55; BVerfGE 44, 322, 341

[480] BVerfGE 44, 322, 342

[481] Däubler, Tarifvertragsrecht, Rz. 350; Kempen/Zachert, TVG, Grdl. Rz. 119; Dörner, Einschätzungsprärogative, S. 31, 33; BVerfG, ArbuR 1992, 31; Löwisch/Rieble, TVG, Grdl. Rz. 23 vertreten die Auffassung, dass der Gesetzgeber auch im Interesse anderer als verfassungsrechtlich garantierter Rechtsgüter tätig werden darf, da die Koalitionsfreiheit noch der Ausgestaltung durch die Rechtsordnung bedürfe; so wohl auch BVerfGE 28, 295, 306.

Schon der auf die "Wahrung und Förderung der Arbeits- und Wirtschaftsbedingungen" begrenzte Zuständigkeitsbereich führt dazu, dass bestimmte Grundrechte grundsätzlich nicht durch einen Tarifvertrag eingeschränkt werden können. So ist eine Regelung nur schwer vorstellbar, die in den Bereich der Grundrechte aus Art. 8 GG (Versammlungsfreiheit), Art. 10 (Briefgeheimnis) oder Art. 13 GG (Unverletzlichkeit der Wohnung) eingreift und zugleich einen Bezug zu den Arbeitsbedingungen aufweist. Andere Grundrechte können nur in Ausnahmefällen Gegenstand von tarifvertraglichen Regelungen sein. Dies sind vor allem Grundrechte, die sich fast ausschließlich auf den privaten Bereich der Grundrechtsträger auswirken. In der Mehrzahl der Fälle wird es auch hier an einem Bezug zu den Arbeitsbedingungen fehlen. Es wird nur in seltenen Fällen Tarifnormen geben, die in zulässiger Weise in den Bereich der Glaubens- und Gewissensfreiheit des Art. 4 Abs. 1 GG eingreifen. Solche sind wohl ausschließlich im Bereich von Tarifverträgen mit Religionsgemeinschaften aufzufinden. Vorstellbar ist es auch, dass ein Tarifvertrag dadurch Art. 4 Abs. 1 GG berührt, dass er bestimmte Feiertagsregelungen nicht berücksichtigt und hierdurch zum Beispiel ein strenggläubiger Moslem an der Religionsausübung gehindert wird.[482] Auch Regelungen, die den besonderen Schutz der Ehe gem. Art. 6 Abs. 1 GG betreffen, findet man eher selten. Ein Beispiel hierfür sind die sogenannten Zölibatsklauseln, nach denen ein Arbeitsverhältnis bei Heirat endet oder zu einem Kündigungsrecht führt, die aber nach allgemeiner Meinung unzulässig sind.[483] Hierzu zählen aber auch alle Tarifnormen, in denen Eingruppierungen vorgenommen werden, die verheiratete Arbeitnehmer schlechter stellen.[484] Selbst wenn aber ein Bezug zu den Arbeitsbedingungen besteht, legt die Verletzung von Grundrechten im Bereich der Privatsphäre die Vermutung nahe, dass eine solche Regelung wegen des schwerwiegenden Grundrechtseingriffs unverhältnismäßig ist.

b) Anwendbarkeit des Parlamentsvorbehalts?

Des Weiteren könnten sich aus einem allgemeinen Parlamentsvorbehalt Grenzen für die Rechtsnormsetzung durch die Tarifvertragsparteien ergeben. Die aus dem Rechtsstaats- und Demokratieprinzip abgeleitete Wesentlichkeitstheorie bestimmt dabei zunächst, dass in grundlegenden normativen Bereichen alle wesentlichen Entscheidungen vom parlamentarischen Gesetzgeber selbst zu treffen

[482] Däubler, Tarifvertragsrecht, Rz. 184

[483] Däubler, Tarifvertragsrecht, Rz. 466; Kempen/Zachert, TVG, Grdl. Rz. 186; für den Arbeitsvertrag: BAG, AP Nr. 1 zu Art. 6 GG

[484] So ist ein Eingriff in Art. 6 I GG in den Fällen gegeben, in denen eine tarifliche Zulage nur an verwitwete, geschiedene oder ledige weibliche Arbeitnehmer bezahlt wird und verheiratete ausnimmt (BAG, AP Nr. 68 zu Art. 3 GG).

sind.[485] Das Rechtsstaatsprinzip fordert eine klare Kompetenzordnung und Funktionstrennung zur Verhinderung von Machtmissbrauch und zur Wahrung der individuellen Freiheit.[486] Auch ist nur der parlamentarische Gesetzgeber demokratisch legitimiert und damit zur Entscheidung über die zentralen Fragen des Zusammenlebens berechtigt.[487] Daraus hat das Bundesverfassungsgericht in seinem Facharztbeschluss[488] gefolgert, dass ein "partielles Delegationsverbot"[489] im Sinne eines allgemeinen Parlamentsvorbehalts besteht.[490] Der Gesetzgeber dürfe sich, indem er seine Normsetzungskompetenz auf autonome Verbände übertrage, seiner Rechtsetzungsbefugnis nicht völlig entäußern. Die Abwägung zwischen den Gemeinschaftsinteressen und den Freiheitsrechten des Einzelnen falle in den Verantwortungsbereich des Gesetzgebers. Dieser Verantwortung dürfe er sich nicht beliebig entziehen. Jedoch bestehe kein Totalvorbehalt des Gesetzgebers. Es hänge vielmehr von der Intensität der Einwirkung auf das Grundrecht ab, wann ein solches Delegationsverbot eintrete. Je weiter in die grundrechtlichen Freiheiten des Einzelnen eingegriffen und das Interesse der Allgemeinheit berührt werde, desto höhere Anforderungen seien an die Bestimmtheit der gesetzlichen Ermächtigung zu stellen und desto wahrscheinlicher sei es, dass ausschließlich der parlamentarische Gesetzgeber zur Regelung befugt sei. In Bezug auf das Grundrecht der Berufsfreiheit hieße das, dass den Tarifvertragsparteien nur die Rechtsetzung im Bereich der Berufsausübung erlaubt sei. Regelungen der Berufswahl, die nach der Drei-Stufen-Theorie den intensiveren Eingriff in das Grundrecht der Berufsfreiheit darstellen, blieben grundsätzlich dem parlamentarischen Gesetzgeber vorbehalten.
Unter Hinweis auf die Ähnlichkeit der Tarifnormsetzung wird von einigen Autoren[491] der im Hinblick auf die autonome Rechtsetzung durch die Berufsverbände entwickelte Parlamentsvorbehalt auch auf die Rechtsetzung durch die Tarifpartner angewandt. Dies ergebe sich vor allem daraus, dass Tarifnormen die gleiche Rechtsqualität wie die von den Berufsverbänden erlassenen Satzungen hätten.[492] Sie ständen ebenso wie diese in der Rangstufe unterhalb des Gesetzesrechts. Es handele sich jeweils funktionell um "grundsätzlich identische Zuständigkeiten für gesellschaftlich-autonome Regelungen auf dem berufsrechtlichen Gebiet".[493]

---

[485] BVerfGE 49, 89, 126
[486] BVerfGE 33, 125, 158
[487] BVerfGE 49, 89, 126 f.; 53, 30, 56; 88, 103, 116; Schnapp, in: v. Münch/Kunig, GG, Art. 20 Rz. 46; Stern, Staatsrecht, Bd. I, S. 811
[488] BVerfGE 33, 125 ff.
[489] Staupe, Parlamentsvorbehalt, S. 135
[490] siehe auch BVerfGE 71, 162, 172; 76, 171, 184 f.
[491] Scholz, ZfA 1981, 265, 293 ff.; Loritz, ZfA 1990, 133, 148 f.; Riedel, Berufsfreiheit, S. 114 f.
[492] Scholz, ZfA 1981, 265, 294.; Loritz, ZfA 1990, 133, 149
[493] Scholz, ebenda

Die Wesentlichkeitstheorie gelte dabei ohne Ausnahme auch für die Normsetzung durch die Tarifpartner, ohne dass Art. 9 Abs. 3 GG einen "kompetenziellen Vorrang des Tarifvertrags gegenüber dem rechtsstaatlichen und demokratischen Gesetzesvorbehalt" begründe.[494] Dagegen spreche auch nicht die Beschränkung der personellen Geltung auf die Verbandsmitglieder. Der Tarifvertrag sei in gleicher Weise wie die Satzung einer Berufskammer auch auf die Zukunft gerichtet, da auch künftige Angehörige eines von statusbildenden Tarifvertragsregelungen betroffenen Berufes, ohne Rücksicht auf deren spätere Verbandsmitgliedschaft, von der Geltungskraft des Tarifvertrags erfasst würden.[495] Daneben beschränken einige Autoren die Geltung des Parlamentsvorbehalts auf die Tarifnormsetzung gegenüber den Außenseitern. Aus diesem Grund sollen die Geltung des Parlamentsvorbehalts gegenüber den Verbandsmitgliedern und den tariflichen Außenseitern getrennt untersucht werden.

aa) Geltung des Parlamentsvorbehalts im Verhältnis zu den Verbandsmitgliedern?

Der allgemeine Parlamentsvorbehalt findet keine Anwendung auf die tarifvertragliche Rechtsetzung.[496] Dies ergibt sich schon daraus, dass es sich beim Parlamentsvorbehalt um eine kompetenzrechtliche Schranke handelt, die die Zuständigkeit des parlamentarischen Gesetzgebers für die grundlegenden Fragen der Gemeinschaftsordnung regelt. Diese kompetenzrechtliche Regelung kann jedoch dort nicht eingreifen, wo das Grundgesetz selbst etwas anderes vorsieht. Der grundsätzlich bestehende Parlamentsvorbehalt hat keinen Vorrang vor der vom Grundgesetz festgelegten Kompetenzverteilung, sondern ist an diese gebunden.[497] Das Grundgesetz hat in Art. 9 Abs. 3 GG aber eine kompetenzrechtliche Grundentscheidung getroffen, die die Zuständigkeit zur Regelung der Arbeits- und Wirtschaftsbedingungen und die damit verbundenen Einwirkungsmöglichkeiten auf die Grundrechte bestimmt. Die Tarifvertragspartner haben in diesem Bereich die verfassungsrechtlich garantierte Befugnis zur autonomen Rechtsgestaltung "in eigener Verantwortung und im wesentlichen ohne staatliche Einflussnahme"[498]. Anders als in Fällen der im freien Ermessen des Gesetzgebers

---

[494] Scholz, ZfA 1981, 265, 295

[495] Scholz, ZfA 1981, 265, 294, der sich hierbei auf den Regelungsbezug zum "Berufsanwärter" bezieht.

[496] Säcker/Oetker, Grundlagen, S. 266 ff.; Waltermann, RdA 1990, 138, 142 f.; ders. RdA 1993, 209, 216 f.; Kloepfer, NJW 1985, 2497, 2501 ff.; Jakobs EuGRZ 1986, 73, 77; Wiedemann, RdA 1997, 297, 303; einschränkend Lerche, Bindung, S. 897, 910; Hanau, RdA 1996, 158, 166 f.; Löwisch, DB 1988, 1013, 1013 f. und Löwisch/Rieble, TVG, § 1 Rz. 213, die zu einer unterschiedlichen Behandlung von Mitgliedern und Tarifaußenseitern kommen.

[497] Säcker/Oetker, Grundlagen, S. 270; BVerfGE 49, 89, 124; 68, 1, 109

[498] BVerfGE 44, 322, 341

stehenden Übertragung von Rechtsetzungsmacht an autonome Rechtsträger fiel der hier übertragene Bereich nie in die Zuständigkeit des parlamentarischen Gesetzgebers. Der Autonomiebereich der Verbände besteht vielmehr von Verfassungs wegen. Aus diesem Grund kommt dem parlamentarischen Gesetzgeber schon keine demokratische Verantwortung zu, der er sich durch Delegation entziehen könnte.[499]

Der grundrechtliche Schutz der Tarifautonomie in Art. 9 Abs. 3 GG bedeutet vor allem auch, dass den Tarifparteien Unabhängigkeit bei der Gestaltung der Arbeits- und Wirtschaftsbedingungen zugesichert wurde. Die Tarifpartner sollen dadurch vor staatlicher Einflussnahme geschützt werden. Der staatliche Gesetzgeber muss grundsätzlich ihnen die Regelung der Arbeitsbedingungen überlassen. Damit würde es dem spezifischen Funktionssinn des Art. 9 Abs. 3 GG widersprechen, wenn er dennoch verpflichtet wäre, die maßgeblichen Regelungen selbst zu treffen.[500] Das verfassungsrechtliche Privileg der Tarifautonomie würde auf diesem Weg beseitigt werden.[501] Die Tarifautonomie stellt zudem sicher, dass die Tarifpartner ihrer Aufgabe nachkommen können, und ist die Voraussetzung für ein funktionsfähiges Tarifvertragssystem. Die Geltung des Parlamentsvorbehalts, der das Tarifvertragswesen unter einen umfassenden Gesetzesvorbehalt stellen würde, hätte zur Folge, dass den Tarifpartnern die ihnen übertragene Aufgabe der Regelung der Arbeits- und Wirtschaftsbedingungen unmöglich würde.[502]

Zwar soll der Parlamentsvorbehalt das Demokratieprinzip schützen, indem die wesentlichen Entscheidungen den vom Volk gewählten Vertretern vorbehalten bleiben. Tarifverträge gelten aber grundsätzlich nur für Mitglieder und nur in den Ausnahmefällen der Betriebsnormen auch für Außenseiter. Das Demokratieprinzip wird in diesem Fall schon dadurch gewahrt, dass auch die Verbandsstruktur auf demokratischen Grundsätzen beruht. Die Führung innerhalb des Verbandes wird durch die Mitglieder in Wahlen demokratisch legitimiert. Hinzu kommt, dass, anders als in anderen Selbstverwaltungsbereichen, die Rechtsmacht grundsätzlich nur diejenigen trifft, die sich durch ihren Beitritt für die Regelung der Arbeitsbedingungen durch die Tarifpartner entschieden haben.[503] Die Mitglieder haben sich freiwillig unter den Geltungsbereich der Tarifnormen begeben. Insoweit besteht kein Bedürfnis nach Anwendung des Parlamentsvorbehalts zum Schutz des Demokratieprinzips.

---

[499] Waltermann, Berufsfreiheit, S. 106 f.; ders., RdA 1990, 138, 143

[500] Lerche, Bindung, S. 897, 909

[501] Hanau, RdA 1996, 158, 166

[502] Säcker/Oetker, Grundlagen, S. 273; Löwisch, DB 1988, 1013, 1013 f.; Waltermann, Berufsfreiheit, S. 106

[503] Waltermann, RdA 1990, 138, 143; ders., RdA 1993, 209, 216 f.

bb) Geltung des Parlamentsvorbehalts im Verhältnis zu den tariflichen Außenseitern?

Teilweise wird jedoch aus der Normsetzungsbefugnis gegenüber Außenseitern ein Bedürfnis nach Anwendung des Parlamentsvorbehalts hergeleitet.[504] Wo den Tarifpartnern Rechtsetzungsmacht gegenüber Nichtmitgliedern zukomme, ständen zentrale Entscheidungen unter dem Parlamentsvorbehalt, da es hier an der demokratischen Legitimation durch den freiwilligen Verbandsbeitritt fehle.[505] Daneben beziehe sich die Tarifautonomie nur auf die Verbandsmitglieder. Der von Art. 9 Abs. 3 GG geschützte Bereich erstrecke sich dagegen nicht auf die Normsetzung gegenüber den tariflichen Außenseitern.[506] Nur in dessen Gewährleistungsbereich sei die gesetzliche Vorstrukturierung nach Maßgabe der Wesentlichkeitstheorie nicht geboten.[507] Das Postulat des Gesetzesvorbehalts müsse dort voll zur Geltung kommen, wo Hinderungsgründe aus Art. 9 Abs. 3 GG nicht ersichtlich seien.[508]

Gegen diese Ansicht spricht zunächst, dass auch die Rechtsetzung gegenüber den Außenseitern hinsichtlich betrieblicher und betriebsverfassungsrechtlicher Normen vom grundrechtlichen Schutz des Art. 9 Abs. 3 GG erfasst ist.[509] Die dem Parlamentsvorbehalt entgegenstehende Tarifautonomie erstreckt sich auch auf diesen Bereich. Die Tarifpartner sind verfassungsrechtlich dazu bestimmt worden, die Wirtschafts- und Arbeitsbedingungen umfassend zu regeln. Dabei geht ihre Regelungsbefugnis weiter als die bloßen Arbeitsvertragsbedingungen. Die Tarifpartner sollen gerade auch die Möglichkeit haben, Einfluss auf den betrieblichen Bereich zu nehmen. Vor allem hinsichtlich der betrieblichen und betriebsverfassungs-rechtlichen Fragen ist der einzelne Arbeitnehmer nicht in der Lage, Vereinbarungen mit dem Arbeitgeber zu treffen. Dies liegt schon daran, dass solche Regelungen grundsätzlich nicht Gegenstand eines Arbeitsvertrags sind und auch nicht sein können, da es sich grundsätzlich um Regelungen handelt, die einen kollektiven Bezug zur gesamten Arbeitnehmerschaft des Be-

---

[504] Lerche, Bindung, S. 897, 910; Löwisch/Rieble, TVG, § 1 Rz. 213; Löwisch, DB 1988, 1013, 1014; Waltermann, ZfA 2000, 53, 85; Loritz, Anm. zum Beschluss des BAG v. 26.4.1990 - 1 ABR 84/87, SAE 1991, 245, 253; insoweit handelt es sich hier auch um das von Scholz in ZfA 1981, 265, 294 angesprochene Problem der Wirkung der Tarifverträge auf "Berufsanwärter", die ebenfalls tarifliche Außenseiter sind.

[505] Löwisch/Rieble, TVG, § 1 Rz. 213; Löwisch, DB 1988, 1013, 1014

[506] Hanau, RdA 1996, 158, 166 f., der aber davon ausgeht, dass der Gesetzesvorbehalt durch gesetzliche Vorschriften, insbesondere aus dem Betriebsverfassungsrecht, ausgefüllt werde, so dass sich eine gesetzgeberische Ermächtigung der Tarifvertragsparteien zur betriebsbezogenen Normsetzung im Einzelfall ableiten lasse (Hanau, ebenda, S. 172 ff.).

[507] Waltermann, ZfA 2000, 53, 85

[508] Lerche, Bindung, S. 897, 910

[509] Wiedemann, TVG, § 3 Rz. 25 f.; Säcker/Oetker, Grundlagen, S. 273

triebes haben. Der Arbeitnehmer ist also noch mehr als hinsichtlich einzelner Arbeitsvertragsbedingungen auf die Vertretung durch die Gewerkschaft angewiesen, da es ihm an einer rechtlichen Möglichkeit fehlt, seine Interessen selbst wahrzunehmen. Hierzu gehören aber für das Arbeitsleben so wichtige Bereiche wie der Arbeitsschutz oder auch die Mitbestimmungsrechte der Arbeitnehmer im Betrieb. Es besteht deshalb ein Bedürfnis nach tarifvertraglicher Regelung. Insoweit muss sich die Tarifautonomie auf den Bereich der Betriebsnormen erstrecken. Die Tarifpartner haben somit auch den Verfassungsauftrag zur Regelung betrieblicher und betriebsverfassungsrechtlicher Fragen als einem Teilbereich der Arbeits- und Wirtschaftsbedingungen.
Wenn aber ein solches Bedürfnis nach tarifrechtlicher Normierung besteht, dann muss den Tarifpartnern auch die Möglichkeit hierzu gegeben sein. Sie wären aber nicht in der Lage, ihrer verfassungsrechtlich zugewiesenen Aufgabe nachzukommen, wenn die tariflichen Außenseiter für den Bereich der Betriebsnormen nicht ebenfalls der Tarifautonomie und damit der Regelungsmacht der Koalitionen unterliegen würden. Es besteht hier die Notwendigkeit einer einheitlichen Regelung, die die gesamte Belegschaft miteinbezieht. Eine Differenzierung zwischen koalitionsgebundenen und nichtkoalitionsgebundenen Arbeitnehmern würde dem Sinn und Zweck der Betriebsnormen widersprechen und damit einen ordnungsgemäßen Betriebsablauf gefährden.[510]

Wegen der Erforderlichkeit einer einheitlichen Geltung von Betriebsnormen können die diesbezüglichen Tarifnormen nicht auf die Verbandsmitglieder begrenzt werden. Die verfassungsrechtlich geschützte Interessenwahrnehmung zugunsten ihrer Mitglieder in diesem Bereich ist notwendigerweise verbunden mit der Rechtsetzung gegenüber den Tarifaußenseitern.[511] Sollten die Außenseiter nicht in die Tarifautonomie miteinbezogen sein, wäre auch die tarifautonome Rechtsetzung gegenüber den Mitgliedern nicht möglich. Dies wird gerade auch am Beispiel des Parlamentsvorbehalts deutlich. Wie oben festgestellt widerspricht dieser der Tarifautonomie der Verbände. Wegen des Bedürfnisses nach einer einheitlichen Regelung ist eine Unterscheidung zwischen den Verbandsmitgliedern und den Außenseitern aber bei Betriebsnormen nicht möglich. Würde der Parlamentsvorbehalt hinsichtlich der Außenseiter bestehen bleiben, wäre wegen dieser Einheitlichkeit indirekt auch die Rechtsetzung gegenüber den Mitgliedern davon betroffen. Damit würde ein Parlamentsvorbehalt in Bezug auf die Außenseiter zugleich auch die Rechtsetzung gegenüber den Mitgliedern begrenzen. Wer also die Tarifautonomie und die Rechtsetzungsbefugnisse der Tarifpartner für diesen Bereich verneint, verkürzt damit entgegen der ausdrücklichen

[510] siehe 2. Teil I) 2) a) bb)
[511] Säcker/Oetker, Grundlagen, S. 69 f.; Scholz, Rechtsfragen, S. 509, 535; Wiedemann, TVG, § 3 Rz. 138; Gamillscheg, Kollektives Arbeitsrecht, S. 567 f., 720

Vorgaben des Grundgesetzes den Aufgabenbereich der Tarifpartner auf die bloße Regelung von Abschluss-, Inhalts- und Beendigungsnormen.[512] Dies ist der Grund, warum den Tarifverbänden auch tarifautonome Regelungsmacht gegenüber den Außenseitern zukommen muss. Die auf den Bereich der betrieblichen und betriebsverfassungsrechtlichen Normen begrenzte Rechtsetzungsmacht gegenüber tariflichen Außenseitern ist die unverzichtbare Voraussetzung einer effektiven Interessenwahrnehmung der Koalitionen für ihre Mitglieder und damit von der verfassungsrechtlichen Garantie des Art. 9 Abs. 3 GG umfasst.[513]

Diese aus der Koalitionsfreiheit folgende Rechtsetzungskompetenz gegenüber den tariflichen Außenseitern lässt sich als eine Art der Zuständigkeit kraft Sachzusammenhang beschreiben.[514] Eine solche, für die Abgrenzung von Bundes- und Landeszuständigkeiten entwickelte Kompetenz liegt dann vor, wenn eine "zugewiesene Materie verständigerweise nicht geregelt werden kann, ohne dass zugleich eine nicht ausdrücklich zugewiesene andere Materie mitgeregelt wird, wenn also ein Übergreifen in nicht ausdrücklich zugewiesene Materien unerlässliche Voraussetzung ist für die Regelung einer (....) zugewiesenen Materie"[515]. Da es hier auch um die Abgrenzung von Gesetzgebungskompetenzen ähnlich dem Verhältnis von Bundes- zu Landesrecht geht und die Verbände ihre Zuständigkeit ebenfalls aus dem Grundgesetz herleiten können, kann auf den verfassungsrechtlichen Begriff der Zuständigkeit kraft Sachzusammenhang zurückgegriffen werden.[516] Der Sachzusammenhang im Fall der Betriebsnormen besteht in dem Erfordernis einer einheitlichen Regelung. In diesem Bereich ist die Zuständigkeit zur Rechtsetzung gegenüber den eigenen Mitgliedern notwendigerweise verbunden mit der Zuständigkeit zur Rechtsetzung gegenüber den Nichtmitgliedern. Damit wird die Normsetzungsbefugnis der Verbände in be-

---

[512] Wiedemann, ebenda, § 3 Rz. 138

[513] Mit der selben Begründung ist ein Verstoß gegen die negative Koalitionsfreiheit abzulehnen. Siehe dazu Wiedemann, ebenda, § 3 II Rz. 133 ff.

[514] Wiedemann, TVG, 5. Auflage, Einl. Rz. 160; Scholz, Rechtsfragen, S. 509, 535, wobei von einer Annexkompetenz zur Tarifautonomie ausgegangen wird. Jedoch handelt es sich bei dieser um einen Unterfall der Zuständigkeit kraft Sachzusammenhang Die Annexkompetenz bezieht sich hierbei auf Nebenfragen der zu regelnden Materie, die untrennbar mit der Hauptfrage zusammenhängen. Damit sind vor allem Maßnahmen gemeint, die der Vorbereitung und Durchführung einer bestimmten Sachmaterie dienen (Stein, Staatsrecht, § 14 II 5; Dreier, GG, Art. 70 Rz. 64). Deshalb dürfte im Fall der Geltung von Betriebsnormen gegenüber Außenseitern der Begriff einer Zuständigkeit kraft Sachzusammenhang zutreffender sein. Gegen eine Zuständigkeit kraft Sachzusammenhang bzw. Annexkompetenz Loritz, Tarifautonomie, S. 59 f.; Hanau, RdA 1996, 158, 167

[515] BVerfGE 3, 407, 421 zur Bundeskompetenz kraft Sachzusammenhang; vgl. auch Hesse, Verfassungsrecht, Rz. 236; Maunz/Zippelius, Staatsrecht, § 37 II 4; Stein, Staatsrecht, § 14 II 5

[516] Misera, Tarifmacht, S. 44 f.

grenztem Umfang auf die tariflichen Außenseiter ausgeweitet. Da diese Kompetenzzuweisung kraft Sachzusammenhang ebenfalls aus Art. 9 Abs. 3 GG folgt und damit unter den Schutz der Tarifautonomie fällt, wird auch insoweit der allgemeine Parlamentsvorbehalt verdrängt.

Soweit daneben auf die fehlende Legitimation durch die Außenseiter als Argument für die Geltung des Parlamentsvorbehalts verwiesen wird, ist zu bedenken, dass die Legitimation der tarifvertraglichen Rechtsetzung gerade nicht auf der Mitgliedschaft, sondern auf der Übertragung von Hoheitsmacht durch den Staat beruht. Es bedarf deshalb keiner Legitimation durch die Tarifunterworfenen. Allein der Hinweis auf die wegen der Nichtmitgliedschaft fehlende demokratische Legitimation ist nicht ausreichend. Das Erfordernis einer demokratischen Legitimation gilt nicht ausnahmslos. Die Ausdehnung der Tarifgebundenheit auf Außenseiter bedarf vielmehr einer zusätzlichen Rechtfertigung.[517] Diese Rechtfertigung liegt hier in der Notwendigkeit einer einheitlichen Regelung der Betriebsnormen.[518] Da es sich hierbei um einen eng begrenzten Regelungsbereich handelt und andernfalls eine sinnvolle Ordnung des Arbeitslebens nicht möglich wäre, ist den Außenseitern die Unterwerfung unter die Rechtsetzungsmacht der Verbände auch zumutbar und ein bestehendes Demokratiedefizit hinzunehmen.

Wegen der generellen Nichtanwendbarkeit des Parlamentsvorbehalts können die Tarifpartner auch ohne parlamentarische Vorgaben intensive Grundrechtseingriffe, insbesondere auch in die Freiheit der Berufswahl, regeln, sofern diese Regelungen nicht gegen den materiellen Gehalt der Grundrechte verstoßen.

c) Verfassungsrechtliche Grenzen der Delegation von Gesetzgebungsbefugnissen

Aus dem Demokratie- und Rechtsstaatsprinzip ergibt sich, dass sich jede (materielle) Rechtsetzung auf eine Ermächtigung durch ein formelles Gesetz zurückführen können lassen muss.[519] Die Tarifpartner werden durch das TVG zur Einschränkung in die Grundrechte ermächtigt. Da das TVG ein formelles Gesetz ist, genügt dies grundsätzlich den Anforderungen.
Es könnten aber darüber hinaus weitere verfassungsrechtliche Voraussetzungen zu erfüllen sein. So werden in Art. 80 Abs. 1 S. 2 GG besondere Anforderungen an ein Ermächtigungsgesetz gestellt. Danach müssen Inhalt, Zweck und Ausmaß der erteilten Ermächtigung im Gesetz bestimmt werden. Grundsätzlich spricht gegen die Anwendung des Art. 80 Abs. 1 S. 2 GG, dass dieser nach seinem

[517] BVerfGE 44, 322, 348
[518] Wiedemann, TVG, § 3 Rz. 26
[519] Sachs, GG, Vor Art. 1 Rz. 110

Wortlaut nur für Rechtsverordnungen gilt. Ein Tarifvertrag ist aber keine Rechtsverordnung, sondern als kollektiver Normenvertrag das Produkt einer Rechtsetzung sui generis, die noch am besten mit der Rechtsetzung durch andere Autonomieträger zu vergleichen ist.

Teilweise wird aber in Art. 80 Abs. 1 S. 2 GG auch eine allgemeine Vorschrift für Delegationsfälle gesehen.[520] Die Ermächtigung zur Rechtsetzung im TVG müsste dann dem darin normierten Bestimmtheitsgebot genügen. Dies hätte zur Folge, dass der Gesetzgeber selbst die Entscheidung treffen müsste, welche Fragen geregelt werden sollen (Inhalt). Weiterhin müsste er die Grenzen einer solchen Regelung festsetzen (Ausmaß) und angeben, welchem Ziel die Regelung dienen soll (Zweck).[521] Ob das TVG diese Bedingungen erfüllt, ist zu bezweifeln. Der Formulierung des § 4 Abs. 1 TVG, wonach die Tarifpartner befugt sind, "den Inhalt, den Abschluss und die Beendigung von Arbeitsverhältnissen" und "betriebliche und betriebsverfassungsrechtliche Fragen" zu regeln, würde es an der notwendigen Konkretisierung fehlen.

Art. 80 GG ist aber eine Spezialbestimmung, die ausschließlich Anwendung auf Ermächtigungen zum Erlass von Rechtsverordnungen findet. Sie wendet sich gegen die Gefahr der Übertragung von Normsetzungsbefugnissen auf die bürokratisch-hierarchisch organisierte staatliche Exekutive und der damit verbundenen Auflösung des Gewaltenteilungsprinzips, welches der Kontrolle und Beschränkung von Machtbefugnissen dient.[522] Eine solche Gefahr der Machtkonzentration besteht bei den nur für den Bereich ihrer Selbstverwaltungsangelegenheiten mit Normsetzungsbefugnissen ausgestatteten Autonomieträgern nicht.[523] Auch durch die Begrenzung des Kreises der Ermächtigungsadressaten auf die Bundesregierung, Bundesminister und Landesregierungen wird deutlich, dass hier nur Kompetenzfragen innerhalb der staatlichen Behördenhierarchie geregelt werden sollten.[524] Als privatrechtlich organisierte Autonomieträger stehen die Tarifvertragspartner außerhalb dieser von Aufsicht und Weisungen geprägten Behördenhierarchie und damit auch außerhalb des Schutzzwecks der

---

[520] Wilke, in: v. Mangoldt/Klein, GG, Bd. III, § 80 Anm. XIII 2, der für eine differenzierende analoge Anwendung des § 80 I 2 GG auf die einfachgesetzliche Verleihung von Satzungsautonomie ist.
[521] Bryde, in: v. Münch/Kunig, GG, Art. 80 Rz. 20
[522] BVerfGE 21, 54, 62; 32, 346, 361; 33, 125, 157; 73, 388, 400; Maunz, in: Maunz/Dürig, GG, Bd. IV, Art. 80 Rz. 2; Dreier, GG, Art. 80 Rz. 12; Bryde, ebenda, Art. 80 Rz. 2; Sachs, GG, Art. 80 Rz. 23
[523] BVerfGE 33, 125, 157; Sachs, in: Stern, Staatsrecht, III/2, S. 454; Maunz, ebenda, Bd. IV, Art. 80 Rz. 47 ff.
[524] Peters/Ossenbühl, Übertragung, S. 58

Regelung.[525] Es besteht zudem ein Widerspruch zwischen der verfassungsrechtlich gewollten eigenverantwortlichen Ordnung der Arbeits- und Wirtschaftsbedingungen und den strengen Anforderungen des Art. 80 Abs. 1 S. 2 GG.[526] Die tarifvertragliche Normsetzung kann deshalb nicht im voraus gesetzlich bestimmt werden, ohne dass die Tarifautonomie in ihrem durch Art. 9 Abs. 3 GG geschützten Kernbereich betroffen wäre.[527]

Wegen der grundgesetzlichen Ausformung des Autonomiebereichs der Tarifpartner besteht schon von vornherein kein Bedürfnis nach inhaltlichen Vorgaben, wie sie Art. 80 Abs. 1 S. 2 GG verlangt.[528] Die Befugnis zur inhaltlichen Gestaltung der Arbeits- und Wirtschaftsbedingungen wurde den Tarifpartnern durch Art. 9 Abs. 3 GG übertragen. Delegiert wurde nicht die Aufgabe, Arbeitsbedingungen inhaltlich zu regeln, sondern lediglich die Regelungswirkung der Tarifvertragsnormen. Durch den einfachen Gesetzgeber erfolgte also nur die Übertragung von Rechtsetzungsmacht. Die Grenzen der Autonomie ergeben sich grundsätzlich aus der Aufgabe, die ein Autonomieträger zu erfüllen hat.[529] Ihre verfassungsrechtliche Beschränkung findet die Rechtssetzungsbefugnis der Tarifpartner folglich darin, dass es sich um Regelungen zur Wahrung und Förderung der Arbeits- und Wirtschaftsbedingungen handeln muss, und nicht in Art. 80 Abs. 1 S. 2 GG.[530]

Daneben wird aber auch aus dem Grundsatz des Parlamentsvorbehalts die Notwendigkeit zu einer weitergehenden Konkretisierung eines Ermächtigungsgesetzes hergeleitet.[531] Je erheblicher eine Grundrechtsbeeinträchtigung ausfällt, desto deutlicher muss das zulässige Maß des Eingriffs in der gesetzlichen Ermächtigung bestimmt werden.[532] Vereinzelt wird auch insoweit vertreten, dass die bloße Ermächtigung im TVG als Delegationsnorm nicht ausreiche, da es ihr an inhaltlicher Konkretisierung fehle.[533]
Oben wurde bereits ausgeführt, dass der Parlamentsvorbehalt gegenüber den Tarifpartnern nicht anwendbar ist. Dies gilt auch für die Bestimmtheitserfordernis-

[525] Peters/Ossenbühl, ebenda, S. 59
[526] Adomeit, Rechtsquellenfragen, S. 138; Gamillscheg, Grundrechte, S. 104
[527] BVerfGE 44, 322, 349
[528] Löwisch, in: MünchArbR, Bd. 3, § 246 Rz. 30
[529] Schneider, Autonome Satzung, S. 521, 529; Bryde, in: v. Münch/Kunig, GG, Bd. 3, § 80 Rz. 10
[530] BVerfGE 44, 322, 349
[531] Ramsauer, in: Wassermann, GG, Art. 80 Rz. 39; Sachs, in: Stern, Staatsrecht, Bd. III/2, S. 456 f.; BVerfGE 33, 125, 160
[532] BVerfGE 33, 125, 160 zur Berufsfreiheit
[533] zur verfassungsrechtlichen Legitimation von Betriebsnormen Hanau, RdA 1996, 158, 167; Rieble, RdA 1993, 140, 142

se einer Ermächtigung zum Grundrechtseingriff. Die Tarifpartner wären ansonsten vom Umfang dieser Konkretisierung abhängig und könnten nicht selbst über notwendige Regelungen entscheiden. Die Tarifautonomie wäre wie bei einer Anwendung des Art. 80 Abs. 1 S. 2 GG in ihrem Kernbereich betroffen.Die generelle Ermächtigung des § 4 Abs. 1 TVG ist damit ausreichend und eine weitergehende Konkretisierung nicht erforderlich.

d) Gesetzesvorbehalte

Grundsätzlich hat der Verfassungsgeber dort, wo er die Notwendigkeit von Grundrechtseinschränkungen sah, die Grundrechte unter einen Gesetzesvorbehalt gestellt. Diese werden bei der Rechtsetzung durch die Verbände von den Tarifvertragsnormen ausgefüllt.
Problematisch ist dabei zunächst, dass es sich bei den Tarifverträgen um Gesetze im materiellen Sinn handelt. Bei den Gesetzesvorbehalten, die eine Einschränkung nur durch "Gesetz" vorsehen, wurde vertreten, dass ein zulässiger Eingriff nur durch ein formelles Gesetze möglich sei.[534] Dies wurde mit der grundrechtlichen Unterscheidung zwischen Einschränkungen "durch Gesetz" und "auf Grund eines Gesetzes" begründet. Eine Einschränkung durch Tarifverträge wäre bei den betreffenden Grundrechten nicht möglich. Nach den letzten Grundrechtsänderungen[535] betrifft dieses Problem allerdings nur noch die Art. 14 Abs. 1 S. 2 und Art. 15 S. 1 GG.

Gegen diese Auslegung spricht jedoch der Vergleich mit Art. 104 Abs. 1 S. 1 GG.[536] Nach diesem Gesetzesvorbehalt kann die Freiheit einer Person nur "auf Grund eines förmlichen Gesetzes" beschränkt werden. Einer solchen Klarstellung hätte es nach obiger Meinung nicht bedurft, wenn bei einem Gesetzesvorbehalt "Gesetz" grundsätzlich als ein förmliches Gesetz zu verstehen wäre. Daraus ergibt sich, dass der Verfassungsgeber mit "Gesetz" nicht ausschließlich förmliche Gesetze gemeint hat. Andererseits wird man aber wegen der Grundsätze des Parlamentsvorbehalts daraus nicht schon den Schluss ziehen können, dass überall dort, wo der Zusatz "förmlich" fehlt, ein materielles Gesetz ausrei-

---

[534] Nachweise bei Sachs, in: Stern, Staatsrecht, Bd. III/2, S. 445 Fn. 256

[535] Durch das 17. Gesetz zur Ergänzung des Grundgesetzes vom 24.6.1968 (BGBl. I S. 709) erhielten Art. 11 II und Art. 12 I 2 GG den Zusatz "oder auf Grund eines Gesetzes", wobei dieser Änderung aber nur eine Klarstellungsfunktion zukam. Das BVerfG sah auch schon in dem ursprünglichen Wortlaut die Ermächtigung zu einer Einschränkung durch materielle Gesetze (zu Art. 12 GG: BVerfGE 20, 283, 295; 21, 72,73) und sah in der Neufassung "keine sachliche Änderung" (zu Art. 12 GG: BVerfGE 33, 125, 156).

[536] Sachs, in: Stern, Staatsrecht Bd. III/2, S. 445; ders, GG, Vor Art. 1 Rz. 107; Hermes, Parlamentsgesetz, S. 96

chend ist. Zunächst einmal verweisen die Formulierungen "durch Gesetz" und "auf Grund eines Gesetzes" lediglich auf die Unterscheidung zwischen Einschränkungen unmittelbar "durch Gesetz" und mittelbar durch "auf Grund eines Gesetzes" erlassenen Einzelakt einer Verwaltungsbehörde.[537] Da der Gesetzesbegriff in der grundrechtlichen Schrankensystematik kein einheitlicher ist, muss für jedes Grundrecht getrennt bestimmt werden, inwieweit eine Einschränkung durch materielle Gesetze in Frage kommt.[538] Der Grund kann nur in dem Regelungsgegenstand selbst liegen. Vor allem die Erheblichkeit eines Eingriffs ist hierbei ausschlaggebend.[539] Das Erfordernis eines förmlichen Gesetzes ergibt sich damit weniger aus der Formulierung eines Gesetzesvorbehalts als aus der Anwendung des allgemeinen Parlamentsvorbehalts.[540] So müssen bei Art. 14 Abs. 1 S. 2 GG Inhaltsbestimmungen auch durch materielle Gesetze möglich sein.[541] Der Begriff des Eigentums ist kein feststehender, sondern sein Inhalt und seine Schranken werden durch die gesamte gültige Rechtsordnung bestimmt und damit fortwährend neu definiert. Dies geschieht unabhängig vom Rang der einzelnen Rechtsnorm.[542] Bei Art. 15 S. 1 GG wird hingegen wegen der Bedeutsamkeit des Grundrechtseingriffs davon ausgegangen, dass für den Gesetzesvorbehalt ein formelles Gesetz erforderlich sei.[543] Da aber eine Sozialisierung im Rahmen der Tarifvertragsgesetzgebung ohnehin nicht in Betracht kommt, ist dies bedeutungslos für die Grundrechtsbeschränkung durch die Tarifverbände.

Bei den Gesetzesvorbehalten ist dann weiterhin zwischen den einfachen und den qualifizierten Gesetzesvorbehalten zu unterscheiden. Bei einfachen Gesetzesvorbehalten wird der Gesetzgeber zur gesetzlichen Grundrechtsbeschränkung

---

[537] Stern, in: Stern, Staatsrecht, Bd. III/2, S. 480 f.; Sachs, GG, vor Art. 1 Rz. 117; Hermes, Parlamentsgesetz, S. 98; Kloepfer, Handbuch des Staatsrechts, Bd. VI, § 143 Rz. 48 für Art. 8 II GG ("durch formelles und materielles Gesetz oder aufgrund eines Gesetzes")

[538] So ergibt sich auch aus dem Inhalt des Art. 19 I GG, dass dieser keine Anwendung auf nur materielle Gesetz findet. Da ein materielles Gesetz schon per Definition abstrakt und generell sein muss, kann es kein materielles Gesetz geben, dass einen Einzelfall i.S.d. Art. 19 I 1 GG regelt. (Menger, in: Dolzer/Vogel, Bonner Kommentar, Art. 19 Abs. 1 S. 1 Rz. 76) Deshalb kann mit dem Verbot eines Einzelfallgesetzes nur ein formelles Gesetz gemeint sein. Da das Zitiergebot auf den Gesetzesbegriff des S. 1 verweist, gilt auch dieses nur für formelle Gesetze.

[539] Papier, in: Maunz/Dürig, GG, Art. 14 Rz. 332; Sachs, in: Stern, Staatsrecht, Bd. III/2, S. 446

[540] Diese Grundsätze gelten auch für die anderen Gesetzesvorbehalte, die die grundrechtsbeschränkende Gesetzgebung ansprechen, wie etwa bei Art. 10 II 2 GG.

[541] BVerfGE 8, 71, 79; 9, 338, 343; BGHZ 77, 179, 183

[542] Papier, in: Maunz/Dürig, GG, Bd. 2, Art. 14 Rz. 332

[543] Jarass/Pieroth, GG, Art. 15 Rz. 5; Sachs, GG, Art. 15 Rz. 16; ders, in: Stern, Staatsrecht, Bd. III/2, S. 446; Bryde, in v. Münch/Kunig, GG, Art. 15 Rz. 20; Maunz, in: Maunz/Dürig, GG, Bd. II, Art. 15 Rz. 24; Dreier, GG, Bd. 1, Art. 15 Rz. 27

ermächtigt, ohne dass nähere Voraussetzungen bestimmt worden wären. Anders dagegen bei den qualifizierten Gesetzesvorbehalten. Hier stellt der Verfassungsgeber spezifische Anforderungen unterschiedlicher Art an den Gesetzgeber.[544] Qualifizierte Gesetzesvorbehalte lassen eine Beschränkung des jeweiligen Grundrechts nur bei bestimmten Situationen, zu bestimmten Zwecken oder durch bestimmte Mittel zu.[545] Sie finden sich unter anderem in den Art. 5 Abs. 2 und Art. 11 Abs. 2 GG. Wird von den Tarifvertragspartnern durch Tarifvertrag in ein Grundrecht mit Gesetzesvorbehalt eingegriffen, muss die Tarifnorm den spezifischen Qualifikationsmerkmalen genügen. Nur dann ist eine Grundrechtseinschränkung gerechtfertigt. Fasst man die Aufzählung in Art. 11 Abs. 2 GG als abschließend auf, wird man deshalb auch Regelungen über Residenzpflichten wegen einer unmittelbaren Verletzung des Grundrechts auf Freizügigkeit für unzulässig erachten müssen.[546]

e) Verfassungsimmanente Schranken der Grundrechte

Wo das Grundgesetz keinen Gesetzesvorbehalt geregelt hat, werden die Grundrechte durch verfassungsimmanente Schranken begrenzt. Dem liegt die Idee zugrunde, dass auch Grundrechte nicht unbeschränkt gewährt werden können, sondern mit Rücksicht auf die Einheit der Verfassung und der Gesamtheit ihrer Wertordnung ihre Grenze an den Grundrechten Dritter und anderer mit Verfassungsrang ausgestatteter Rechtswerte finden müssen.[547] Grundrechte können deshalb nur so weit reichen, wie sie nicht mit anderem Verfassungsrecht kollidieren. Der Konflikt zwischen zwei gegensätzlichen verfassungsrechtlichen Positionen muss dann mit Hilfe des Prinzips der praktischen Konkordanz gelöst werden. Es handelt sich um das gleiche Grundprinzip, welches uns schon mehrmals begegnet ist und vorschreibt, dass bei gegenläufigen Rechtsgütern von Verfassungsrang immer ein verhältnismäßiger Ausgleich herbeigeführt werden muss, der die optimale Entfaltung beider Grundrechtsgüter ermöglicht.[548] Im Unterschied zur der oben besprochenen Ansicht[549], die grundsätzlich eine Abwägung mit Hilfe der praktischen Konkordanz vornehmen möchte, findet diese hier nur bei Grundrechten ohne Gesetzesvorbehalt Anwendung, die ansonsten nicht

---

[544] Sachs, GG, Vor. Art. 1 Rz. 116

[545] Jarass/Pieroth, GG, Vorb. vor Art. 1 Rz. 33

[546] Anderer Ansicht ist Däubler, Tarifvertragsrecht, Rz. 469, der davon ausgeht, dass alle diejenigen Beschränkungen des Art. 11 GG, die mit abhängiger Arbeit notwendig verbunden sind, vom Grundgesetz vorausgesetzt werden. Dagegen wollen Löwisch/Rieble, TVG, § 1 Rz. 176; Kempen/Zachert, TVG, Grdl. Rz. 188; BVerfGE 65, 116, 125 ff. den Art. 11 GG nicht unmittelbar auf Residenzpflichten anwenden.

[547] BVerfGE 28, 243, 261

[548] BVerfGE 81, 278, 292

[549] siehe 2. Teil I) 2) e)

beschränkbar wären. Zudem kollidieren hier nicht die Grundrechte der Tarifunterworfenen mit der Koalitionsfreiheit aus Art 9 Abs. 3 GG sondern mit den Grundrechten und Gütern von Verfassungsrang, deren Schutz durch die Tarifregelung erreicht werden soll.

Da der Gesetzgeber durch den Verzicht auf ausdrückliche Gesetzesvorbehalte deutlich gemacht hat, dass diese Grundrechte besonders schützenswert sind, dürfen bei ihrer Einschränkung keine geringeren Bedingungen an das grundrechtseinschränkende Gesetz gestellt werden als bei Grundrechten mit Gesetzesvorbehalten. Eingriffe in diese Grundrechte unterliegen deshalb den gleichen, noch im weiteren zu besprechenden Anforderungen. Es ist aber auch bei Grundrechten ohne Gesetzesvorbehalt die Einschränkung mit Hilfe materieller Gesetze möglich. Damit sind auch die Tarifpartner dazu befugt, die Grundrechte der Mitglieder zum Schutz anderer Grundrechte oder sonstiger Güter von Verfassungsrang einzuschränken.

f) Verhältnismäßigkeitsgrundsatz

aa) Anwendbarkeit des Verhältnismäßigkeitsgrundsatzes

Die Prüfung der Verhältnismäßigkeit ist das zentrale Element einer Grundrechtsprüfung. Hier werden die gegenläufigen Interessen der Grundrechtsberechtigten und die von den Tarifvertragspartnern mit der Grundrechtseinschränkung verfolgten Ziele zu einem Ausgleich gebracht. Die Anwendbarkeit des Verhältnismäßigkeitsgrundsatzes auf die Rechtsetzung durch die Tarifpartner ist jedoch umstritten.[550] Dagegen wird eingewandt, dass die Inhaltskontrolle von Tarifvertragsnormen anhand des Verhältnismäßigkeitsgrundsatzes zu einer übermäßigen Beschränkung der in Art. 9 Abs. 3 GG gewährleisteten Tarifautonomie und damit zu einer "getarnten Tarifzensur" führe.[551]

Die Verhältnismäßigkeitsprüfung steht aber zu Recht im Mittelpunkt der Rechtmäßigkeitsprüfung bei Grundrechtseingriffen. Sie schützt die Grundrechtsträger

---

[550] dafür Söllner, NZA 1996, 897, 905 f.; Säcker/Oetker, Grundlagen, S. 284 ff.; Wiedemann, TVG, Einl. Rz. 209, ders., RdA 1997, 297, 303; ders., RdA 1986, 231, 239 f.; Wiedemann/Wonneberger, Anm. zu AP Nr. 113 zu Art. 9 GG Arbeitskampf; Loritz, ZfA 1990, 133, 187 f.; Waltermann, Berufsfreiheit, S. 122 ff.; Kempen/Zachert, TVG, Grdl. Rz. 190; Blomeyer, ZfA 1980, 1, 30; Gitter/Boerner, RdA 1990, 129, 134 f.; BAG, AR-Blattei ES 1230 Nr. 16; Beck, ArbuR 1981, 367, 374; Rieble, ZTR 1993, 54, 61; Löwisch, ZfA 1996, 293, 300 f.; Boecken, ZfA 2000, 379, 383; a.A. Dieterich, Grundrechtsbindung, S. 117, 122 ff.; Canaris, AcP 184 (1984), 201, 244; Roth, Tarifverträge, S. 7, 19; Gamillscheg, Kollektives Arbeitsrecht, S. 695 ff.

[551] Dieterich, Grundrechtsbindung, S. 117, 122 f.

vor unzumutbaren Belastungen durch weitreichende Grundrechtseinschränkungen, indem sie den individuellen Freiheitsanspruch des Bürgers und die Gesetzgebungsbefugnisse des Staates zu einem Ausgleich bringt. Die Notwendigkeit eines Eingriffs in die Grundrechte, gerechtfertigt durch die Interessen des Staates, und das Bedürfnis der Bürger nach dem Schutz ihrer Grundrechte vor Beschränkungen werden hierbei gegeneinander abgewogen. Dagegen sind die Gesetzesvorbehalte zur Gewährleistung der Grundrechte alleine nicht ausreichend. Sie schützen den Grundrechtsträger nur bedingt, indem sie die Voraussetzungen eines Eingriffs zwar für jedes Grundrecht, aber nur im allgemeinen regeln. Die Intensität der Grundrechtseinschränkung im besonderen bleibt unberücksichtigt. Erfüllt ein Gesetzgeber die Voraussetzungen des Gesetzesvorbehalts, was vor allem bei einfachen Gesetzesvorbehalten unproblematisch ist, würde das Grundrecht bis auf den Kernbereich seinem Zugriff unterliegen. Deshalb kann grundsätzlich auf die Feststellung der Verhältnismäßigkeit nicht verzichtet werden. Dies gilt auch für die Tarifvertragspartner. Durch die Übertragung von Rechtsetzungsbefugnissen wurde ihnen eine besondere Macht verliehen, mit der die Tarifpartner in der Lage sind, in die Grundrechte einzugreifen. Es bedarf deshalb ebenso wie bei der staatlichen Gesetzgebung der Kontrolle und Begrenzung dieser Rechtsetzungsmacht am Maßstab der Verhältnismäßigkeit. Erst die Anwendung des Verhältnismäßigkeitsgrundsatzes führt zu ausgewogenen Ergebnissen, die sowohl die Interessen der Grundrechtsbetroffenen als auch die Interessen der durch die tarifliche Regelung Begünstigten berücksichtigen.

Der Ansatz zum Verständnis des Verhältnismäßigkeitsgrundsatzes findet sich dabei im Rechtsstaatsprinzip. Es ist ein Gebot der einem Rechtsstaat innewohnenden Gerechtigkeit, dass widerstreitende Interessen zu einem maßvollen Ausgleich gebracht werden müssen.[552] Die Tarifpartner müssen sich wie jeder andere Gesetzgeber auch, an den Maßstäben der Gerechtigkeit messen lassen.[553] Anders als der Staat, der dem Gemeinwohl verpflichtet ist, haben die Tarifpartner nur eine besondere Treupflicht gegenüber ihren Mitgliedern. Diese begeben sich durch den Eintritt in den Verband unter die Rechtsetzungsmacht der Tarifpartner. Ihr Eintritt steht unter der stillschweigenden Voraussetzung, dass die Verbände den Mitgliedern bei der Verwirklichung ihrer Rechte helfen. Ebenso wie der Staat seinen Bürgern dient, muss der Verband seinen Mitgliedern dienen. Dies ist auch die Aufgabe, die die Verfassung für die Koalitionen vorgesehen hat. Ihnen kommt deshalb eine besondere Verantwortung und Treuepflicht zu.

Das Mittel der Fremdbestimmung, die normative Wirkung eines Tarifvertrages, dient einer sinnvollen Ordnung des Arbeitslebens unter Wahrnehmung der Inte-

[552] Stern, Staatsrecht, Bd. III/2, S. 772
[553] Wiedemann, Normsetzung, S. 661, 667

ressen der Mitglieder. Wo diese unmittelbare und zwingende Wirkung nicht geeignet oder erforderlich ist, die Interessen und den Schutz der Mitglieder zu gewährleisten, oder wo dies außer Verhältnis zu der damit verbundenen Einschränkung der persönlichen Freiheit des einzelnen Arbeitnehmers steht, verliert sie ihre Funktion und muss zurücktreten.[554]

Jedoch könnte hier eine im Zustandekommen eines Tarifvertrags begründete Richtigkeitsgewähr dem Bedürfnis nach Kontrolle der Tarifpartner durch den Verhältnismäßigkeitsgrundsatz entgegenstehen.[555] Obwohl der Tarifvertrag zwischen den sozialen Gegenspielern ausgehandelt wird, gilt die Richtigkeitsgewähr für den Tarifvertrag nicht. Zwar nehmen die Tarifpartner grundsätzlich gegensätzliche Positionen ein. Sie verhandeln aber nicht über eigene Rechte, sondern es werden verbindliche Arbeitsbedingungen für Dritte, die Mitglieder, ausgehandelt. Der soziale Gegenspieler nimmt dabei in der Regel nicht die Interessen der Minderheitsgruppen des gegnerischen Verbandes wahr, sondern nur die Interessen seiner eigenen Mitglieder. Die Richtigkeitsgewähr eines Vertrages setzt aber voraus, dass die Vertragsbindung in freier Interessenwahrnehmung der Parteien zustande gekommen ist. Die Interessen der im Verband unterlegenen Minderheit werden beim Zustandekommen eines Tarifvertrags von keiner Seite wahrgenommen. Jede Entscheidung eines Verbandes, also auch die Zustimmung zu einer nachteiligen Maßnahme, spiegelt zumeist nur die Ansicht der Mitgliedermehrheit wider. Die Verbandsminderheit hat dagegen keinen Einfluss auf die auch für sie geltenden Tarifnormen. Wo jedoch das Prinzip der freien Selbstbestimmung gestört ist, besteht auch weiterhin das Bedürfnis nach einer Verhältnismäßigkeitsprüfung.

bb) Modifikation des Verhältnismäßigkeitsgrundsatzes

Auch wenn man zu dem Ergebnis gelangt, dass der Verhältnismäßigkeitsgrundsatz Anwendung findet, darf man nicht übersehen, dass sich aus der Rolle der Tarifpartner als Interessenvertreter andere Maßstäbe für die Beurteilung der Verhältnismäßigkeit ergeben als gegenüber dem Staat. Die Verhältnismäßigkeit ist als ein allgemeiner verfassungsrechtlicher Grundsatz, wonach Vorteile und Nachteile einer Regelung in einem gerechten Maß zueinander stehen müssen, einer Interpretation zugänglich. Als ein solcher Verfassungsgrundsatz ist die Verhältnismäßigkeit gerade keine feststehende Rechtsnorm mit unveränderlichem Inhalt. Rechtsgrundsätze weisen im Unterschied zu einer Rechtsnorm nicht deren Bestimmtheit auf, sondern bedürfen noch einer inhaltlichen Konkre-

[554] Löwisch, ZfA 1996, 293, 300
[555] so Canaris, AcP 184 (1984), 201, 244; ders., JuS 1989, 161, 166

tisierung.[556] Je nach den sachlichen Gegebenheiten kann diese variieren. Die Bewertung des Verhältnismäßigkeitsgrundsatzes hängt dabei davon ab, an welchen Zielen eine Regelung zu messen ist. Bei der Staatsmacht ist das Kriterium das Wohl der Allgemeinheit, da dies das oberste Ziel staatlicher Maßnahmen ist. Anderes muss dort gelten, wo der Normgeber nicht an das Gemeinwohl gebunden ist. So sind die Tarifpartner in erster Linie ihren Mitgliedern verpflichtet und nicht der Allgemeinheit. Der Inhalt eines Tarifvertrages wird nicht durch Allgemeininteressen bestimmt, sondern durch Eigeninteressen der Koalition und ihrer Mitglieder.[557] Die Eingriffsvoraussetzungen beziehen sich dementsprechend auf die "Gemeinschaftsbelange" der handelnden Tarifvertragsparteien.[558] Darüber hinaus macht die verfassungsrechtliche Gewährleistung der tarifvertraglichen Gestaltungsfreiheit eine strenge Verhältnismäßigkeitsprüfung unmöglich. Auch insoweit bedarf der Verhältnismäßigkeitsgrundsatz einer Modifikation, deren Auswirkungen auf die vier verschiedenen Prüfungsschritte der Verhältnismäßigkeitsprüfung - die Verfolgung eines legitimen Ziels und die Frage, ob die dabei angewendeten Mittel geeignet, erforderlich und angemessen sind - nunmehr im Einzelnen festgestellt werden müssen.

Trotz der Unverzichtbarkeit einer Verhältnismäßigkeitsprüfung für den Grundrechtsschutz ist unbestreitbar, dass ein Widerspruch zwischen der Tarifautonomie und der durch die Gerichte ausgeübten Angemessenheitskontrolle im Rahmen der Verhältnismäßigkeit besteht. Wesentlicher Sinn der Tarifautonomie ist es, die soziale Selbstbestimmung durch Koalitionen zu gewährleisten und den Koalitionen die freie Entscheidung und Mittelwahl hinsichtlich ihrer Interessen bei der Wahrung und Förderung der Arbeits- und Wirtschaftsbedingungen zu überlassen.[559] Bei den oft schwer zu beurteilenden Sachzusammenhängen sind die Tarifpartner diejenigen, die am besten wissen müssen, welche Regelungen notwendig sind. Die verfassungsrechtlich garantierte Gestaltungsfreiheit der Tarifpartner für den Bereich der Arbeits- und Wirtschaftsbedingungen muss deshalb erhalten bleiben. Sie darf nicht durch eine Art der Billigkeitskontrolle der Gerichte ersetzt werden. Deutlich werden die Auswirkungen einer umfassenden Verhältnismäßigkeitsprüfung vor allem beim Kompromisscharakter eines Tarifvertrags. Die Koalitionen sind gehalten, ein ausgewogenes Ergebnis bei den Tarifverhandlungen zu erreichen, das sowohl den Arbeitnehmern als auch den Arbeitgebern gerecht wird. Dies geschieht zumeist, indem die Tarifpartner bei Regelungen, die den Tarifgegner begünstigen, Zugeständnisse machen und im Gegenzug dafür eigene Regelungen einbringen können. Dabei kommt es oft vor,

---

[556] Stern, Staatsrecht, Bd. III/2, S. 773 f.
[557] BAG, NZA 2001, 613, 617
[558] Kempen/Zachert, GG, Grdl. Rz. 190
[559] Waltermann, NZA 1991, 754, 758

dass "Leistung" und "Gegenleistung" in keinem direkten Zusammenhang stehen oder dass gleich ein ganzes "Kompromissbündel" vereinbart wird. Ist nun eine der Regelungen verfassungswidrig und damit nichtig und die andere verfassungsgemäß, bleibt die verfassungskonforme Norm in der Regel bestehen. Der ursprüngliche Kompromiss wird damit zugunsten einseitiger Regelungen zerstört. Die Ausgewogenheit eines Tarifvertrags wäre nicht mehr zu gewährleisten. Deshalb darf nur im Ausnahmefall das Ergebnis der Tarifpartner korrigiert werden. Grundsätzlich muss es bei der Gestaltungsfreiheit der Tarifpartner bleiben. Sie haben den tarifvertraglichen Regelungsbedarf auch weiterhin in eigener Verantwortung abzuschätzen.[560]

Man muss deshalb versuchen, die widerstreitenden Verfassungsgrundsätze der Verhältnismäßigkeit und der Tarifautonomie zu einem Ausgleich zu bringen. Letztlich muss gewährleistet sein, dass die Tarifpartner grundsätzlich in ihrer Beurteilung frei bleiben. Dies lässt sich erreichen, indem man den Tarifpartnern einen weitreichenden Gestaltungsspielraum im Rahmen der Verhältnismäßigkeit zuerkennt.[561] Ihnen gebührt eine Einschätzungsprärogative in Bezug auf die sachlichen Gegebenheiten und betroffenen Interessen.[562] Die Tarifpartner sind dann zwar an den Verhältnismäßigkeitsgrundsatz gebunden, die Überprüfung durch die Gerichte ersetzt aber andererseits nicht das Ermessen der Verbände. Die Tarifpartner haben vielmehr einen weiten Ermessensspielraum, der es ihnen ermöglicht, "in eigener Verantwortung unter Umständen Zugeständnisse in einer mit Vorteilen in anderer Hinsicht auszugleichen".[563] Damit wird gewährleistet, dass sowohl die Tarifautonomie als auch der Verhältnismäßigkeitsgrundsatz ihre Bedeutung behalten.
Solche Gestaltungsspielräume werden auch dadurch möglich, dass nicht das gleiche Bedürfnis nach einer Verhältnismäßigkeitsprüfung besteht wie bei staatlichen Eingriffen in die Grundrechte. Durch die Tarifverhandlungen wird ein gewisser Ausgleich zwischen den Interessengruppen herbeigeführt. Dieser erreicht aber nicht die Stärke einer privatrechtlichen Richtigkeitsgewähr. Grundsätzlich wissen die Tarifvertragspartner am besten, welche Regelungen ihre Mitglieder übermäßig belasten. Nicht ohne Grund hat der Verfassungsgeber sie zur kollektiven Wahrnehmung der Mitgliederinteressen bestimmt. In der Regel wird der Tarifgegner auf die für seine Mitgliedschaft weniger einschneidenden Maßnahmen drängen. Die Koalitionen sind zumeist bestrebt, die Auswirkungen nachteiliger Regelungen für die eigene Mitgliedschaft so gering wie möglich zu

[560] BAG, AP Nr. 1 zu § 3 TVG Betriebsnormen
[561] Dagegen Löwisch, in: MünchArbR, Bd. 3, § 239 Rz. 64; Löwisch/Rieble, TVG, § 1 Rz. 155; Dieterich, Grundrechtsbindung, S. 117, 123, der die Annahme eines Gestaltungsspielraums für "unehrlich im Ansatz und unbefriedigend im Ergebnis" hält.
[562] BAG, NZA 2001, 41, 44; BAG, ZIP 2001, 716, 717
[563] BAG AP Nr. 10 zu § 1 TVG Tarifverträge: Bundesbahn

halten. Da die Beziehung der Tarifpartner untereinander durch Machtparität gekennzeichnet ist, sind auch beide in der Lage, ihren inhaltlichen Vorstellungen Nachdruck zu verleihen. Dies führt dazu, dass sich die Verbände im Zuge der Tarifverhandlungen zumeist von selbst auf die milderen bzw. verhältnismäßigeren Mittel einigen. Es besteht deshalb eine gewisse Vermutung dahingehend, dass sie bei den Tarifverhandlungen zu einem angemessenen Ergebnis gekommen sind.[564] Zudem darf nicht vergessen werden, dass die Mitglieder freiwillig dem Verband beigetreten sind und dieser in der Regel auch ihre Interessen stärkt. Somit müssen auch die Mitglieder ein gewisses Risiko etwaiger unverhältnismäßiger Regelungen tragen.

Vor allem aber eignet sich der Verhältnismäßigkeitsgrundsatz nur begrenzt zur Überprüfung von Tarifnormen. Der Verhältnismäßigkeitsgrundsatz ist auf das zweiseitige Verhältnis zwischen dem Staat und seinem Bürger ausgerichtet. Die Wahrnehmung von Gemeinwohlinteressen durch den Gesetzgeber und die Freiheitsbeeinträchtigung beim Bürger sind dabei zu einem Ausgleich zu bringen. Im Unterschied dazu besteht im Fall der Tarifvertragsnormen ein dreiseitiges Verhältnis. An der Normgebung sind die beiden gleichberechtigten Tarifvertragspartner mit ihren unterschiedlichen und zum Teil auch gegensätzlichen Interessen und Zielen beteiligt. Die Überprüfung der Verhältnismäßigkeit wird dadurch erschwert. Eine Bewertung hängt zu einem großen Teil von der Zielsetzung einer Norm ab. An dieser bemisst es sich, wie Geeignetheit, Erforderlichkeit und Angemessenheit zu beurteilen sind. Da die Zielrichtung einer Maßnahme nicht objektiv bestimmbar ist, ist es entscheidend, welche Interessen die Tarifpartner verfolgen. Bei unterschiedlichen Zielsetzungen kann die Bewertung einer Maßnahme deshalb variieren. Auch um dies zu vermeiden, bedarf die gesamte Verhältnismäßigkeitsprüfung der Gestaltungsspielräume.

Das Mittel der Gestaltungsspielräume ist bei der Verhältnismäßigkeitsprüfung nicht unbekannt. Auch dem parlamentarischen Gesetzgeber werden weitreichende Einschätzungs- und Beurteilungsspielräume bei der Kontrolle der Verhältnismäßigkeit eingeräumt. Bei unterschiedlichen Wertungs- und Prognosemöglichkeiten soll sichergestellt werden, dass die Entscheidung letztlich beim Gesetzgeber bleibt. So nimmt das Bundesverfassungsgericht erst dann einen Verstoß gegen die Geeignetheit und Erforderlichkeit an, wenn die Regelung offensichtlich fehlerhaft bzw. unvertretbar ist.[565] Bei der Angemessenheitsprüfung be-

---

[564] Gamillscheg, Kollektives Arbeitsrecht, S. 670; Säcker/Oetker, Grundlagen, S. 288
[565] BVerfGE 24, 367, 406; 30, 250, 263; 39, 210, 230; Sachs, GG, Art. 20 Rz. 150 ff. m. w. N. aus der Rspr.

darf es einer "deutlichen" Unangemessenheit, um einen Verstoß gegen den Verhältnismäßigkeitsgrundsatz zu bejahen.[566]

In ähnlicher Weise ist auch die Grenze des tarifvertraglichen Gestaltungsspielraums dann erreicht, wenn die Fehlerhaftigkeit einer Regelung für die Tarifpartner evident ist.[567] Genügt eine Tarifnorm ersichtlich nicht den Anforderungen der Verhältnismäßigkeit, unerheblich ob auf die Ziele und Interessen der Arbeitgeberverbände oder der Gewerkschaften abgestellt wird, und trägt die Tarifnorm damit sozusagen ihr "Unrecht auf der Stirn", kann hierdurch kein Grundrechtseingriff gerechtfertigt werden. Die tarifvertraglichen Normsetzungsbefugnisse würden ansonsten in rechtsmissbräuchlicher Weise wahrgenommen werden.[568] Auch die Tarifautonomie legitimiert kein offensichtliches Unrecht. Dies bedeutet, dass eine Tarifnorm verfassungswidrig ist, wenn der Verstoß gegen den Verhältnismäßigkeitsgrundsatz eindeutig zu erkennen ist. Solange das Ergebnis aber noch vertretbar ist, bleibt es bei der Gestaltungsfreiheit der Tarifpartner. Die Offensichtlichkeit eines Fehlers beurteilt sich hierbei aus der Sicht der Tarifpartner. Ihnen steht die Gestaltungsfreiheit zu, solange sie ihre Rechtsetzungsmacht nicht rechtsmissbräuchlich einsetzen. Der Missbrauch von Rechten beinhaltet aber ein subjektives Element. Die Missbrauchsgrenze wird in dem Augenblick überschritten, in dem es für den Handelnden offensichtlich erkennbar wird, dass er seine Rechte in unzulässiger Weise ausübt. Das gleiche gilt für die Tarifpartner. Ist es ihnen bei der Tarifnormsetzung offensichtlich erkennbar, dass die Regelung unverhältnismäßig ist, überschreiten sie die Grenze des Rechtsmissbrauchs. In die Beurteilung fließen deshalb auch das Wissen und die Kenntnisse der Tarifpartner von der Regelungsmaterie und ihren Auswirkungen für die Tarifunterworfenen ein.

Je stärker in ein Grundrecht eingegriffen wird und sich der Eingriff dem unverletzlichen Kernbereich eines Grundrechts annähert, desto wahrscheinlicher wird es, dass die Tarifpartner ihre Normsetzungsmacht in unverhältnismäßiger Weise ausgeübt haben. Jedoch kann es auch hierfür Rechtfertigungsgründe geben. Letztendlich kommt es immer auf den Einzelfall an, wann ein Fehler offensichtlich ist. So kann die Beschränkung der Meinungsfreiheit in einem Tendenzbetrieb weiter reichen als in anderen Unternehmen. Jedoch legt der Eingriff in bestimmte Grundrechte nahe, dass ein Abwägungsmangel vorliegt. In den wenigsten Fällen dürfte der Eingriff in Grundrechte mit rein personalem Charakter einer Verhältnismäßigkeitsprüfung standhalten. Die Menschenwürde (Art. 1 Abs.

---

[566] BVerfGE 44, 353, 373

[567] Säcker/Oetker, Grundlagen, S. 284 ff.; Thiele, Überprüfung, S. 1043, 1057; Beck, ArbuR 1981, 367, 373; Stark, Verfassungsfragen, S. 131; Gamillscheg, Kollektives Arbeitsrecht, S. 670; Rieble, ZTR 1993, 54, 60 f.; ähnlich Preis, Verhältnismäßigkeit, 429, 437 f.

[568] Wiedemann, RdA 1986, 231, 239 f.

1 GG), die Glaubens- und Gewissensfreiheit (Art. 4 Abs. 1 GG) und der Schutz von Ehe und Familie (Art. 6 Abs. 1 GG) haben einen so hohen Stellenwert, dass ein Eingriff zumeist unverhältnismäßig und deshalb unzulässig ist.[569] Gleichwertige Interessen aus dem Lager der Tarifvertragspartner sind nur schwer vorstellbar. Allgemein lässt sich sagen, je weiter in höchstpersönliche Rechtsgüter und in die Privatsphäre eingegriffen wird, desto unwahrscheinlicher erscheint eine im Arbeitsleben begründete Rechtfertigung.[570] Solche schwerwiegenden Eingriffe bedürfen deshalb immer einer besonderen Rechtfertigung durch gewichtige tarifvertraglich regelbare Gründe, so dass eine generelle Vermutung für deren Unwirksamkeit besteht.

Daneben spricht auch die Verletzung anerkannter tarifvertraglicher Maßstäbe für das Vorliegen eines offensichtlichen Fehlers. Als Beispiel sei hier der Grundsatz "gleicher Lohn für gleiche Arbeit" genannt. Wird im Tarifvertrag bei der Lohnhöhe zwischen verschiedenen Gruppen differenziert, ohne dass hierfür sachliche Gründe erkennbar sind, so liegt ein Grundrechtsverstoß gegen Art. 3 GG offensichtlich vor. Der Gestaltungsspielraum der Tarifvertragspartner ist hierbei überschritten. Das für die Prüfung der Verhältnismäßigkeit gefundene Ergebnis kann dabei auch in unproblematischer Weise auf den Gleichheitssatz angewandt werden. Dieser hat nach der sog. neuen Formel des Bundesverfassungsgerichts[571] über das Willkürverbot hinaus den Anforderungen der Verhältnismäßigkeit zu genügen. Eine unterschiedliche Behandlung von Personengruppen muss danach durch sachliche Gründe gerechtfertigt sein, die nach ihrer Art und ihrem Gewicht auch das Ausmaß der Differenzierung rechtfertigen können.[572] Ebenso wie bei der Verhältnismäßigkeitsprüfung verfügen die Koalitionen auch im Rahmen der Abwägung des Art. 3 GG über einen Gestaltungsspielraum bis zur Grenze eines offensichtlichen Abwägungsfehlers. Deshalb ist ein tarifvertraglicher Verstoß gegen Art. 3 GG erst in den Fällen gegeben, in denen Gründe für eine Differenzierung in evidenter Weise nicht vorliegen.[573]

---

[569] Schnorr, Kollektivmacht, S. 229, 247

[570] Singer, ZfA 1995, 611, 633

[571] BVerfGE 55, 72, 88, danach ständige Rspr.

[572] Söllner, NZA 1996, 897, 905; BVerfGE 55, 72, 88, BVerfGE 88, 87, 97; Osterloh, in: Sachs, GG, Art. 3 Rz. 13 ff.

[573] Zum Kriterium der Evidenz bei Verstößen des Gesetzgebers gegen den Gleichheitsgrundsatz: BVerfGE 55, 72, 90. Nach BAG NZA 2001, 613, 616 f. liegt bei einer tarifvertraglichen Vereinbarung über den persönlichen Geltungsbereich des Tarifvertrags ein Verstoß gegen den Gleichheitssatz erst dann vor, wenn die Grenze der Willkür überschritten ist. Dies folgert das BAG allerdings aus einer Schutzpflichtfunktion der Grundrechte und verneint dabei die unmittelbare Grundrechtsbindung von Tarifnormen.

Der Gestaltungsspielraum der Tarifpartner dürfte ebenfalls überschritten sein, wenn tarifvertragliche Abweichungen von dispositiven gesetzlichen Bestimmungen "gewisse Existenzgrenzen" unterschreiten.[574] Dagegen sind die Kernfelder tarifvertraglicher Betätigung wie Lohnhöhe und Arbeitszeitgestaltung nur in Ausnahmefällen dem tarifvertraglichen Gestaltungsspielraum entzogen.[575]

(1) Legitime Zielsetzung der Verbände

Erste Voraussetzung für die Verhältnismäßigkeit einer Regelung ist zunächst, dass mit der Regelung ein legitimes Ziel verfolgt wird. Auch wenn die Tarifpartner zuständig sind, die Arbeitsbedingungen festzulegen, müssen sie dabei bestimmte, verfassungsrechtlich legitime Ziele verfolgen, um eine Grundrechtseinschränkung zu rechtfertigen.[576] Sowohl der Staat als auch die Tarifpartner haben ihre Macht nicht zum Selbstzweck erhalten. Beide sind zur Wahrnehmung bestimmter Aufgaben verpflichtet. Für den staatlichen Gesetzgeber ergibt sich dies aus seiner Gemeinwohlbindung. Diese begrenzt auch die staatlichen Handlungsmöglichkeiten. Aus diesem Grund darf der Staat seine Hoheitsmacht nur zum Wohle der Allgemeinheit einsetzen. Legitimes Ziel einer staatlichen Grundrechtseinschränkung kann deshalb nur die Förderung des Allgemeinwohls sein. Dem Staat ist es dagegen nicht erlaubt, an Stelle dessen zugunsten von privaten Interessen zu handeln.

Anders als der Staat sind die Tarifvertragspartner nicht dem Allgemeinwohl verpflichtet. Ihnen wurde eine besondere Aufgabe vom Grundgesetz übertragen, und zu ihrer Erfüllung sind sie mit der Tarifautonomie ausgestattet worden. Nur hier hat sie der Gesetzgeber mit der Befugnis ausgestattet, in die Grundrechte ihrer Mitglieder einzugreifen. Auf die Wahrnehmung dieser grundgesetzlichen Aufgabe sind die Verbände deshalb bei der Normsetzung verpflichtet. Maßstab für die Verhältnismäßigkeit einer Einschränkung von Mitglieder-grundrechten können folglich nur diejenigen Ziele sein, die mit der grundgesetzlichen Aufgabenstellung übereinstimmen. Lediglich Rechtsgüter und Interessen, die der grundgesetzlichen Koalitionszweckgarantie unterfallen, berechtigen die Tarifvertragsparteien zu einer Einschränkung der Grundrechte.[577] Der Umfang legitimer Regelungsziele einer tarifvertraglichen Rechtsetzung muss sich deshalb

[574] BAGE 23, 460, 465; siehe auch Biedenkopf, Tarifautonomie, S. 193
[575] ähnlich Wiedemann, RdA 1986, 231, 238
[576] Waltermann, Berufsfreiheit, S. 124 ff.; daneben kommt dem Regelungsziel noch eine andere wichtige Bedeutung im Rahmen der Verhältnismäßigkeit zu. Bei der Abwägung innerhalb der Angemessenheitsprüfung sind die Bedeutung des angestrebten Ziels und die Intensität des Grundrechtseingriffs gegenüber zu stellen.
[577] Säcker/Oetker, Grundzüge, S. 275

nach dem Funktionssinn[578] des Art. 9 Abs. 3 GG und den von ihm vorgegebenen Grundsätzen richten. Durch die Koalitionsfreiheit soll die Entwicklung einer zweckmäßigen und ausgewogenen Arbeitsordnung sichergestellt werden. Die Koalitionen sind hierzu vom Grundgesetz zu Interessenvertretern ihrer Mitglieder bestimmt worden. Der im Zuge der Interessenwahrnehmung hervortretende Gegensatz zwischen den Sozialpartnern soll dabei zu einem angemessenen, allen von der Gestaltung der Arbeitsordnung Betroffenen gerecht werdenden Ergebnis führen. Diesen verfassungsrechtlichen Vorgaben müssen die Tarifpartner bei ihrer Tarifnormsetzung genügen. Einer Tarifnorm, die kein verfassungsrechtlich legitimes Ziel verfolgt, kann es dagegen nicht erlaubt sein, Grundrechte einzuschränken. Sie ist schon aus diesem Grund verfassungswidrig.

Es stellt sich dann die Frage, wie das Ziel tarifvertraglicher Normsetzung bestimmt werden kann. Zum einen besteht die Möglichkeit, objektiv zu bestimmen, welchen Zielen eine Tarifnorm dient. Dies würde jedoch die Prüfung der Geeignetheit erübrigen, da erst bei diesem Prüfungsschritt festgestellt werden soll, ob eine Maßnahme in der Lage ist, das angestrebte Ziel zu fördern. Man geht den entgegengesetzten Weg, wenn man zuerst feststellt, welchem Ziel die Maßnahme objektiv dient und erst dann die Zielrichtung festlegt. Aus diesem Grund ist es vorzuziehen, auf die von den Tarifpartnern selbst propagierte Zielbestimmung zurückzugreifen. Es muss deshalb versucht werden, die wirklichen oder mutmaßlichen Absichten, die mit einer Tarifregelung verfolgt werden, herauszufinden. Mitunter kommt es dabei vor, dass von den sozialen Gegenspielern unterschiedliche Ziele angestrebt werden. Dies liegt nur zum Teil daran, dass die Tarifpartner gegensätzlicher Meinung sind. Oft dienen Tarifnormen mehreren Zielen, die von den Tarifpartnern je nach ihren Interessen unterschiedlich gewichtet werden. So steht bei moderaten Lohnerhöhungen für den Arbeitgeberverband in erster Linie die Entlastung der Arbeitgeber von zu hohen Lohnkosten im Vordergrund. Für die Gewerkschaften ist dagegen das (Fern-) Ziel des Abbaus der Arbeitslosigkeit von herausragender Bedeutung. In diesen Fällen kann es dazu kommen, dass nicht alle Ziele der tarifvertraglichen Regelungsmacht unterfallen. Verfolgt eine Maßnahme mehrere Ziele bzw. werden von den Tarifpartnern unterschiedliche Zielsetzungen propagiert, muss es aber genügen, wenn zumindest ein Regelungsgrund im Bereich legitimer Zielsetzung liegt.[579] Alle anderen, außerhalb stehenden Gründe bleiben dann unberücksichtigt. Dagegen ist es nicht möglich, die Motive einer Seite höher zu bewerten und deshalb alleine zu berücksichtigen.[580] Die gegnerischen Verbände sind grundsätzlich gleichberechtigte Partner bei den Vertragsverhandlungen, ohne deren beidersei-

[578] Lerche, Bindung, S. 897, 907
[579] Käppler, NZA 1991, 745, 748; Rieble, ZTR 1993, 54, 60
[580] Rieble, ZTR 1993, 54, 56

tige Zustimmung ein Tarifvertrag nicht zustande kommen kann. Grundsätzlich haben deshalb die jeweils von ihnen verfolgten Ziele das gleiche Gewicht. Es ist dann ein Problem der Geeignetheit, ob das angestrebte Ziel auch wirklich gefördert wird bzw. der Angemessenheit, ob die Förderung des Ziels nicht außer Verhältnis zur Freiheitsbeschränkung steht.

Auch bei der Frage nach der Legitimität eines Regelungsziels steht den Tarifpartnern ein Gestaltungsspielraum zu.[581] Sie haben ebenso wie der parlamentarische Gesetzgeber einen Beurteilungsspielraum bei der Prognose und Einschätzung drohender Gefahren, zu deren Verhütung die Tarifpartner glauben tätig werden zu müssen, der nur dann überschritten wird, wenn die Erwägungen so offensichtlich fehlsam sind, dass sie vernünftigerweise keine Grundlage für eingreifende Maßnahmen abgeben können.[582]

Der Umfang der von den Tarifvertragspartnern verfolgbaren Ziele ergibt sich dabei aus der grundgesetzlichen Aufgabe der Tarifpartner zur Gestaltung der Arbeitsordnung unter Wahrnehmung der Interessen ihrer Mitglieder. Diese verfassungsrechtlichen Vorgaben begrenzen den Bereich des tariflich Regelbaren. In den Fällen, in denen die mit der Tarifnorm verbundenen Ziele zum Aufgabenbereich der Koalitionen gehören, handelt es sich um legitime Ziele im Sinne der Verhältnismäßigkeit. Wo die Zielsetzung über diesen Aufgabenbereich hinausgeht, sind auch die Grenzen legitimer tarifvertraglicher Zielsetzung überschritten. Eindeutig ist dies der Fall, wenn die Tarifpartner ihre Regelungsbefugnis zu unlauteren, mit ihrer verfassungsmäßigen Aufgabe nicht mehr zu vereinbarenden Zwecken einsetzen. Dies muss zum Beispiel dort gelten, wo Tarifpolitik nur dazu genutzt wird, missliebige Unternehmen durch besonders ungünstige Tarifbedingungen in eine schlechte Wettbewerbssituation zu drängen und damit abzustrafen.[583] Von einem legitimen Ziel kann auch nicht mehr gesprochen werden, wenn die tarifvertragliche Regelung gegen anerkannte Grundsätze und Wertentscheidungen der Verfassung verstößt.[584] Die Gestaltungsmacht der Tarifvertragspartner lässt sich auf das Grundgesetz zurückführen. Sie ist deshalb auch im Einklang mit dem Grundgesetz auszuüben. Andere Bereiche sind nicht derart eindeutig. So ist es umstritten, ob es zum Aufgabenbereich der Sozialpartner gehört, die Interessen der Allgemeinheit wahrzunehmen. Der genaue Umfang legitimer tarifvertraglicher Zielsetzung bedarf deshalb der weiteren Untersuchung.

---

581 Rieble, ZTR, 1993, 54, 60
582 für den parlamentarischen Gesetzgeber: BVerfGE 30, 292, 317; 77, 84, 106
583 Wiedemann, RdA 1986, 231, 238
584 Waltermann, Berufsfreiheit, S. 125

(a) Interessen der Mitgliedschaft

Zunächst einmal können sich die Tarifvertragspartner auf die Interessen ihrer Mitgliedschaft oder eines Teils der Mitgliedschaft an einer angemessenen Gestaltung der Arbeitsordnung berufen.[585] Der Verfassungsauftrag der Koalitionen lautet, die Arbeits- und Wirtschaftsbedingungen im Interesse ihrer Mitglieder zu wahren und zu fördern.[586] Sie sind ihre Interessenvertreter und deshalb auch zur Wahrnehmung dieser Interessen verfassungsrechtlich befugt. Unerheblich ist hierbei, ob die Tarifnorm die Belange der Mitglieder des Arbeitgeberverbandes oder der Gewerkschaftsmitglieder schützt. Das gesamte Tarifvertragssystem soll einen Ausgleich zwischen den Arbeitgebern und den Arbeitnehmern herstellen. Im Sinne der Parität zwischen diesen beiden Gruppen sind ihre Interessen gleichrangig zu behandeln und können unterschiedslos die Objekte tarifvertraglicher Zielsetzung sein.

Im Interesse der Mitgliedschaft der Gewerkschaften stehen zum Beispiel Regelungen zum Schutz der Gesundheit oder der Persönlichkeitsrechte der Arbeitnehmer. Vor allem zählen hierzu die Sicherung des Arbeitsplatzes durch Kündigungsbeschränkungen und die Erhöhung des Lebensstandards der Arbeitnehmer durch Lohnerhöhungen oder Alterssicherungsmaßnahmen. Auch die gerechte Verteilung der Arbeit und der dazugehörigen Vergütung zwischen den Verbandsmitgliedern durch die Gestaltung von Besetzungs- und Arbeitszeitregelungen sowie durch die Gestaltung gerechter Entlohnungssysteme und einer angemessenen Vergütungsordnung ist im Interesse der Arbeitnehmerschaft. Dem Schutz der Arbeitnehmer dienen ebenfalls Regelungen über die Mitbestimmung der Arbeitnehmerschaft im Unternehmen. Diese verhindern die einseitige Interessendurchsetzung des Arbeitgebers gegenüber den Arbeitnehmern und ermöglichen somit eine selbständige innerbetriebliche Interessenwahrnehmung.[587]
Über den individuellen Arbeitnehmerschutz hinaus geht der Schutz eines bestimmten Berufsstandes vor Konkurrenz. Die Interessen der mit der Koalition mitgliedschaftlich verbundenen Angehörigen eines Berufsstandes geben den Verbänden die Möglichkeit, zum Schutz vor Konkurrenz tätig zu werden.[588] Da jedoch auch diese Maßnahmen an ihrer Verhältnismäßigkeit zu messen sind, sind sie nur in Einzelfällen rechtmäßig.

Als Beispiele für im Interesse der Arbeitgeber stehende Regelungsziele seien hier Nebentätigkeits- und Wettbewerbsverbote zum Erhalt der Arbeitskraft des Arbeitnehmers bzw. als Schutz vor Konkurrenz genannt. Das Interesse der Ar-

---

585 Rieble, ZTR 1993, 54, 60
586 BVerfGE 44, 322, 344
587 Säcker/Oetker, Grundlagen, S. 276
588 Säcker/Oetker, Grundlagen, S. 282

beitgeber ist dabei grundsätzlich auf die Wirtschaftlichkeit des Unternehmens gerichtet. Aus diesem Grund gehören zu den legitimen Zielen auch Maßnahmen, die die Stellung der Unternehmen im Wettbewerb verbessern wie z.B. Beschränkungen oder Erweiterungen der Ladenöffnungszeiten[589], die Entscheidung über betriebsbedingte Kündigungen oder Befristungen, die Regelung des betrieblichen Arbeitsablaufs zur Steigerung der Produktivität, die Senkung der Lohnkosten sowie bestimmte Anforderungen an die Arbeitsleistung. In diesem Zusammenhang steht auch der Schutz materieller und immaterieller Güter (wie zum Beispiel der Kundenstamm oder Betriebsgeheimnisse) des Unternehmens. Als legitime Ziele aus dem Lager der Arbeitgeber kommen aber nur Maßnahmen in Frage, die auch die Stellung als Arbeitgeber betreffen. Das unternehmerische Interesse ist hier entscheidend. Rein persönliche Interessen der Arbeitgeberschaft an einer Regelung genügen dagegen nicht.

Damit umfasst der Bereich legitimer tarifvertraglicher Regelungsziele Schutz-, Verteilungs- und auch Ordnungsaufgaben.[590]

Neben der Wahrnehmung unmittelbarer Mitgliederinteressen beinhaltet die tarifvertragliche Regelungsbefugnis aber auch ein verbandspolitisches Mandat, welches die Koalitionen zur Stärkung des eigenen Verbandes wahrnehmen dürfen.[591] Zwar besteht der Verband nicht zum Selbstzweck, jedoch liegt es auch im Interesse der Mitgliedschaft, einen starken Verband zu erhalten, der ihre Positionen machtvoll gegenüber dem sozialen Gegenspieler vertreten kann. Aus diesem Grund haben die Koalitionen auch die Befugnis, Regelungen zu treffen, die im Interesse der Mitglieder die Stellung des eigenen Verbandes verbessern. Hiervon umfasst ist auch der Bereich der Beschäftigungspolitik.[592] Maßnahmen der Beschäftigungsförderung führen zu einer positiven Entwicklung der Mitgliederzahlen und dienen damit auch der Stärkung der Gewerkschaften. Da sich ihre Mitgliedschaft aus der in einem Beschäftigungsverhältnis stehenden Arbeitnehmerschaft rekrutiert, wirken sich hohe Arbeitslosenzahlen indirekt auch auf die Zahl der Mitglieder aus. Arbeitsplatzsuchende sind nur dann potentielle Mitglieder der Gewerkschaften, wenn es ihnen überhaupt möglich ist, irgendwann einen Arbeitsplatz zu finden. Gehen die Beschäftigungszahlen zurück und fühlen sich die Arbeitssuchenden durch die Gewerkschaften nicht repräsentiert, bleiben sie

---

589 a.A. Rieble, ZTR 1993, 54, 60

590 Wiedemann, RdA 1997, 297, 300

591 Kempen/Zachert, TVG, Grdl. Rz. 190; BAG, NZA 2001, 613, 617; BAG 25.10.2000 - 4 AZR 438/99

592 Däubler, DB 1989, 2534, 2535 f.; Käppler, NZA 1991, 745, 748, Richardi, ZfA 1990, 211, 218 f.; Kempen/Zachert, TVG, Grdl. Rz. 190; a.A. Zöllner, DB 1989, 2121 ff.; Bengelsdorf, ZfA 1990, 563, 570 f, Loritz, ZfA 1990, 133, 163 f.; Gitter/Boerner, RdA 1990, 129, 134; Hromadka, DB 1992, 1042, 1043

den Gewerkschaften fern. Als Folge davon gehen die Mitgliederzahlen zurück. Dieser Zusammenhang betrifft vor allem auch den Bereich der Ausbildungsplatzsuchenden, die in der Mehrzahl noch nicht gewerkschaftlich organisiert sind. Wenn sie keinen Ausbildungsplatz bekommen, sind sie für die Gewerkschaften als zukünftige Mitglieder verloren. Einem durch die Arbeitslosigkeit verursachten Mitgliederschwund können die Gewerkschaften nur begegnen, wenn sie in der Lage sind, auch die Interessen der Arbeitsplatzsuchenden zu vertreten.
Daneben betrifft die Verhinderung bzw. Beseitigung der Arbeitslosigkeit unmittelbar auch die Gewerkschaftsmitglieder selbst.[593] Diese haben ein Interesse daran, Rationalisierung und Arbeitsplatzabbau zu verhindern. Aus der Verbesserung der Beschäftigungslage ziehen nämlich nicht nur die Arbeitslosen, sondern auch die tarifgebundenen Beschäftigten einen Vorteil. Auch diese haben ein Interesse an der Erreichung eines möglichst hohen Beschäftigungsgrades, weil dadurch ihre Arbeitsplätze sicherer werden und ihre Position gegenüber der Arbeitgeberseite gestärkt wird.[594] Die weitere Ausgestaltung der Arbeitsverhältnisse durch Tarifvertragsregelungen setzt zunächst einmal voraus, dass überhaupt Arbeit vorhanden ist. Der Schutz vor dem Arbeitsplatzabbau und der damit verbundene Erhalt der wirtschaftlichen Lebensgrundlage steht deshalb im primären Interesse der Gewerkschaften und ihrer Mitglieder.[595] Dass theoretisch auch den beschäftigungspolitisch motivierten Maßnahmen entgegengesetzte Tarifregelungen im Interesse der Arbeitnehmer stehen können (z.B. höherer Lohn), ist hierbei unerheblich. Die Tarifpartner müssen ähnlich wie der Gesetzgeber befugt sein zu entscheiden, auf welche Weise sie den Interessen ihrer Mitglieder am besten nachkommen und welchen der unterschiedlichen Mitgliederinteressen der Vorzug gegeben wird.[596] Insoweit haben sie einen Entscheidungsspielraum bei der Bestimmung der tarifvertraglichen Regelungsziele.

(b) Interessen der Außenseiter

Daneben sind Tarifpartner auch den anderen verantwortlich, die ihrer Normsetzungsmacht unterliegen. Dies sind für den Bereich der betrieblichen und betriebsverfassungsrechtlichen Fragen gem. § 3 Abs. 2 TVG alle Arbeitnehmer eines Betriebes, deren Arbeitgeber tarifgebunden ist. Die Rechtsetzung gegenüber den sogenannten Außenseitern ist dabei von der verfassungsrechtlich garantierten Tarifautonomie umfasst. Das Verfassungsgeber hat den Koalitionen

[593] Säcker/Oetker, Grundlagen, S. 277
[594] Waltermann, NZA 1991, 754, 759
[595] Zudem dürften beschäftigungsfördernde Maßnahmen, die zugleich zu einer Entlastung der Unternehmen führen, auch im Interesse der Mitglieder des Arbeitgeberverbandes sein.
[596] Däubler, DB 1989, 2534, 2535

damit Gestaltungsmacht auch über ihre Grundrechte verliehen. Insoweit wurde zugleich auch eine Entscheidung darüber getroffen, dass für den Bereich der Betriebsnormen die Gewerkschaften die Interessenvertreter der gesamten Belegschaft sind. An die Stelle der Gemeinschaftsgüter müssen deshalb die Belange aller Norm-unterworfenen treten und nicht nur die der Mitglieder.[597] Es wäre widersprüchlich, wenn die Außenseiter der Normgebung der Tarifpartner unterliegen würden, aber andererseits die Verbände die Interessen der Außenseiter nicht wahrnehmen dürften. Die Grundrechte der Außenseiter werden in diesen Fällen genauso beeinträchtigt wie die Grundrechte der Verbandsmitglieder, sogar ohne dass die Außenseiter Einfluss auf die Verbandsentscheidungen nehmen können. Der Grundrechtsschutz gebietet es daher, dass auch die Interessen der Außenseiter Berücksichtigung bei der Tarifnormsetzung finden.

Dies gilt aber nur für den Bereich, für den die Außenseiter der Tarifnormsetzung unterliegen. Hier sind auch die Außenseiter schutzbedürftig, da sie der unmittelbaren Wirkung der Tarifnormen unterliegen. Dagegen ist unerheblich, dass die meisten Tarifvertragsregelungen über die arbeitsvertragliche Bezugnahme auch Anwendung auf Nichtmitglieder finden. Dies ist keine Folge der Rechtsetzungsmacht der Koalitionen, sondern die Folge rein privatrechtlicher Vertragsgestaltung, die nicht in den Verantwortungsbereich der Tarifverbände fällt. Nur für den Bereich der Betriebsnormen haben die Koalitionen deshalb eine besondere Verantwortung für die Außenseiter. Den Gewerkschaften obliegt dagegen nicht die Interessenvertretung der gesamten Arbeitnehmerschaft. Auch wenn sich die Gewerkschaften gerne in der Rolle der gesellschaftlichen Vertretung aller Arbeitnehmer sehen, bleiben sie für den Bereich der Tarifnormen vom Verfassungsgeber bestimmte Interessenvertreter ihrer Mitglieder. Der Gesetzgeber hat es gerade unterlassen, die normative Wirkung von Tarifverträgen grundsätzlich auch auf Außenseiter zu erstrecken, und hat damit etwaigen Kollektivierungstendenzen widerstanden.[598] Nur für die Betriebsnormen hat er eine notwendige Ausnahme gemacht.

(c) Interessen der Allgemeinheit

Obwohl man zu dem Ergebnis gelangt ist, dass die Tarifvertragspartner nicht an das Gemeinwohl gebunden sind, besteht weiterhin die Frage, ob sie nicht trotzdem die Interessen der Allgemeinheit wahrnehmen und zu diesem Zweck Tarifnormen zur Geltung bringen dürfen. Zum Teil wird ein solches allgemeines gesellschaftliches Mandat bejaht.[599] Begrenzt man aber die tarifvertragliche Rege-

[597] Löwisch/Rieble, TVG, § 1 Rz. 163; Däubler, Tarifvertragsrecht, Rz. 420 a
[598] Picker, Tarifautonomie, S. 40
[599] Zachert, ArbuR 1995, 1; eingeschränkt Gitter/Boerner, RdA 1990, 129, 134

lungsbefugnis auf den verfassungsrechtlichen Aufgabenbereich, so wird deutlich, dass die Berücksichtigung anderweitiger Gesichtspunkte gegen die verfassungsrechtlich zugewiesene Rolle als Interessenvertreter der Mitgliedschaft verstoßen würde. Die Koalitionen repräsentieren keine Gemeinschaftsinteressen, sondern ausschließlich die Interessen ihrer Mitglieder.[600] Die Wahrnehmung von Gemeinschaftsinteressen muss dem Staat überlassen bleiben. Die Tarifpartner sind dagegen keine Hüter des Gemeinwohls und sollen dies auch nicht sein. Insoweit hat ihnen das Grundgesetz gerade eine andere Aufgabe übertragen. Tarifvertragsnormen müssen in erster Linie der sinnvollen Ordnung der Interessen der einzelnen Arbeitsvertragspartner, die sich in der Koalition zusammengeschlossen haben, dienen.[601] Koalitionstätigkeiten, die nicht darauf gerichtet sind, die Mitgliederinteressen zu wahren, sind der tarifvertraglichen Regelungsbefugnis entzogen.[602] Die Tarifvertragspartner haben deshalb kein allgemeinpolitisches Mandat. Sie dürfen das Gemeinwohl ebenso wenig zur Rechtfertigung für Grundrechtseingriffe heranziehen, wie sie auch nicht zur Verfolgung von öffentlichen Interessen verpflichtet sind.[603] Aus der Tarifautonomie folgt ausschließlich eine Verpflichtung gegenüber der Mitgliedschaft, ihre Interessen wahrzunehmen. Dieser Verpflichtung würde es widersprechen, wenn die Grundrechte der Mitglieder zugunsten allgemeiner Interessen eingeschränkt werden.[604] Die Wahrnehmung von Gemeinwohlinteressen steht in keinem Zusammenhang zur Verbandsmitgliedschaft. Wo aus Gründen des Allgemeinwohls, zum Beispiel wegen des Schutzes der Bevölkerung vor Gefahren, bestimmte Maßnahmen erforderlich werden, sind dazu nicht die Tarifpartner berufen, sondern der staatliche Gesetzgeber, der seiner ureigenen Aufgabe nachkommen muss.

Hierbei muss auch berücksichtigt werden, dass sich die Mitglieder erst durch ihren freiwilligen Beitritt unter die Rechtsetzungsmacht der Verbände begeben haben und damit die Voraussetzung für weitreichende Grundrechtseinschränkungen schufen. Da andernfalls die Rechtsetzung der Verbände folgenlos für ihn bleiben würde, müssen seine Beitrittsgründe auch Berücksichtigung bei der Konkretisierung der Abwägungsziele finden. Der Verbandsbeitritt geschieht in

[600] Söllner, NZA 1996, 897, 906
[601] Zöllner, DB 1989, 2121, 2121
[602] Rüthers, Tarifmacht, S. 16
[603] Rieble, ZTR 1993, 54, 60
[604] Ähnlich Rieble in ZfA 2000, 5, 19 ff., der in der Absicht, die Koalitionstätigkeit von den Mitgliederinteressen zu lösen und insbesondere den Gewerkschaften das Recht auf "soziale Vormundschaft" einzuräumen, einen Widerspruch zum Zweck der Koalitionsfreiheit sieht. Diese diene nicht dem Kollektiv und dessen "überindividuellen" Zielen, sondern den ökonomischen Interessen der Mitgliedschaft an einer angemessenen Verwertung der Arbeitskraft auf Arbeitnehmerseite wie an unternehmensverträglichen Arbeitsbedingungen auf Arbeitgeberseite.

der stillschweigenden Erwartung, dass der Verband die Interessen seiner Mitglieder wahrnimmt und dass dadurch die eigene Rechtsposition gestärkt wird. Dagegen spielt beim Verbandsbeitritt das Wohl der Allgemeinheit grundsätzlich keine Rolle. Zwar müssen die Mitglieder neben der Stärkung der eigenen Rechte auch etwaige Nachteile in Kauf nehmen, die aus der kollektiven Vereinbarung der Arbeitsbedingungen entstehen. Die Verbandsmitglieder können aber nicht verpflichtet sein, darüber hinaus auch die Lasten der Allgemeinheit zu tragen. Aus diesem Grund dürfen zum Beispiel umweltpolitische oder allgemeine wirtschaftspolitische Erwägungen nicht von den Verbänden wahrgenommen werden.

Zum Teil können sich aber die Interessen der Allgemeinheit mit den Interessen der Mitgliedschaft decken. Regelungsziele, die bei staatlicher Normierung durch das Gemeinwohl gerechtfertigt wären, können zugleich Bestandteil des tarifvertraglichen Regelungsbereichs sein.[605] So liegt es auch im Interesse der Unternehmen, dass eine gewisse Qualität der Waren oder Dienstleistungen gewahrt bleibt, um ihre Produkte besser verkaufen zu können bzw. vor Schadensersatzforderungen bewahrt zu bleiben. Hieraus rechtfertigt sich beispielsweise eine Altersbeschränkung für Piloten, da hier das Interesse des Arbeitgebers am Schutz der Passagiere und des Flugzeugs überragend wichtig ist.[606] Solche Maßnahmen ließen sich aber ebenfalls mit dem Schutz der Bevölkerung vor fehlerhaften Produkten bzw. Dienstleistungen und den daraus entstehenden Gefahren rechtfertigen.

Wegen des fehlenden allgemeinpolitischen Mandats der Tarifvertragspartner liegt ein legitimes Regelungsziel im Sinne der Verhältnismäßigkeit nur dann vor, wenn es den Interessen der Normunterworfenen dient. Dies umfasst die Interessen der Verbandsmitglieder, einschließlich eines verbandspolitischen Mandats, und die Interessen der Außenseiter für den Bereich der Betriebsnormen. Hierbei steht den Tarifpartnern ein Gestaltungsspielraum zu. Ob das verfolgte Ziel wirklich den Interessen der Mitgliedschaft oder den Außenseitern als den Regelungsadressaten dient, muss den Koalitionen als den maßgeblichen, auch von ihren Mitgliedern hierzu bestimmten Interessenvertretern überlassen bleiben. Erst wenn dies offensichtlich nicht der Fall ist, wird der Bereich legitimer tarifvertraglicher Zielsetzung verlassen.

---

[605] Säcker/Oetker, Grundlagen, S. 275

[606] Löwisch/Rieble, TVG, § 1 Rz. 167; nach dem BAG (NZA 1998, 715, 715) gehört es zu dem ureigensten Interesse eines Luftfahrtunternehmens, Leben und Gesundheit des Flugpersonals und seiner Kunden zu schützen.

(d) Gemeinwohlschädlichkeit als Grenze tarifautonomer Gestaltungsmöglichkeiten

Von einem legitimen Ziel im Sinne der Verhältnismäßigkeit kann aber auch dann nicht mehr gesprochen werden, wenn das verfolgte Ziel dem Gemeinwohl entgegensteht. Zwar sind die Tarifpartner grundsätzlich nicht an das Gemeinwohl gebunden und nur zur Wahrnehmung von Gruppeninteressen verpflichtet. Die Grenze einer solchen Interessenwahrnehmung ist jedoch dort erreicht, wo das Gemeinwohl geschädigt wird und der Schaden für das Gemeinwohl außer Verhältnis zum angestrebten Ziel steht.

Zunächst ist festzustellen, dass ein Unterschied zwischen der Förderung des Allgemeinwohls, zu der die Tarifpartner nicht verpflichtet sind, und einem gemeinwohlschädlichen Handeln besteht. Nicht jede Wahrnehmung von Gruppeninteressen widerspricht dem Gemeinwohl. Es gibt keinen generellen Gegensatz zwischen Gemeinwohl und Interessenvertretung.[607] Neben Regelungen, die zugleich im Interesse der Allgemeinheit stehen, gibt es auch Maßnahmen, die sich dem Gemeinwohl gegenüber neutral verhalten. Diese fördern zwar das Gemeinwohl nicht, haben aber auch keine nachteiligen Auswirkungen auf das Gemeinwohl, da ihre Wirkung auf einen engen Kreis von Normunterworfenen begrenzt ist. Sollte jedoch die Normsetzungsmacht der Tarifpartner zum Schaden der Allgemeinheit eingesetzt werden, überschreitet dies die Grenze der tarifautonomen Gestaltungsmöglichkeiten. Die Koalitionen haben ihre Rechtsetzungsmacht durch den Staat verliehen bekommen. Es würde den Grundsätzen eines demokratischen Rechtsstaates widersprechen, wenn der Gesetzgeber private Interessenvertreter mit Normsetzungsmacht ausstattet und diese ihre Macht zur Durchsetzung eigener Interessen wahrnehmen könnten, ohne dass Rücksicht auf die Belange der Allgemeinheit genommen werden muss.[608] In einem Rechtsstaat sind Rechtsetzungsbefugnisse ausschließlich Teil der staatlichen Gewalt. In einer Demokratie liegt aber der Ursprung aller Staatsgewalt beim Staatsvolk, wie es in Art. 20 Abs. 2 GG ausdrücklich geregelt wurde. Die Bindung an das Gemeinwohl soll dabei sicherstellen, dass die vom Volk ausgehende Macht auch im Sinne dieser Gemeinschaft ausgeübt wird als eine Art treuhänderischer Dienst.[609] Staatliche Macht, die entgegen dem Wohl der Allgemeinheit eingesetzt wird, würde sich gegen ihren eigenen Ursprung wenden. Ein solcher Missbrauch ist weder vom Staat selbst noch von Delegaten staatlicher Macht hinnehmbar. Aus diesem Grund muss auch die Übertragung von Normsetzungsmacht auf die Tarifpartner unter dem Vorbehalt stehen, dass sie nicht zum Nachteil der Allgemeinheit eingesetzt wird.

---

[607] Rüfner, RdA 1985, 193, 195 Fn. 21

[608] Wiedemann, TVG, Einl. Rz. 348 unter Hinweis auf den "sozialen Rechtsstaat"

[609] Isensee, in: Isensee/Kirchhof, Handbuch des Staatsrechts, Bd. III, § 57 Rz. 8 f.

Auch aus einem anderen Gesichtspunkt kann auf den Ausschluss gemeinwohlschädlicher Handlungen nicht verzichtet werden. Zwar ist es Aufgabe der Tarifvertragspartner, die Interessen der Tarifunterworfenen zu wahren. Insgesamt gesehen und mittelbar wird durch die Tarifpartner aber auch eine im öffentlichen Interesse liegende Aufgabe wahrgenommen.[610] Die Tarifautonomie hat ihren Grund nicht allein im Prinzip der autonomen Interessenverfolgung um seiner selbst willen.[611] Das Arbeitsleben nimmt einen zentralen Bereich im Leben jedes Bürgers ein, so dass dessen Ausgestaltung im Interesse der gesamten Gesellschaft liegt. Wenn den Tarifpartnern vom Grundgesetz die sinnvolle Ordnung des Arbeitslebens übertragen wurde, geschah dies vor allem zum Wohle der Allgemeinheit.[612] Der an die Tarifpartner gerichtete Verfassungsauftrag und die damit verbundene Gestaltungsfreiheit weisen deshalb einen Bezug zum Gemeinwohl auf. Diesem hinter der unmittelbaren Wahrnehmung von Gruppeninteressen stehenden grundgesetzlichen Ziel würde es widersprechen, wenn die Tarifpartner ohne jegliche Einschränkung gegen das allgemeine Wohl handeln dürften. Es lässt sich deshalb sagen, dass die Tarifpartner zwar nicht zur Förderung des Gemeinwohls, wohl aber zu dessen Beachtung verpflichtet sind. Das Gemeinwohl ist somit nicht das Ziel der Tarifautonomie; in seiner Nichtbeachtung findet sich jedoch die Grenze tarifautonomen Handelns.[613]

Andererseits darf nicht vergessen werden, dass die Verfassung die Tarifpartner zu autonomen Interessenvertretern der Arbeitsvertragsparteien bestimmt hat. Die Tarifnormsetzung befindet sich deshalb in einem "Spannungsfeld von Gemeinwohlerfordernissen und kollektiver Interessenwahrung"[614]. Die Rechtskontrolle durch die Gerichte darf nicht dazu führen, dass die soziale Selbstbestimmung der Koalitionen gefährdet ist und ihnen die freie Entscheidung und Mittelwahl bei der Wahrung und Förderung der Arbeits- und Wirtschaftsbedingungen genommen wird.[615] Es reicht deshalb nicht aus, dass dem Gemeinwohl irgendein Schaden droht. Geringe Nachteile hat die Allgemeinheit hinzunehmen. Dies ist bei der Wahrnehmung von Gruppeninteressen unvermeidbar. Die Tarifmacht endet

---

[610] BVerfGE 44, 322, 340

[611] Badura, RdA 1999, 8, 12

[612] Badura, AöR 104 (1979), 246, 254; Müller, ArbRGgw. 17 (1979), 19, 24

[613] Wiedemann, TVG, Einl. Rz. 349; auch das BVerfG verpflichtet die Gewerkschaften "angesichts der Bedeutung ihrer Tätigkeit für die gesamte Wirtschaft und ihres (auch geistigen) Einflusses auf weite Bereiche des öffentlichen Lebens bei allen ihren Aktivitäten" zur Berücksichtigung des Gemeinwohls (BVerfGE 38, 281, 307).

[614] Badura, AöR 104 (1979), 246

[615] Badura, AöR 104 (1979), 246, 255 f.

erst dort, wo sie die Grenze des Rechtsmissbrauchs überschreitet, indem der angerichtete Schaden außer Verhältnis zum verfolgten Ziel steht.[616]

Letztendlich kann nur schwer beurteilt werden, wann eine Regelung ein solches Maß an Gemeinwohlschädlichkeit erreicht. Es gibt viele unterschiedliche Faktoren, die die Wirkung einer Tarifnorm für die Allgemeinheit beeinflussen können. Oftmals wird dies erst im weiteren Verlauf deutlich werden. Die Tarifpartner dürfen aber nicht gehindert sein, neue Konzepte für die Arbeitsordnung zu entwickeln. Zudem hängt die Beurteilung, wann eine unverhältnismäßige Gemeinwohlschädigung vorliegt, auch vom Standpunkt des Beobachters ab. Um zu vermeiden, dass die Wirksamkeit von Tarifnormen allein vom Ermessen der Gerichte abhängt, ist den Tarifpartnern auch hier ein Gestaltungsspielraum zuzugestehen. Die Unzulässigkeit tariflicher Normen darf nicht dem Ermessen der Gerichte überlassen bleiben, da dies gegen die Tarifautonomie verstoßen würde. Um die Tarifautonomie nicht durch die Rechtskontrolle der Gerichte zu gefährden, bedarf es auch hier der Evidenz der unverhältnismäßigen Gemeinwohlschädlichkeit. Das Gemeinwohl darf nicht offensichtlich verletzt werden.[617] Erst dann ist die Grenze tarifvertraglicher Gestaltungsbefugnis erreicht.

(2) Geeignetheit und Erforderlichkeit

Als weitere Voraussetzung für die Verhältnismäßigkeit muss das eingesetzte Mittel geeignet und erforderlich sein, um den erstrebten Zweck zu erreichen. Ein Mittel ist geeignet, wenn mit seiner Hilfe der gewünschte Erfolg gefördert werden kann; es ist erforderlich, wenn der Normgeber nicht ein anderes, gleich wirksames aber das Grundrecht nicht oder doch weniger fühlbar einschränkendes Mittel hätte wählen können.[618] Auch hinsichtlich der Geeignetheit und Erforderlichkeit steht den Tarifvertragspartnern ein Einschätzungs- und Beurteilungsspielraum zu. Dieser ist erst überschritten bei evidenter Uneignung oder eindeutig fehlender Erforderlichkeit. Es entspricht der in der Tarifautonomie zum Ausdruck gekommenen Überzeugung des Verfassungsgebers von der Sachkenntnis der Tarifvertragspartner, wenn ihnen ein "Vertrauensvorsprung bei der oft schwierigen Beurteilung des komplexen empirischen Zusammenhangs zwischen dem Zustand, der durch den Eingriff geschaffen wird, und dem Zustand, in dem

---

[616] BAG AP Nr. 43 zu Art. 9 GG Arbeitskampf; Scholz, in: Maunz/Dürig, GG, Bd. I, Art. 9 Rz. 274; ders, Koalitionsfreiheit, S. 326; Galperin, Rechtsetzung, S.143, 160; Wiedemann, TVG, Einl. Rz. 352

[617] BAG AP Nr. 43 zu Art. 9 GG Arbeitskampf; Müller, ArbRGgw. 17 (1979), 19, 26; Rüfner, RdA 1995, 193, 198

[618] BVerfGE 30, 292, 316

der Zweck erreicht ist" zugestanden wird.[619] Als Beispiel mögen hier Maßnahmen zur Beschäftigungspolitik dienen. Wegen der komplexen gesamtwirtschaftlichen Zusammenhänge ist es nur schwer möglich, genaue Prognosen aufzustellen. Es ist höchst umstritten, ob sich die Verkürzung der Lebensarbeitszeit oder eine Verringerung der Wochenarbeitszeit positiv auf den Arbeitsmarkt auswirken.[620] Solange die Maßnahmen jedoch nicht offensichtlich ungeeignet sind, verbleibt die Entscheidung bei den Tarifvertragspartnern.

Im Rahmen der Erforderlichkeit ist zu überlegen, ob nicht flexible Regelungen, die die Geltung von Tarifvertragsnormen in die Wahl einer oder beider Arbeitsvertragsparteien stellen, grundsätzlich eine mildere Maßnahme im Sinne der Erforderlichkeit darstellen, wenn man sie mit tarifvertraglichen Geboten oder Verboten vergleicht. Es fehlt aber an der vergleichbaren Wirksamkeit einer solchen Wahlmöglichkeit, wenn die tarifvertraglichen Regelungen nicht nur im Interesse der Betroffenen selbst stehen, sondern auch im Interesse Dritter oder wenn es für die Erreichung eines bestimmten Ziels wichtig ist, dass die Tarifregelung umfassend auf alle Tarifgebundenen angewendet wird. Dies ist zum Beispiel der Fall bei einer Verkürzung der Arbeitszeit aus beschäftigungspolitischen Gründen. Hier kann die Geltung nicht den Arbeitsvertragsparteien überlassen bleiben, da ansonsten die beschäftigungspolitische Effektivität gefährdet wäre. In bestimmten Bereichen, in denen ein Arbeitnehmer die Folgen seines Handelns nur schwer überblicken kann, kann es auch erforderlich sein, den Einzelnen vor sich selbst zu schützen. Eine tarifvertragliche Wahlfreiheit darf den Arbeitnehmerschutz nicht entwerten.[621]

Ein Bewertungsproblem kann in den Bereichen entstehen, in denen ein sehr allgemein gehaltenes Ziel durch eine Vielzahl von Maßnahmen verfolgt werden kann bzw. verfolgt wird, die unterschiedliche Rechtspositionen verschiedener Rechtsträger berühren. Die Beurteilung der Eingriffsintensität richtet sich dann nach dem Maß der jeweiligen individuellen Betroffenheit. Wird ein komplexes Ziel mit vielfältigen Mitteln verfolgt, ist eine Maßnahme nicht schon deshalb ungeeignet, weil die Betroffenen anderenorts größere Einsparpotentiale sehen, und nicht deshalb als nicht erforderlich anzusehen, weil es andere Mittel gibt, die andere Personen weniger belasten würden.[622]

---

[619] Für den parlamentarischen Gesetzgeber: Pieroth/Schlink, Grundrechte, Rz. 282
[620] Zöllner, DB 1989, 2121, 2123 m.w.N.
[621] Löwisch, TVG, § 4 Rz. 209 zum Günstigkeitsprinzip
[622] für den staatlichen Gesetzgeber: BVerfG, NJW 2001, 1779, 1779 f.

(3) Angemessenheit

Bei der Angemessenheitsprüfung muss festgestellt werden, in welchem Verhältnis die Beeinträchtigung des Grundrechts durch das angewendete Mittel zum angestrebten Ziel steht. Dabei werden die Wertigkeit des beeinträchtigten Rechts und die Intensität des Eingriffs mit der Wertigkeit des Rechtsguts, welches durch die Maßnahme gefördert werden soll, und die Eignung zur Förderung verglichen. Bei staatlichen Grundrechtseingriffen ist der Maßstab für die Beurteilung der Wichtigkeit des angestrebten Ziels das Gemeinwohl. Da für die Tarifvertragspartner keine Gemeinwohlbindung besteht, müssen sich die Tarifvertragsnormen an den Interessen der Tarifunterworfenen messen lassen. Je intensiver der Eingriff in die Grundrechte wirkt, desto gewichtiger müssen diese sein. Dagegen bleiben bei der Abwägung andere Belange, die nicht zu den legitimen Regelungszielen tarifvertraglicher Rechtsetzung gehören, unberücksichtigt. Eine Tarifnorm kann deshalb nicht allein aufgrund etwaiger Interessen der Allgemeinheit an ihr angemessen sein.[623] Liegen keine überwiegenden Interessen der Normunterworfenen vor, bleibt sie weiterhin unangemessen.

Bei der Gesamtabwägung zwischen der Schwere des Eingriffs und dem Gewicht und der Dringlichkeit der ihn rechtfertigenden Gründe muss die Grenze der Zumutbarkeit noch gewahrt sein.[624] Dies kann auch dadurch erreicht werden, dass bei grundsätzlich schwerwiegenden Eingriffen Ausgleichsregelungen geschaffen werden, die die Folgen für die Grundrechtsinhaber abmildern.

Auch bei der Angemessenheitsprüfung ist ein tarifvertraglicher Gestaltungsspielraum zu beachten. Die Gewichtung der unter-schiedlichen Interessen muss ihnen überlassen bleiben. Dies bedeutet, dass eine Maßnahme erst dann unangemessen ist, wenn "die von den Tarifvertragsparteien vorgenommene Abwägung der Rechtsgüter und Interessen evident im Widerspruch zu ihrer objektiven Wertigkeit steht".[625] Solange die Tarifnorm noch in einem vertretbaren Verhältnis zu dem verfolgten Zweck steht, bleibt sie bestehen.[626]

g) Sonstige verfassungsrechtliche Anforderungen

Darüber hinaus unterliegt die Normgebung durch die Tarifvertragspartner grundsätzlich den gleichen verfassungsrechtlichen Anforderungen wie die staatliche Gesetzgebung. Gerade aus den Staatsprinzipien des Art. 20 GG, insbesondere

[623] für eine Berücksichtigung von "Gesamtinteressen" bei der Abwägung: BAG 25.10.2000 - 4 AZR 438/99

[624] BVerfGE 30, 292, 316; 61, 291, 316; 68, 193, 219

[625] Säcker/Oetker, Grundlagen, S. 288 f.

[626] BAG AP Nr. 1 zu § 3 TVG Betriebsnormen

dem Rechtsstaatsprinzip, folgen weitere Einschränkungen für die Normgebung, die sowohl für den staatlichen Gesetzgeber als auch für die Tarifpartner gelten müssen, da die Situation der Normunterworfenen insoweit vergleichbar ist.

So müssen die Tarifpartner das aus dem Rechtsstaatsprinzip folgende Bestimmtheitsgebot wahren.[627] Es ergeben sich hier keine Besonderheiten aus der Tarifautonomie. Bei Tarifnormen und staatlichen Gesetzen besteht grundsätzlich das gleiche Bedürfnis nach Berechenbarkeit.[628] Normen müssen hinreichend klar gefasst sein, damit die Rechtslage für den Normunterworfenen vorhersehbar wird.[629] Ebenso wie der staatliche Gesetzgeber sind die Tarifpartner aber auch zur Verwendung von unbestimmten Rechtsbegriffen befugt.[630] Die Regelungen sind dabei aber "so bestimmt zu fassen, wie dies nach der Eigenart der zu ordnenden Lebenssachverhalte und mit Rücksicht auf den Normzweck möglich ist".[631] Die Tarifpartner müssen dabei den Umfang der Norm so hinreichend genug konkretisieren, dass einem Gericht die Möglichkeit gegeben ist, die Einhaltung der vorgegebenen Grenzen zu überprüfen.[632] Die Regelung muss insofern als "eigene" erkennbar bleiben.[633]

Aus dem Rechtsstaatsprinzip folgt unter anderem auch eine Begrenzung der Rückwirkung von Tarifnormen.[634] Die Normunterworfenen sollen auf den Bestand einer gesetzlichen Regelung vertrauen dürfen. Dies gilt gleichermaßen für den staatlichen Gesetzgeber wie für die Tarifpartner.[635] Eine Rückwirkung ist zwar dort unproblematisch, wo Normen lediglich begünstigend wirken. Da bei

---

627 Däubler, Tarifvertragsrecht, Rz. 406; Löwisch/Rieble, TVG, § 1 Rz. 203; Wiedemann, Normsetzung, S. 661, 664 f.; ders., TVG, Einl. 341, § 1 Rz. 194; Baumann, RdA 1987, 270, 274 f.; BAG AP Nr. 11 zu § 615 Kurzarbeit; AP Nr. 115 zu §§ 22, 23 BAT 1975

628 Baumann, RdA 1987, 270, 274; Wiedemann, Normsetzung, S. 661, 664 f.; ders., TVG, § 1 Rz. 194

629 Herzog, in: Maunz/Dürig, GG, Bd. II, Art. 20 Rz. 63; BVerfGE 8, 274, 325; 9, 137, 147; 56, 1, 12

630 BAG AP Nr. 115 zu §§ 22, 23 BAT 1975; für die staatliche Gesetzgebung: BVerfGE 49, 168, 181; Herzog, in: Maunz/Dürig, GG, Bd. II, Art. 20 Rz. 63;

631 BVerfGE 49, 168, 181

632 Jarass/Pieroth, GG, Art. 20 Rz. 39

633 Baumann, RdA 1987, 270, 275; Wiedemann, Normsetzung, S. 661, 664 f.; ders., TVG, § 1 Rz. 194

634 Wiedemann, TVG, Einl. Rz. 341; ders, Normsetzung, S. 661, 665; Däubler, Tarifvertragsrecht, Rz. 408, Löwisch/Rieble, TVG, Rz, 204 ff.; Kempen/Zachert, TVG, Grdl. Rz. 200; Beckers, ZTR 1999, 145 ff.

635 Nachdem das BAG früher die tarifvertraglichen Rückwirkungsmöglichkeiten stärker beschränkt hatte (BAG AP Nr. 9 zu § 1 TVG Rückwirkung: keine Beseitigung von "wohlerworbenen" Ansprüchen), erfolgte in BAG Nr. 12 zu § 1 TVG Rückwirkung eine Angleichung an die staatsrechtliche Rechtsprechung.

Tarifnormen jedoch eine Begünstigung der einen zugleich mit der Belastung der anderen Vertragsseite verbunden ist, gibt es keine Tarifnormen, die ausschließlich begünstigend wirken.[636]
Bei der Zulässigkeit einer gesetzlichen Rückwirkung muss unterschieden werden zwischen einer echten und einer unechten Rückwirkung. Die unechte Rückwirkung liegt vor, wenn eine Tarifnorm auf einen in der Vergangenheit begonnenen, aber noch nicht beendeten Vorgang einwirkt und die Rechtsfolge somit in der Gegenwart oder Zukunft wirkt.[637] Sie ist regelmäßig zulässig. Da der Sachverhalt noch nicht abgeschlossen und deshalb noch einem Risiko ausgesetzt ist, ist das Vertrauen in den Fortbestand der Regelung hier nicht so stark geschützt.[638] Beispiel hierfür sind Rechtspositionen eines Arbeitnehmers, die mit der vergangenen Betriebszugehörigkeit verbunden sind, wie Kündigungsschutz, Gratifikationen, Ruhegelder und Beförderungsansprüche.[639]

Dagegen ist die echte Rückwirkung von Tarifnormen grundsätzlich unzulässig. Hierbei wird nachträglich ändernd in abgewickelte, der Vergangenheit angehörende Tatbestände eingegriffen, so dass die Rechtsfolge in der Vergangenheit wirkt.[640] In einem solchen Fall überwiegt der Vertrauensschutz des Betroffenen und der Grundsatz der Rechtssicherheit. Ausnahmen bestehen dort, wo der Betroffene mit einer Änderung der Rechtslage rechnen musste, das bisher bestehende Recht unklar oder unwirksam war.[641] Auch die rückwirkenden Lohnerhöhungen gehören zu den echten Rückwirkungen. Jedoch ist wegen der allgemeinen Üblichkeit solcher rückwirkenden Lohnerhöhungen in Tarifverträgen der Vertrauensschutz der Arbeitgeber eingeschränkt.[642] Des Weiteren ist die für einen Arbeitgeber belastende Rückwirkung einer Tarifnorm auch generell dann zulässig, wenn es sich um einen Firmentarifvertrag handelt, da hier der Arbeitgeber selbst über die Belastung entscheidet und er deshalb nicht schutzwürdig ist.[643]
Voraussetzung für die Zulässigkeit einer gesetzlichen Rückwirkung ist aber immer auch die Verhältnismäßigkeit einer Rückwirkung. Es muss deshalb eine Abwägung zwischen den Interessen der Allgemeinheit und dem Vertrauen des Einzelnen auf den Fortbestand einer Regelung vorgenommen werden.[644] Aus den

[636] Kempen/Zachert, GG, § 4 Rz. 34
[637] BVerfGE 72, 200, 241 f.
[638] BVerfGE 30, 250, 268
[639] Löwisch/Rieble, TVG, § 1 Rz. 207
[640] BVerfGE 68, 287, 306; 72, 200, 241 f.
[641] Beckers, ZTR 1999,145, 147; Wiedemann, TVG, § 1 Rz. 145 m. w. N. aus der Rspr.
[642] Däubler, Tarifvertragsrecht, Rz. 284; Löwisch/Rieble, TVG, § 1 Rz. 206
[643] Kempen/Zachert, TVG, § 4 Rz. 34; Däubler, Tarifvertragsrecht, Rz. 284
[644] BVerfGE 30, 250, 268; 48, 403, 415 f.; Wiedemann, TVG, § 1 Rz. 145; Löwisch/Rieble, TVG, § 1 Rz. 205

oben genannten Gründen kommt es bei der tarifvertraglichen Normgebung jedoch nicht auf die Interessen der Allgemeinheit, sondern auf die legitimen Interessen der Tarifpartner an.[645] Insoweit sind die für die Abwägung innerhalb der Verhältnismäßigkeitsprüfung erarbeiteten Maßstäbe heranzuziehen.

Anders als das Rechtsstaatsprinzip hat das Sozialstaatsprinzip nur geringe Bedeutung für die Normsetzung der Tarifpartner. Das Sozialstaatsprinzip verpflichtet zwar grundsätzlich dazu, für eine gerechte Sozialordnung zu sorgen.[646] Insoweit ist die gesamte Tarifvertragsordnung eine Konkretisierung des Sozialstaatsprinzips und bindet damit auch die Koalitionen.[647] Es besteht aber ein weiter Spielraum, wie einer solchen Verpflichtung nachgekommen werden soll.[648] Ebenso wie der Gesetzgeber sind auch die Tarifpartner wegen der ihnen zustehenden Tarifautonomie in der Art der Verwirklichung des Sozialstaatsprinzips frei. Aus diesem Grund sind sie auch nicht verpflichtet, der Einschätzung des Gesetzgebers hinsichtlich der Notwendigkeit und des Erfolgs sozialstaatlicher Maßnahmen zu folgen und diese hinzunehmen.[649] Will der Staat gegenläufige Maßnahmen der Tarifpartner verhindern, so hat er die Möglichkeit, die tarifvertragliche Gestaltungsfreiheit durch tarifzwingende Gesetze einzuschränken.[650] Die Gestaltungsfreiheit der Tarifpartner endet jedoch dort, wo Tarifnormen sozialstaatliche Mindeststandards unterschreiten.[651]

Abschließend ist noch einmal kurz auf die Anforderungen des Demokratieprinzips einzugehen. Der daraus folgende Parlamentsvorbehalt findet zwar keine Anwendung auf die Tarifvertragspartner. Jedoch machen die über das mitgliedschaftliche Verhältnis hinausgehenden Normsetzungsbefugnisse eine besondere demokratische Legitimation erforderlich.[652] Aus diesem Grund können nur demokratisch strukturierte Verbände tariffähig sein.[653]

Neben den Staatsprinzipien ist als weitere verfassungsrechtliche Einschränkung der tarifvertraglichen Normsetzungsbefugnisse die Wesensgehaltsgarantie des

---

[645] Däubler, Tarifvertragsrecht, Rz. 408; BAG, DB 1990, 1095, 1096
[646] BVerfGE 59, 211, 263
[647] Wiedemann, TVG, Einl. Rz. 342; Kempen/Zachert, TVG, Grdl. Rz. 72; Gamillscheg, Kollektives Arbeitsrecht, S. 131; Däubler, Tarifvertragsrecht, Rz. 409; BVerfGE 4, 96, 102; 19, 303, 319
[648] BVerfGE 18, 257, 273; 29, 221, 235; 59, 231, 263
[649] so aber Löwisch/Rieble, TVG, § 1 Rz. 212; Reuter, ZfA 1978, 1, 32 f.; a.A. Däubler, Tarifvertragsrecht, Rz. 409; Wiedemann, TVG, Einl. Rz. 342; ders., Normsetzung, S. 661, 666
[650] Wiedemann, TVG, Einl. Rz. 342; ders., Normsetzung, S.661, 666
[651] Däubler, Tarifvertragsrecht, Rz. 403, 409
[652] Wiedemann, TVG, Einl. Rz. 344; Löwisch/Rieble, TVG, § 2 Rz. 19
[653] Däubler, Tarifvertragsrecht, Rz. 410 m. w. N.

Art. 19 Abs. 2 GG anzusprechen. Anders als das in Art. 19 Abs. 1 GG geregelte Einzelfallverbot und das Zitiergebot gilt dieser Grundsatz für alle Grundrechte, die durch staatliche Hoheitsmacht eingeschränkt werden. Hiervon sind nicht nur formelle Gesetze umfasst, sondern auch materielle.[654] Er muss deshalb auch Anwendung auf dic Tarifvertragsgesetzgebung finden. Den Tarifpartnern ist es als absolute Grenze verwehrt, in den Wesensgehalt von Grundrechten einzugreifen.[655] Umstritten ist jedoch, wie der Wesensgehalt eines Grundrechts zu bestimmen ist.

Nach der relativen Theorie lässt sich eine Verletzung des Wesensgehalts mit Hilfe des Verhältnismäßigkeitsgrundsatzes feststellen. Begründet wird dies damit, dass der Schutz vor übermäßigen Belastungen zum Wesen eines Grundrechts gehöre.[656] Der Wesensgehaltsgarantie käme neben dem Verhältnismäßigkeitsgrundsatz keine eigenständige Bedeutung zu.[657] Wegen der variierenden und von der Güterabwägung im konkreten Fall abhängenden Reichweite des Wesensgehalts fehlt es an einer absoluten Schranke für Grundrechtsbeeinträchtigungen.[658] Im Ergebnis wären deshalb auch Eingriffe in den Kernbereich eines Grundrechts aus überragend wichtigen Gründen des Allgemeinwohls zulässig. Dies entspricht aber nicht mehr der im Wortlaut des Art. 19 Abs. 2 GG ("in keinem Falle") zum Ausdruck kommenden Intention des Verfassungsgebers, grundrechtliche Mindestpositionen zu garantieren, indem der Beschränkung von Grundrechten eine unantastbare Grenze gesetzt wird.[659] Daraus folgt, dass der Wesensgehalt eines Grundrechts absolut zu bestimmen ist. Dies kann aber nicht allgemein für alle Grundrechte, sondern muss spezifisch für jedes einzelne Grundrecht getrennt geschehen.[660] Der Wesensgehalt eines Grundrechts entspricht seinem innersten Kernbereich, der für das Grundrecht so wesentlich ist, dass "es im Falle von dessen Antastung nicht mehr gerechtfertigt ist, von einem Grundrecht dieses Namens und Typus zu sprechen".[661] Dabei kommt es nicht auf den individuellen Grundrechtsträger an, sondern auf die verbleibende Bedeutung des Grundrechts

---

[654] Krebs, in: v. Münch/Kunig, GG, Bd. 1, Art. 19 Rz. 21; Krüger, in: Sachs, Art. 19 Rz. 23 ff.; Stern, Staatsrecht, Bd. III/2, S. 881; Dreier, GG, Art. 19 II Rz. 7; Maunz, in: Maunz/Dürig, GG, Art. 19 II, Bd. II, Rz. 25; Jarass/Pieroth, GG, Art. 19 Rz. 6 ist für eine analoge Anwendung. Dagegen gelten die aus Art. 19 I GG folgenden Voraussetzungen der Grundrechtseingriffe (Einzelfallverbot und Zitiergebot) nur für formelle Gesetze (Krüger, in: Sachs, GG, Art. 19 Rz. 12; Jarass/Pieroth, GG, Art. 19 Rz. 3; Stern, Staatsrecht, Bd. III/2, S. 732; Mangoldt/Klein/Stark, GG, Art. 19 Abs. 1 Rz. 47 und 74; Dreier, GG, Art. 19 I Rz. 9 und 18).

[655] Kempen/Zachert, TVG, Grdl. Rz. 123; Dieterich, Grundrechtsbindung, S. 117, 128

[656] Krebs, in: v. Münch/Kunig, GG, Bd. 1, Art. 19 Rz. 24

[657] Jarass/Pieroth, GG, Art. 19 Rz. 7

[658] Maunz, in: Maunz/Dürig, GG, Bd. II, Art. 19 II Rz. 29

[659] Stern, Staatsrecht, Bd. III/2, S. 867 f.; Krüger, in: Sachs, GG, Art. 19 Rz. 32

[660] Stern, ebenda, S. 874; Krüger, ebenda, Art. 19 Rz. 38; Jarass/Pieroth, GG, Art. 19 Rz. 7; BVerfGE 22, 180, 219

[661] Stern, ebenda, S. 876

für die Rechtsordnung im allgemeinen. Ansonsten müssten in vielen Fällen notwendige und offensichtlich legitime Grundrechtsbeschränkungen wegen eines Eingriffs in den Wesensgehalt der Grundrechte unzulässig sein, da sie zum vollständigen Verlust von Grundrechtspositionen für den Einzelnen führen.[662]

h) Rechtsfolgen eines Grundrechtsverstoßes

Liegt ein Grundrechtsverstoß vor, stellt sich das Problem, welche Rechtsfolgen dies nach sich zieht. Auch hier ist eine Parallele zu staatlichen Gesetzen zu ziehen. Zunächst ist zu versuchen, mit Hilfe einer verfassungskonformen Auslegung die Verfassungswidrigkeit einer Tarifnorm abzuwenden.[663] Aus dem Grundsatz der Einheit der Rechtsordnung folgt, dass die Wertentscheidungen des Grundgesetzes generell bei der Auslegung einfachen Rechts zu berücksichtigen sind.[664] Dies führt dazu, dass bei der verfassungskonformen Auslegung eine ansonsten verfassungswidrige Norm einen noch mit dem Grundgesetz im Einklang stehenden Aussagegehalt erhält. Für die Aufrechterhaltung einer Rechtsnorm sprechen zudem die dadurch gewonnene Rechtssicherheit für die Normunterworfenen und die Befriedigung des ursprünglichen Anliegens des Gesetzgebers durch den Erhalt der Ordnungsfunktion einer Norm.[665] Tarifnormen sind als materielle Rechtsnormen Bestandteil der Rechtsordnung und deshalb ebenfalls grundrechtskonform auszulegen.[666] Dabei verstößt diese Auslegungsregel auch nicht gegen die Tarifautonomie. Die Tarifpartner haben grundsätzlich ein Interesse daran, dass von ihnen ausgehandelte und für regelungsbedürftig gehaltene Tarifbestimmungen Bestand haben. Es entspricht im Zweifel nicht ihrem Willen, grundrechtswidrige und damit unwirksame Tarifnormen zu erlassen.[667] Bei unterschiedlichen Auslegungsmöglichkeiten von Tarifvertragsnormen, bei denen eine gegen das Grundgesetz verstößt, ist deshalb diejenige zu wählen, die mit der Verfassung in Einklang steht.[668]

---

[662] Jarass/Pieroth, GG, Art. 19 Rz. 7; Lerche, in: Handbuch des Staatsrechts, Bd. V, § 122 Rz. 27 f. mit Beispielen

[663] siehe zur verfassungskonformen Auslegung im allgemeinen Hesse, Verfassungsrecht, Rz. 79 ff.

[664] Sachs, GG, Einf. Rz. 52; Jarass/Pieroth, GG, Einl. Rz. 5

[665] Hartmann, Gleichbehandlung, S. 112

[666] Hartmann, ebenda, S. 113

[667] Däubler, Tarifvertragsrecht, Rz. 150; BAG AP Nr. 144 zu § 1 TVG Auslegung; Baumann, RdA 1994, 272, 273

[668] Däubler, ebenda, Rz. 150; Löwisch/Rieble, TVG, § 1 Rz. 412; Wiedemann, TVG, Einl. Rz. 262; Gamillscheg, Kollektives Arbeitsrecht, S. 646 f.; BAG AP Nr. 144 zu § 1 TVG Auslegung; BAG, DB 1987, 487, 489

Wo dies nicht möglich ist, ist die betreffende Tarifnorm nach den Grundsätzen der Normenhierarchie wegen des Verstoßes gegen höherrangiges Recht nichtig.[669] Es bedarf hier keines Rückgriffs auf § 134 BGB.[670] Dies wäre auch schon deshalb verfehlt, weil ein Tarifvertrag nicht privatautonom legitimiert ist und es sich folglich nicht um ein Rechtsgeschäft im Sinne des BGB handelt, sondern um eine Rechtsnorm.[671]

Bei einer Teilnichtigkeit eines Tarifvertrages richten sich die Folgen nicht nach der für Rechtsgeschäfte geltenden Vorschrift des § 139 BGB, wonach in der Regel ein Nichtigkeitsgrund das ganze Rechtsgeschäft erfasst, sofern sich aus dem mutmaßlichen Willen der Beteiligten nicht etwas anderes ergibt. Wegen der normativen Wirkung von Tarifverträgen gelten hier die vom BVerfG entwickelten Grundsätze zur Nichtigkeit von Gesetzen, womit den Anforderungen an die Rechtssicherheit Rechnung getragen wird.[672] Danach beschränkt sich die Nichtigkeit grundsätzlich auf die verfassungswidrige Rechtsnorm. In Ausnahmefällen kann sich die Nichtigkeit einer einzelnen Tarifnorm aber auch auf einen Normenkomplex oder den ganzen Tarifvertrag erstrecken, wenn es sich um zusammenhängende, in sich geschlossene Regelungen handelt.[673]
Nimmt man die Teilnichtigkeit eines Tarifvertrags an, so kann jedoch nicht gänzlich unberücksichtigt bleiben, dass es sich um einen zwischen den Tarifpartnern ausgehandelten Vertrag handelt und sich die Tarifvertragsnormen oftmals als Ergebnis eines Kompromisses darstellen. Führt daher die Teilnichtigkeit zu erheblichen Veränderungen an der Ausgewogenheit eines Tarifvertrags, auf dessen Gültigkeit die Parteien vertrauten, und ist ein Festhalten am Vertrag deshalb unzumutbar, so ist der benachteiligte Verband zur außerordentlichen Kündigung des Tarifvertrags berechtigt.[674] Daneben haben die Verbände auch die Möglichkeit, die Unteilbarkeit eines Regelungskomplexes im Tarifvertrag festzuschreiben, um die Fortgeltung von Tarifnormen zu verhindern, die als Ausgleich für Zugeständnisse der anderen Seite vorgesehen waren.[675] Die Teilnichtigkeit führt dann immer zur gesamten Nichtigkeit des Regelungskomplexes.

---

669 Wiedemann, TVG, Einl. Rz. 263; Löwisch/Rieble, TVG, § 1 Rz. 248; Baumann, RdA 1994, 272, 275; Belling/Hartmann, NZA 1993, 1009, 1014
670 so aber BAG AP Nr. 87 zu Art. 3 GG; BAG NZA 1991, 797, 798;
671 Belling/Hartmann, NZA 1993, 1009, 1014
672 Löwisch/Rieble, TVG, § 1 Rz. 251; Wiedemann, TVG, Rz. 263; BAG AP Nr. 18 zu § 1 TVG Tarifverträge: Lufthansa
673 Baumann, RdA 1994, 272, 275
674 Zur außerordentlichen Kündigung wegen der nachträglichen Änderung der Rechtslage, die zur Nichtigkeit einzelner Tarifnormen führt: Wank, in: Wiedemann, TVG, § 4 Rz. 61
675 Löwisch/Rieble, TVG, § 1 Rz. 252

i) Möglichkeiten der prozessualen Geltendmachung der Verfassungswidrigkeit

Von prozessualer Bedeutung ist, wie die Verfassungswidrigkeit einer Tarifvertragsnorm geltend gemacht werden kann. Geschieht dies in einem Prozess vor den Arbeitsgerichten, so müssen diese von Amts wegen und selbständig über die Verfassungswidrigkeit und Nichtigkeit einer Tarifnorm entscheiden. Eine Vorlage an das Bundesverfassungsgericht durch die Arbeitsgerichte kommt hier nicht in Frage, da Art. 100 Abs. 1 GG nur formelle Gesetze erfasst.[676] Die Arbeitsgerichte müssen deshalb inzident prüfen, ob ein Grundrechtsverstoß vorliegt. Dies kann zum einen in Verfahren zwischen den Arbeitsvertragsparteien geschehen, wenn eine Tarifnorm streitentscheidend für ihren Rechtsstreit ist. Daneben können die Tarifpartner aber auch unmittelbar Feststellungsklage über Inhalt und Gültigkeit eines Tarifvertrages in einem Verfahren nach § 2 Abs. 1 Nr. 1 ArbGG erheben. Die Feststellungsklage muss nicht den gesamten Tarifvertrag betreffen, sondern kann sich auch auf einzelne Tarifvertragsnormen beziehen.[677] Besondere Bedeutung kommt diesem Verfahren deshalb zu, weil die Rechtskraft des Urteils sich über die am Rechtsstreit beteiligten Parteien hinaus auf alle Tarifunterworfenen erstreckt.

Da eine Verfassungsbeschwerde grundsätzlich auch gegen materielle Gesetze zulässig ist[678], eröffnet sich die Frage, ob auch gegen Tarifvertragsnormen die Möglichkeit einer Verfassungsbeschwerde besteht. Dies ist umstritten.[679] Dagegen wird eingewandt, dass es sich bei Tarifverträgen nicht um einen Akt der öffentlichen Gewalt handele. Wegen der durch die Tarifautonomie zugesicherten staatlichen Unabhängigkeit befänden sich die Tarifvertragspartner außerhalb der staatlichen Sphäre.[680]

Nach dem Wortlaut des Art. 93 Abs. 1 Nr. 4a GG und § 90 Abs. 1 BVerfGG kann Verfassungsbeschwerde nur gegen einen Akt der öffentlichen Gewalt erhoben werden. Als öffentliche Gewalt werden Gesetzgebung, Rechtsprechung

---

676 Jarass/Pieroth, GG, Art. 100 Rz. 6; BVerfGE 1, 184

677 Löwisch/Rieble, TVG, § 9 Rz. 22

678 Schmidt-Bleibtreu, in: Maunz/Schmidt-Bleibtreu/Klein/Ulsamer, BVerfGG, § 90 Rz. 87

679 dafür Kempen/Zachert, TVG, Grdl. Rz. 203, Löwisch/Rieble, TVG, § 9 Rz. 85, Löwisch, in: MünchArbR, Bd. 3, § 259 Rz. 41; Leibholz/Rupprecht, BVerfGG, § 90 Rz. 42; Friedrich, in: Umbach/Clemens, BVerfGG, A III/6 Rz. 35; Baumann, RdA 1987, 270, 275; Wiedemann, TVG, Einl. Rz. 355 (siehe aber a.a.O. § 1 Rz. 14); offengelassen von BVerfG, AP Nr. 5 zu § 90 BVerfGG; Söllner, ArbuR 1991, 45, 49;
Dagegen BAG, AP Nr. 27 zu § 72 a ArbGG 1979; Benda/Klein, Verfassungsprozessrecht, Rz. 438 ff., die allerdings die Möglichkeit einer Verfassungsbeschwerde gegen die Allgemeinverbindlicherklärung eines Tarifvertrags anerkennen.

680 Benda/Klein, Verfassungsprozessrecht, Rz. 438 ff.

und Verwaltung bezeichnet.[681] Problematisch ist, dass die Tarifvertragspartner keiner dieser drei öffentlichen Gewalten zugerechnet werden können. Die Verbände sind vielmehr Autonomieträger. Sie nehmen ihre Aufgaben staatsunabhängig wahr. Unter diesen Autonomiebereich fällt auch die Tarifnormgebung. Macht man wegen des Wortlauts die Anwendung der Verfassungsbeschwerde von der Eingliederung in den Staatsaufbau abhängig, wäre diese gegen die Rechtsetzung der Verbände tatsächlich unzulässig.

Es ist aber weniger auf die formale Stellung als auf die Art der Grundrechtsbeeinträchtigung abzustellen.[682] Auch Autonomieträger können der "öffentlichen Gewalt" i.S.d. Art. 93 Abs. 1 Nr. 4a GG und § 90 Abs. 1 BVerfGG zugerechnet werden, wenn sie vom Staat verliehene Befugnisse ausüben.[683] Für die Zulässigkeit einer Verfassungsbeschwerde muss es deshalb generell ausreichen, wenn ein Träger öffentlicher Gewalt Hoheitsbefugnisse überträgt, durch deren Wahrnehmung wiederum in Grundrechte eingegriffen wird. Dies lässt sich am Beispiel der Tarifvertragspartner verdeutlichen. Diese bedienen sich bei der Tarifnormsetzung eines dem Staat vorbehaltenen Machtmittels, der Schaffung materiellen Rechts. Grund dafür ist, dass ihnen der Gesetzgeber Hoheitsmacht in der Form von Rechtsetzungsbefugnissen übertragen hat. In ihrer Qualität gleichen die Normen eines Tarifvertrags damit einem Akt der öffentlichen Gewalt.[684] Dabei ist es auch die Rechtssatzeigenschaft der Tarifverträge, die den Koalitionen weitreichende Eingriffe in die Grundrechte ermöglicht. Erst hierdurch wird der inhaltlichen Gestaltung der Verbände die unmittelbare und zwingende Wirkung verliehen, die den Freiheitsbereich der Mitglieder über das Maß der auf Freiwilligkeit beruhenden privatautonomen Regelungsmöglichkeiten einschränkt. Für die Grundrechtsträger macht es dabei keinen Unterschied, ob die Einschränkung der Grundrechte durch staatliche Stellen oder durch einen außerhalb des Staatsgefüges stehenden, mit staatlichen Machtbefugnissen ausgestatteten Rechtsträger herbeigeführt wurde. Die auf dieser normativen Wirkung beruhenden Eingriffsmöglichkeiten in die Grundrechte unterscheiden sich grundsätzlich nicht von staatlichen Eingriffsmöglichkeiten. Die Tarifpartner haben in ihrem Regelungsbereich zum Teil sogar noch weitergehende Befugnisse. Es besteht deshalb auch hier ein Bedürfnis nach Überprüfung der Verfassungsmäßigkeit mit Hilfe der Verfassungsbeschwerde.[685] Zudem erscheint es widersprüchlich, wenn man einerseits zu dem Ergebnis gelangt, dass die Tarifpartner unmittelbar an die

---

[681] Sturm, in: Sachs, GG, Art. 93 Rz. 76

[682] Klas, Verfassungsbeschwerde, S. 114; Baumann, RdA 1987, 270, 275; Wiedemann, TVG, Einl. Rz. 355

[683] BVerfGE 18, 385, 387

[684] Löwisch/Rieble, TVG, § 9 Rz. 85, Löwisch, in: MünchArbR, § 259 Rz. 41 ist der Ansicht, dass Tarifnormen als Rechtsnormen Akte öffentlicher Gewalt sind.

[685] Klas, Verfassungsbeschwerde, S. 207; Baumann, RdA 1987, 270, 275

Grundrechte gebunden sind, andererseits aber auf die Möglichkeit einer Überprüfung der Verfassungsmäßigkeit durch eine Verfassungsbeschwerde verzichtet werden soll, obwohl erst hierdurch ein umfassender Grundrechtsschutz gewährleistet wird.

Neben ihrer Rechtsnatur und der mit staatlichen Grundrechtseingriffen vergleichbaren Wirkung von Tarifnormen spricht für eine Zulässigkeit der Verfassungsbeschwerde vor allem auch der staatliche Ursprung der Normsetzungsbefugnisse der Verbände. Auch Akte mittelbarer Staatsgewalt gehören zur öffentlichen Gewalt im verfassungs-prozessualen Sinne.[686] Oben wurde festgestellt, dass die grundrechts-einschränkende Wirkung von Tarifnormen letztlich auf der Ausübung von Hoheitsmacht durch die Verbände beruht. Diese Hoheitsmacht stammt aber ursprünglich aus dem Bereich des einfachen Gesetzgebers als einem Teil der öffentlichen Gewalt. Der Gesetzgeber hat die ihm zustehenden Normsetzungsbefugnisse auf die Tarifpartner übertragen. Mittelbar lässt sich deshalb auch eine Grundrechtsbeeinträchtigung im Rahmen von Tarifverträgen auf die Hoheitsmacht der öffentlichen Gewalt zurückführen. Damit ist die grundrechtseinschränkende Rechtsetzung durch die Verbände nicht nur wegen ihrer Rechtsnatur und Wirkung, sondern auch wegen ihrer Herkunft mit einem Akt der öffentlichen Gewalt vergleichbar. Wegen dieser Vergleichbarkeit ist der Anwendungsbereich der Verfassungsbeschwerde auf die Rechtsetzung durch die Verbände auszudehnen. Dieses Ergebnis wird auch bestätigt, wenn man in Betracht zieht, dass eine Verfassungsbeschwerde dann zulässig wäre, wenn der Staat seine hoheitlichen Rechtsetzungsbefugnisse selbst ausüben würde.[687] Bei Übertragung dieser Hoheitsmacht auf einen Autonomieträger darf sich der Rechtsschutz aber nicht einfach verkürzen.

Es gilt aber auch bei der Überprüfung von Tarifnormen auf ihre Verfassungsmäßigkeit der Grundsatz der Subsidiarität, dessen Hauptzweck in der Entlastung des Bundesverfassungsgerichts vor überflüssiger Inanspruchnahme durch Verfassungsbeschwerden und der Wahrung des Zuständigkeits- und Aufgabenbereichs der Fachgerichte liegt.[688] Da es außerhalb des § 47 VwGO grundsätzlich keinen einfach-gesetzlichen Rechtsschutz gegen Rechtsnormen gibt[689], kommt

[686] Kley/Rühmann, in: Umbach/Clemens, BVerfGG, § 90 Rz. 35; BVerfGE 12, 319, 321 zur Verfassungsbeschwerde gegen autonome Satzungen

[687] Gamillscheg, Kollektives Arbeitsrecht, S. 667

[688] BVerfGE 90, 128, 137 f.; 74, 69, 74 f.; Lechner/Zuck, BVerfGG, § 90 Rz. 125

[689] Die Möglichkeit einer Feststellungsklage gem. § 9 TVG über die Gültigkeit von Tarifvertragsnormen steht nicht den Normunterworfenen zu, sondern nur den Parteien des Tarifvertrags (Löwisch/Rieble, TVG, § 9 Rz. 9 und 13; Löwisch, in: MünchArbR, Bd. 3, § 259 Rz. 13) und ermöglicht insoweit keinen eigenen Rechtsweg für die Betroffenen gegen eine Tarifnorm)

diesem Grundsatz auch neben § 90 Abs. 2 BVerfGG Bedeutung zu. Der Grundrechtsverletzte muss deshalb "über das Gebot der Erschöpfung des Rechtswegs im engeren Sinn hinaus die ihm zur Verfügung stehenden prozessualen Möglichkeiten" ergreifen, "um eine Korrektur der geltend gemachten Verfassungsverletzung zu erwirken oder eine Grundrechtsverletzung zu verhindern".[690] Für Normen, die nicht dem Verwerfungsmonopol des Bundesverfassungsgerichts unterliegen, bedeutet dies, dass seine sofortige Inanspruchnahme dann nicht möglich ist, wenn bereits die Fachgerichte einer Grundrechtsverletzung abhelfen können.[691] Damit ist der Betroffene grundsätzlich auf die inzidente Kontrolle durch die Arbeitsgerichte verwiesen.

Jedoch wird man § 90 Abs. 2 S. 2 BVerfGG auch im Rahmen des arbeitsgerichtlichen Verfahrens sinngemäß anwenden müssen.[692] Deshalb ist eine sofortige Entscheidung durch das Bundesverfassungsgericht dann möglich, wenn die Verfassungsbeschwerde von allgemeiner Bedeutung ist oder wenn dem Beschwerdeführer bei Anwendung des Subsidiaritätsprinzips ein schwerer und unabwendbarer Nachteil entstünde und eine Vorklärung von tatsächlichen und einfachrechtlichen Fragen durch die Fachgerichte nicht zwingend geboten ist. Eine weitere Ausnahme ist mit dem Bundesverfassungsgericht dann anzunehmen, wenn eine Überprüfung durch die Fachgerichte objektiv nicht geboten und einem Beschwerdeführer subjektiv nicht zuzumuten ist, weil "im Hinblick auf eine gefestigte jüngere und einheitliche höchstrichterliche Rechtsprechung auch im konkreten Einzelfall keine von dieser Rechtsprechung abweichende Erkenntnis zu erwarten ist".[693] Dies muss auch in den Fällen des § 9 TVG gelten, in denen in einem anderen Verfahren von einem Arbeitsgericht rechtskräftig die Gültigkeit einer Tarifnorm festgestellt wurde. Eine weitere inzidente Rechtmäßigkeitskontrolle durch die Arbeitsgerichte ist hier wegen der Bindungswirkung des Urteils ausgeschlossen, so dass hier nur die Möglichkeit einer Verfassungsbeschwerde bleibt.[694]

Unabhängig von der Zulässigkeit einer Verfassungsbeschwerde gegen Tarifvertragsnormen bleibt dem Grundrechtsträger aber die Möglichkeit, Verfassungsbeschwerde gegen das abschließende, arbeitsgerichtliche Urteil als einem Akt der öffentlichen Gewalt zu erheben, wenn bei der Gerichtsentscheidung eine verfassungswidrige Tarifvertragsnorm angewandt wurde.[695]

---

[690] BVerfGE 74, 102, 113
[691] BVerfGE 68, 319, 325 f.; Schmidt-Bleibtreu, in: Maunz/Schmidt-Bleibtreu/Klein/Ulsamer, BVerfGG, § 90 Rz. 87
[692] BVerfGE 90, 128, 137
[693] BVerfGE 9, 3, 7 f.;
[694] Löwisch/Rieble, TVG, § 9 Rz. 86, Löwisch, in: MünchArbR, Bd. 3, § 259 Rz. 42
[695] ausführlich hierzu Friedrich, in: Umbach/ Clemens, BVerfGG, S. 123 ff.

III) Zusammenfassung des zweiten Teils

1. Die Tarifvertragspartner sind nicht in gleicher Weise wie der staatliche Gesetzgeber an die Grundrechte gebunden. Dies ergibt sich schon daraus, dass ihre durch Art. 9 Abs. 3 GG bestimmte Aufgabe in der Interessenvertretung ihrer Mitglieder liegt. Dagegen kommt eine Bindung an das Gemeinwohl nicht in Betracht. Darüber hinaus verhindert die verfassungsrechtlich garantierte Tarifautonomie eine umfassende Grundrechtsprüfung.

2. Im Beitritt zu einem Tarifverband ist keine Grundrechtsverzichtserklärung zu sehen. Eine solche Deutung widerspricht dem Willen des Einzelnen beim Verbandsbeitritt. Es würden zudem erhebliche Bedenken gegen die Freiwilligkeit eines solchen Grundrechtsverzichts bestehen.

3. Die Grundrechtskontrolle lässt sich auch nicht auf mögliche Interessenkonflikte im Lager der Repräsentierten begrenzen. Jeglicher tarifvertraglicher Kompromiss trägt die Gefahr der Majorisierung in sich und muss deshalb einer Rechtmäßigkeitsprüfung unterliegen.

4. Der Versuch einer Anpassung des Grundrechtsschutzes mit Hilfe der praktischen Konkordanz zum Ausgleich des betroffenen Grundrechts und der Koalitionsfreiheit verkennt den sich bei der tarifvertraglichen Normsetzung ergebenden Interessengegensatz. Dieser besteht zwischen den Interessen der Grundrechtsinhaber und derjenigen, deren Interessen durch die Tarifnorm wahrgenommen werden. Dagegen können sich die Koalitionen nicht gegenüber ihren eigenen Mitgliedern auf die Tarifautonomie berufen.

5. Die Anwendung der grundgesetzlichen Rechtmäßigkeitskontrolle auf das Tarifvertragssystem erfordert eine Modifizierung der herkömmlichen Schrankensystematik aus Gründen der Einheit der Verfassung. Die Widersprüche zwischen der Tarifautonomie und den Anforderungen an den Grundrechtseingriff sind unter Anwendung der praktischen Konkordanz zu einem Ausgleich zu bringen. Eine solche Modifizierung führt zu einer teilweisen Abschwächung des Grundrechtsschutzes. Dies rechtfertigt sich unter anderem aus dem freiwilligen Beitritt der Mitglieder zum Verband.

4. Aus Art. 9 Abs. 3 GG ergibt sich eine verfassungsrechtliche Zuständigkeitsschranke, die die Normsetzungsbefugnis der Tarifvertragspartner auf die Wahrung und Förderung der Arbeits- und Wirtschaftsbedingungen beschränkt. Hierbei ist zunächst nicht auf die Zielsetzung der Tarifvertragsnorm, sondern allein auf den Regelungsgegenstand abzustellen.

5. Wegen der grundgesetzlich geschützten Unabhängigkeit bei der Gestaltung der Arbeitsordnung sind die Tarifpartner nicht an einen allgemeinen Parlamentsvorbehalt gebunden. Da sich die Tarifautonomie auch auf Betriebsnormen erstreckt und deren einheitliche Geltung notwendig ist, können sich auch die tariflichen Außenseiter nicht auf den allgemeinen Parlamentsvorbehalt berufen. Auch Art. 80 Abs. 1 GG findet bei der Delegation von Rechtsetzungsbefugnissen auf die Tarifvertragspartner keine Anwendung.

6. Bei der tarifvertraglichen Grundrechtskontrolle werden die Gesetzesvorbehalte durch die Tarifnormen ausgefüllt.

7. Der Verhältnismäßigkeitsgrundsatz ist auf die Rechtsetzung durch die Verbände anwendbar. Wegen der Tarifautonomie verfügen die Koalitionen jedoch über einen weiten Gestaltungsspielraum, der erst überschritten wird, wenn die tarifvertraglichen Normsetzungsbefugnisse rechtsmissbräuchlich wahrgenommen werden. Dies ist dann der Fall, wenn die Tarifvertragsnorm in evidenter Weise rechtswidrig ist.

8. Die legitime Zielsetzung tarifvertraglicher Rechtsetzung beschränkt sich auf die Wahrnehmung von Interessen der einer Tarifnorm Unterworfenen, also der Verbandsmitglieder und der Außenseiter für den Bereich der Betriebsnormen. Hierzu gehört auch ein verbandspolitisches Mandat. Dagegen dürfen durch die Tarifpartner keine Gemeinwohlinteressen wahrgenommen werden.

9. Von einem legitimen Ziel im Sinne der Verhältnismäßigkeit kann aber dann nicht mehr gesprochen werden, wenn die Grenze der Gemeinwohlschädlichkeit offensichtlich überschritten ist. In einem Rechtsstaat steht jegliche Normsetzungsbefugnis unter dem Vorbehalt, dass sie nicht zum Nachteil der Allgemeinheit eingesetzt wird.

10. Daneben sind die Koalitionen auch an die sonstigen verfassungs-rechtlichen Anforderungen einer Grundrechtseinschränkung gebunden. Hierzu zählt vor allem das aus Art. 20 GG folgende Rechtsstaatsprinzip.

11. Rechtsfolge der Verfassungswidrigkeit einer Tarifnorm ist ihre Nichtigkeit. Diese kann auch mit Hilfe einer Verfassungsbeschwerde geltend gemacht werden.

3. Teil: Das Grundrecht der Berufsfreiheit im Rahmen der Tarifvertragsordnung

Die Berufsfreiheit ist das zentrale Grundrecht des Arbeitsrechts und von herausragender Bedeutung für die Tarifvertragspartner. Art. 12 Abs. 1 GG gewährt dem Einzelnen das Recht, jede Tätigkeit als Beruf zu ergreifen und zur Grundlage seiner Lebensführung zu machen. Die Vorschrift konkretisiert damit das Grundrecht auf freie Entfaltung der Persönlichkeit im Bereich der individuellen Leistung und Existenzerhaltung und zielt auf eine möglichst unreglementierte berufliche Betätigung ab.[696] Dem steht die Befugnis der Tarifpartner zur Ausgestaltung der Arbeitsordnung gegenüber. Zwangsläufig greifen dabei die die Arbeitsverhältnisse in fremdbestimmender Weise regelnden Tarifnormen in den von der Berufsfreiheit geschützten individuellen Freiheitsbereich ein.[697] Das Ziel des Art. 12 Abs. 1 GG einer möglichst unreglementierten beruflichen Betätigung steht im Gegensatz zur Intention des Art. 9 Abs. 3 GG, die Arbeits- und Wirtschaftsordnung durch die Tarifvertragspartner zu reglementieren.[698] Dieser Widerspruch zwischen individueller Selbstbestimmung und tarifvertraglicher Fremdbestimmung ist zu einem Ausgleich zu bringen, der zugleich der besonderen Bedeutung der Berufsfreiheit gerecht wird.

I) Der Schutzbereich der Berufsfreiheit

Das Grundrecht der Berufsfreiheit ist in Art. 12 Abs. 1 GG geregelt. Satz 1 gewährleistet jedem Deutschen das Recht, Beruf, Arbeitsplatz und Ausbildungsstätte frei zu wählen. In Satz 2 wird die Berufsausübungsfreiheit unter einen Regelungsvorbehalt gestellt. Obwohl diese Aufteilung dafür spricht, zwischen der Berufswahlfreiheit und der Berufsausübungsfreiheit zu differenzieren, ist von einem einheitlichen Grundrecht der Berufsfreiheit auszugehen, einschließlich der freien Wahl von Arbeitsplatz und Ausbildungsstätte. Berufswahlfreiheit und Berufsausübungsfreiheit lassen sich nicht in unterschiedliche zeitliche Abschnitte des Berufslebens trennen. Die Aufnahme einer Tätigkeit ist sowohl Berufswahl als auch der Anfang der Berufsausübung. In der laufenden Berufsausübung drückt sich zugleich der Wille zur Beibehaltung des Berufs als ein Akt der Berufswahlbestätigung aus.[699]

---

[696] BVerfG, NJW 2001, 1779, 1779
[697] Wiedemann, Bindung, S. 153
[698] Lerche, Bindung, S. 897, 907
[699] BVerfGE, 7, 377, 401; Scholz, in: Maunz/Dürig, GG, Art. 12 Rz. 14; Tettinger, in: Sachs, GG, Art. 12 Rz. 8; Jarass/Pieroth, GG, Art. 12 Rz. 2, Pieroth/Schlink, Grundrechte, Rz. 808

Der Schutzbereich des Art. 12 GG knüpft an den Berufsbegriff an. Beruf ist jede auf Dauer angelegte Tätigkeit zur Schaffung und Erhaltung einer Lebensgrundlage.[700] Davon umfasst sind grundsätzlich auch untypische und neuartige Berufe. Der Gesetzgeber hat hierbei die Möglichkeit, im Rahmen seiner Ausgestaltungsbefugnis einzelne Berufsbilder zu konkretisieren.

Die einzelnen Merkmale des Berufsbegriffs sind weit auszulegen, um einen möglichst umfassenden Grundrechtsschutz zu erreichen. Deshalb fallen auch Nebentätigkeiten unter den Berufsbegriff. Anders als ein Hobby tragen auch sie zur Schaffung und Erhaltung der Lebensgrundlage bei.[701] Des Weiteren werden sowohl selbständige als auch unselbständige Tätigkeiten vom Berufsbegriff erfasst.[702] Das hat für die Tarifpartner insofern eine Bedeutung, als dass sich sowohl Arbeitnehmer als auch Arbeitgeber auf die Berufsfreiheit berufen können. Das Merkmal der Dauer ist objektiv zu verstehen. Es kommt nicht auf die tatsächliche Dauer der Tätigkeit an. Es genügt, wenn diese für eine dauerhafte Ausübung geeignet ist, so dass auch Probearbeitsverhältnisse unter den Schutz der Berufsfreiheit fallen.[703]

Umstritten ist, ob nur erlaubte Tätigkeiten unter die Berufsfreiheit fallen. Dies würde jedoch bedeuten, dass es dem Gesetzgeber obliegt, durch Verbote den Schutzbereich der Berufsfreiheit zu verringern. Dem Grundrecht der Berufsfreiheit kommt aber gerade die Funktion zu, zu entscheiden, ob eine Tätigkeit durch den Gesetzgeber verboten werden darf.[704] Andererseits kann aber nicht jede zur Schaffung einer Lebensgrundlage dienende Tätigkeit unter den Berufsbegriff fallen. Dies würde dazu führen, dass sich auch "Berufsverbrecher" auf den Grundrechtsschutz des Art. 12 GG berufen könnten. Deshalb ist eine Einschränkung dahingehend vorzunehmen, dass Tätigkeiten, die gemeinschaftsschädlich im Sinne eines besonderen sozialen Unwerts sind, aus dem Berufsbegriff herausfallen.[705]

---

[700] Ipsen, Staatsrecht II, Rz. 596

[701] Pieroth/Schlink, Grundrechte, Rz. 812; Jarass/Pieroth, GG, Art. 12 Rz. 4a; Gubelt, in: v. Münch/Kunig, GG, Art. 12 Rz. 10; a.A. BVerfGE 33, 44, 48; BVerwGE 60, 254, 255; 67, 287, 294 f.; offengelassen von BVerwGE 84, 194, 197

[702] BVerfGE 7, 377, 398 f.; 54, 301, 322

[703] Scholz, in: Maunz/Dürig, GG, Art. 12 Rz. 19 f.; Tettinger, in: Sachs, GG, Art. 12 Rz. 30; Gubelt, in: v. Münch/Kunig, GG, Art. 12 Rz. 10;

[704] Tettinger, ebenda, Art. 12 Rz. 36

[705] Gubelt, in: v. Münch/Kunig, GG, Bd. 1, Art. 12 Rz. 9; Ipsen, Staatsrecht II, Rz. 598; BVerwGE 22, 286, 289; Scholz, in: Maunz/Dürig, GG, Bd. II, Art. 12 Rz. 27; a.A. Jarass/Pieroth, GG, Art. 12 Rz. 6

II) Tarifvertragsnormen als grundrechtsfreie Ausgestaltung der Berufsfreiheit im Vorhof des Art. 12 GG?

Diese Ansicht ist bisher in sehr geringem Maß erörtert worden. Zugrunde liegt die Idee, dass es sich bei der Gestaltung der Arbeits- und Wirtschaftsordnung durch die Tarifvertragspartner zum Teil um eine Ausgestaltung der Berufsfreiheit handele, ähnlich wie es bei den Grundrechten aus Art. 5, 9 Abs. 3 und 14 GG angenommen wird.[706] Soweit es sich lediglich um die "grundrechtsfreie" Ausgestaltung der Berufsfreiheit handele, fehle es an einem Grundrechtseingriff. Deshalb bedürfe es keiner Rechtmäßigkeitsprüfung. Diese sei auch nicht notwendig, da "der Tarifvertrag auf der Grundlage der Mitgliedschaft und aufgrund seines Kompromisscharakters die Vermutung für eine sachgerechte Berufsregelung in sich trage, so dass die große Menge kollektiver Vorschriften in ihrer Mehrheit nicht auf den verfassungsrechtlichen Prüfstand gestellt werden muss"[707]. Entscheidende Bedeutung für die Grundrechtsprüfung habe deshalb die Unterscheidung zwischen "grundrechtsfreier Ausgestaltung" und "grundrechtsunterworfener Einschränkung"[708].
Dieser Meinung liegt die allgemeine Unterscheidung zwischen Ausgestaltungs- und Schrankengesetzen zugrunde.[709] Hierbei wird durch Ausgestaltungsgesetze der Schutzbereich der Grundrechte erst näher konkretisiert. Ein Eingriff liegt noch nicht vor. Dagegen greifen Schrankengesetze bereits in den Schutzbereich des Grundrechts ein.

Zunächst muss festgestellt werden, ob im Rahmen des Grundrechts der Berufsfreiheit der Gesetzgeber bzw. die Tarifpartner zur Ausgestaltung befugt sind. Wird eine solche Ausgestaltungsbefugnis angenommen, gilt es zu klären, ob der Gesetzeber bei der Ausgestaltung in einem grundrechtsfreien Bereich handelt, der keiner Rechtmäßigkeitskontrolle unterliegt.

1) Ausgestaltung im Rahmen der Grundrechtsgewährleistung?

Der Gesetzgeber ist dort zur Ausgestaltung verpflichtet, wo diese erst die Verwirklichung des Grundrechts ermöglicht. Die Grundrechte verlangen hier nach positiver Ausgestaltung, da ansonsten die Grundrechtsgewährleistung ins Leere ginge. Die Ausgestaltung dient der realen Entfaltung der mit dem betreffenden

---

[706] Wiedemann, TVG, Einl. Rz. 311, Wiedemann, RdA 1997, 297, 303
[707] Wiedemann, ebenda
[708] Wiedemann, ebenda
[709] Zur Unterscheidung zwischen Ausgestaltungs- und Schrankengesetzen am Beispiel der Rundfunkfreiheit: Ruck, AöR 117 (1992), 543 ff.

Grundrecht verfolgten Ziele.[710] Das ist zum Beispiel dann der Fall, wenn ansonsten der Ausübung des Grundrechts durch die Grundrechtsberechtigten reale Gegebenheiten entgegenstehen würden.[711] Der Staat kommt insoweit seiner Verpflichtung zum Grundrechtsschutz durch Ausgestaltung nach, indem er Organisation und Verfahren bei der Grundrechtsausübung regelt.[712] Dies ist Ausdruck der klassischen Aufgabe des Rechtsstaates, Rahmenbedingungen für alle Bürger zu schaffen und aufrechtzuerhalten, damit die grundrechtlichen Freiheiten der Bürger nebeneinander bestehen können.[713] Hierbei kann es unter Umständen zu Belastungen für einzelne Grundrechtsträger kommen, bei generalisierender Betrachtung wird das Grundrecht aber nicht beschränkt, sondern die tatsächliche Bedeutung des Grundrechts wird ausgeweitet.[714] Es handelt sich deshalb nicht um einen Eingriff in das Grundrecht, sondern um die im Grundrecht selbst enthaltene Befugnis, dem Freiheitsgehalt der Grundrechte durch verfahrensrechtliche Vorschriften Wirkung zu verleihen.[715]
Im Bereich der Berufsfreiheit könnte ein solches Ausgestaltungsbedürfnis durch das auf individualrechtlicher Ebene bestehende Verhandlungsungleichgewicht zwischen Arbeitgeber und Arbeitnehmer bestehen. Die Ausübung ihrer Berufsfreiheit könnte den Arbeitnehmern deshalb nicht möglich sein, weil dem Arbeitgeber beim Abschluss des Arbeitsvertrages eine so beherrschende Stellung zukommt, dass er dem Arbeitnehmer die Arbeitsbedingungen diktieren könnte. Den Arbeitnehmern bliebe praktisch kein Entfaltungsraum mehr für ihr Grundrecht. Die Berufsfreiheit würde ins Leere laufen.

Es ist jedoch zweifelhaft, ob das auf individualrechtlicher Ebene bestehende Verhandlungsungleichgewicht die Ausgestaltung des Grundrechts der Berufsfreiheit durch Tarifnormen rechtfertigt. Zwar erfährt die Berufsfreiheit der Arbeitnehmer eine Einschränkung. Jedoch kann noch nicht davon gesprochen werden, dass die Berufsfreiheit ins Leere läuft und für die Wahrnehmung des

---

[710] Jarass/Pieroth, GG, Vorb. Rz. 26; Stern, Staatsrecht, Bd. III/1, S. 1302; BVerfGE 74, 297, 334

[711] So ist bei der Rundfunkfreiheit gem. Art. 5 I 2 GG anerkannt, dass der Gesetzgeber im Rahmen seiner Ausgestaltungsbefugnis materielle, organisatorische und prozedurale Regeln treffen kann, um sicherzustellen, "dass die Vielfalt der bestehenden Meinungen im Rundfunk in möglichster Breite und Vollständigkeit Ausdruck findet und dass auf diese Weise umfassende Information geboten wird" (BVerfGE 57, 295, 320) und zu garantieren, "dass der Rundfunk ebenso wenig wie dem Staat einzelnen gesellschaftlichen Gruppen ausgeliefert wird" (BVerfGE 83, 238, 296)

[712] Lerche, in: Isensee/Kirchhof, Handbuch des Staatsrechts, Bd. V, § 121 Rz. 5, 31 und 43; Badura, Staatsrecht, Rz. C 21; Bethge, NJW 1982, 1, 3 f.; Hesse, in: Benda/Maihofer/Vogel, Handbuch des Verfassungsrechts, § 5 Rz. 42 ff.

[713] Lerche, in: Isensee/Kirchhof, Handbuch des Staatsrechts, Bd. V, § 115 Rz. 146

[714] Jarras, AöR 110 (1985), 363, 391

[715] Badura, Staatsrecht, Rz. C 21; Bethge, NJW 1982, 1, 4

Grundrechts kein Raum mehr ist. Entgegen der Situation zur Zeit der Industrialisierung ist der einzelne Arbeitnehmer nicht mehr bedingungslos dem Arbeitgeber ausgeliefert. Allein das Bestehen eines gewissen Ungleichgewichts auf der Individualrechtsebene kann aber nicht ausreichend sein. An das Bedürfnis nach einer Grundrechtsausgestaltung sind insoweit hohe Anforderungen zu stellen, als dass hierdurch die Voraussetzungen von Grundrechtsbeschränkungen umgangen werden könnten. Der Gesetzgeber kann nicht verpflichtet sein, die maximale Wahrnehmung von Grundrechtsfreiheiten gegenüber anderen Grundrechtsträgern zu ermöglichen.[716]

Zudem gehen die Tarifvertragsregelungen über eine bloße Ausgestaltung der Berufsfreiheit hinaus. Bei der Abgrenzung zwischen Ausgestaltung und Eingriff ist größte Sorgfalt geboten, um nicht verdeckte Eingriffe zu ermöglichen.[717] Grundrechtliche Ausgestaltung hieße hier die Schaffung einer rechtlichen Rahmenordnung, in der die grundrechtlichen Gewährleistungen ihre Wirkung entfalten können, und die sicherstellt, dass der Einzelne von diesen Gewährleistungen Gebrauch machen kann.[718] Dies kann nur durch die Regelung von Verfahren und Organisation bei der Wahrnehmung des Grundrechts geschehen. Weitergehende Regelungen dienen nicht mehr nur der Grundrechtsgewährleistung. Sie verlassen den Bereich der Ausgestaltung und stellen bereits Eingriffe in das Grundrecht dar. Tarifnormen gehen aber über die Schaffung einer rechtlichen Rahmenordnung hinaus. In ihnen werden nicht bloße Verfahrens- und Organisationsregelungen zur Grundrechtsausübung getroffen, sondern bereits materielle Arbeitsbedingungen festgelegt. Diese wirken unmittelbar auf die Arbeitsverhältnisse ein und beschränken damit die Berufsfreiheit der Tarifunterworfenen. Folglich handelt es sich bei den Tarifnormen bereits um Grundrechtseingriffe und nicht um die (grundrechtsfreie) Ausgestaltung des Schutzbereichs.[719]
Dies wird deutlich, wenn man sich die Schutzrichtung der Tarifvertragsregelungen ansieht. Schutzgut der Ausgestaltung der Berufsfreiheit müsste immer die Sicherung der Berufsfreiheit selbst sein, da die Ausgestaltung der Gewährleis-

---

[716] Lerche, in: Isensee/Kirchhof, Handbuch des Staatsrechts, Bd. V, § 121 Rz. 33; aus diesem Grund wird im Rahmen der Schutzpflichten des Staates auch nur ein Schutzminimum gewährleistet.
[717] Jarass/Pieroth, GG, Vorb. Rz. 26
[718] Hesse, Verfassungsrecht, Rz. 303;
[719] Darüber hinaus muss auch die Ausgestaltung des Schutzbereichs einer Rechtmäßigkeitskontrolle unterliegen. Die Festlegung des Schutzbereichs eines Grundrechts kann eine erhebliche Belastung der Rechte der Grundrechtsträgers bedeuten. Aus diesem Grund ist die Ausgestaltung des Schutzbereichs am Übermaßverbot zu messen.(Jarass/Pieroth, GG, Vorb. Art. 1 Rz. 26; Isensee, in: Isensee/ Kirchhof, Handbuch des Staatsrechts, Bd. V, § 115 Rz. 141; BVerfGE 60, 253, 295; 77, 275, 284; 79, 29, 40 f.; a.A. Wiedemann, RdA 1997, 297, 303; BVerfGE 73, 118, 166)

tung des Grundrechts dient. Insoweit besteht ein Unterschied zu einem grundrechtseinschränkenden Gesetz.[720] Dieses kann auch andere Rechtsgüter schützen. Es ist nicht auf die Gewährleistung der Berufsfreiheit ausgerichtet. Tarifvertragsregelungen dienen jedoch zumeist dem Schutze anderer Rechtsgüter als der Berufsfreiheit. Schon deshalb kann es sich bei den Tarifnormen nicht um Ausgestaltungsgesetze handeln.

2) Ausgestaltung durch Konkretisierung des Berufsbegriffs?

Die Koalitionen könnten das Grundrecht der Berufsfreiheit ausgestalten, indem sie eine Konkretisierung des Berufsbegriffs vornehmen. Voraussetzung ist, dass die Tarifpartner überhaupt zu einer Berufsbildfixierung in der Lage sind. Dies ist nur dann der Fall, wenn ihnen trotz der Beschränkung der tarifvertraglichen Normwirkung auf die tarifgebundenen Arbeitsplätze die Normierung von Berufszulassungsregelungen möglich ist. Jedenfalls bei einer flächendeckenden Tarifbindung, die sich auf fast alle Arbeitsverhältnisse eines bestimmten Berufes erstreckt, wird man dies bejahen müssen.[721] Daneben könnte es problematisch sein, ob die Verbände überhaupt zum Erlass von Berufswahlregelungen befugt sind.[722] Wegen der Ablehnung eines allgemeinen Parlamentsvorbehalts bestehen diesbezüglich aber keine Bedenken.[723]

Eine Ausgestaltungsbefugnis des Gesetzgebers liegt immer dann vor, wenn der Schutzbereich eines Grundrechts der näheren Konkretisierung bedarf. Dies ist bei Grundrechten mit rechts- oder normgeprägten Schutzbereichen der Fall, da bei ihnen erst durch die Rechtsordnung mittels Definition des normgeprägten Begriffs der Schutzbereich konkretisiert werden muss.[724] Um ihren vollen Schutzgehalt zu erlangen, bedarf es der rechtlichen Ausformung des Schutzguts.[725] Auch der Berufsbegriff bedarf einer solchen Ausgestaltung. Für den Bereich der abhängigen Arbeit könnten neben dem Gesetzgeber die Tarifpartner eine Ausgestaltungsbefugnis hinsichtlich der Konkretisierung des Berufsbegriffs und damit des Schutzbereichs der Berufsfreiheit innehaben.

[720] Ruck, AöR 117 (1992), 543, 552; Hoffmann-Riem, in: Wassermann, GG, Bd. 1, Art. 5 Abs. 1, 2 Rz. 149
[721] siehe 3. Teil IV) 2) c)
[722] dagegen Scholz, ZfA 1981, 265, 293 ff.
[723] siehe 2. Teil II) 2) b)
[724] Pieroth/Schlink, Grundrechte, Rz. 209
[725] Ipsen, Staatsrecht II, Rz. 149; Hesse, Verfassungsrecht, Rz. 303; Isensee, in: Isensee/Kirchhof, Handbuch des Staatsrechts, Bd. V, § 115 Rz. 140

Beruf ist hierbei die auf Dauer angelegte, der Schaffung und Erhaltung einer Lebensgrundlage dienende Tätigkeit.[726] Grundsätzlich fallen auch untypische und neuartige Tätigkeiten unter den umfassenden Schutz der Berufsfreiheit.[727] In einer modernen Gesellschaft muss sichergestellt sein, dass sich auch neue Berufszweige entwickeln und verselbständigen können.[728] Die grenzenlose Anwendung dieses sehr individualistischen Berufsbegriffs würde aber dazu führen, dass auch dann eine Beschränkung der Berufswahl angenommen werden müsste, wenn lediglich ein Eingriff in die Berufsausübungsfreiheit vorliegt, da jede Reglementierung einer Tätigkeit zugleich die Wahl der unreglementierten Tätigkeit ausschließt.[729] Dies hätte zur Folge, dass der Gesetzgeber immer den hohen Erfordernissen einer Berufswahleinschränkung genügen müsste. Deshalb bedarf es einer gewissen Typisierung, um zwischen "Beruf" und "Berufsmodalität" zu unterscheiden.[730]
Die Konkretisierung und Typisierung des Berufsbegriffs erfolgt anhand von Berufsbildern. Dieser Berufsbildfixierung kommt dabei entscheidende Bedeutung für die Eingriffsprüfung im Rahmen der Drei-Stufen-Theorie zu. Hiervon hängt es ab, auf welcher Stufe der Eingriff anzusiedeln ist.[731] Je nachdem, wie man das Berufsbild festlegt, handelt es sich entweder um einen Eingriff in die Berufausübungsfreiheit oder einen Eingriff in die Berufswahlfreiheit. Bezieht sich eine Beschränkung auf ein Kriterium, welches entscheidendes Unterscheidungskennzeichen für ein anderes Berufsbild ist, so handelt es sich um einen Eingriff in die Berufswahlfreiheit. Bezieht sich die Einschränkung lediglich auf einen untergeordneten Teilbereich einer umfassenderen Tätigkeit, handelt es sich um eine Regelung der Berufsausübung.[732]

Ein Berufsbild ist dabei "die Gesamtvorstellung über den Inhalt und die Grenzen der für den Beruf charakteristischen Tätigkeit und die fachlichen, persönlichen,

---

[726] Ipsen, ebenda, Rz. 596; Jarass/Pieroth, GG, Art. 12 Rz. 4; Scholz; in: Maunz/Dürig, GG, Bd. II, Art. 12 Rz. 18; Gubelt, in: v. Münch/Kunig, GG, Bd. 1, Art. 12 Rz. 8, der darüber hinaus auf das Erlaubtsein der Tätigkeit abstellt.

[727] Manssen, in: Mangoldt/Klein/Starck, GG, Bd. 1, Art 12 Rz. 41; Gubelt, ebenda, Art. 12 Rz. 11; Pieroth/Schlink, Grundrechte, Rz. 810; BVerfGE 7, 377, 397; 17, 232, 241; BVerwGE 1, 53, 54 f.; Schmidt-Bleibtreu/Klein, GG, Art. 12 Rz. 6

[728] Gubelt, ebenda, Art. 12 Rz. 11; Ipsen, Staatsrecht II, Rz. 600

[729] Rittstieg, in: Wassermann, GG, Bd. 1, Art. 12 Rz. 61; Gubelt, ebenda, Art. 12 Rz. 12

[730] Jarass/Pieroth, GG, Art. 12 Rz. 22; Gubelt, ebenda, GG, Art. 12 Rz. 12

[731] Ipsen, Staatsrecht II, Rz. 601; Jarass/Pieroth, ebenda, Art. 12 Rz. 21; Manssen, in: Mangoldt/Klein/Starck, GG, Bd. 1, Art. 12 Rz. 49 und 136

[732] Als Beispiel soll hier der Fall des Lebensmittelhändlers dienen, der sein Sortiment um lose Milch erweitern wollte. Das BVerfG (E 9, 39, 48) nahm an, dass es sich um das eigenständige Berufsbild eines "Milchhändlers" handele. Daraus folgte unweigerlich, dass sich der Eingriff auf der Stufe der Berufswahl befand.

ggf. auch finanziellen Gegebenheiten, die mit ihr verbunden sind".[733] Dabei können die Berufsbilder auf zwei Arten bestimmt werden. Zum einen gibt es den autonomen[734] Berufsbildbegriff. Dieser bestimmt sich aus einer soziologischen Sichtweise. Die Abgrenzung erfolgt nach der allgemeinen Verkehrsauffassung. Hierbei spielen sowohl das Selbstverständnis der Berufsausübenden und ihrer Vertragspartner als auch die Anschauungen der Allgemeinheit eine Rolle.[735] Daneben ist der Gesetzgeber befugt, Berufsbilder zum Gegenstand gesetzlicher Regelungen zu machen.[736] Im Hinblick auf die Bedeutung des Berufswesens für die Gesellschaft besteht eine verfassungsrechtliche Notwendigkeit zur Regelung der wichtigsten berufsspezifischen Anforderungen durch den Gesetzgeber.[737] Die Ausgestaltung des Berufswesens darf nicht ausschließlich der Privatautonomie des Einzelnen und den gesellschaftlichen Interessengruppen überlassen bleiben.[738] Die Möglichkeit des Gesetzgebers zur Ausgestaltung des Berufsbegriffs lässt sich zudem schon dem Wortlaut des Grundgesetzes entnehmen. In Art. 12 Abs. 1 S. 2 GG wird die Befugnis des Gesetzgebers begründet, regelnd tätig zu werden. Der Begriff der Regelung geht über den des Eingriffs hinaus. Damit ist zugleich die Möglichkeit der Ausgestaltung gemeint.[739] Unter einer Regelungsmöglichkeit ist mehr zu verstehen als die bloße Möglichkeit der Einschränkung. Bei einem Regelungsvorbehalt verfließen die Übergänge zwischen Ausgestaltung und Begrenzung.[740] Damit stellt sich der Regelungsvorbehalt des Art. 12 Abs. 1 S. 2 GG zugleich als Eingriffsvorbehalt dar.[741]

Soweit der Gesetzgeber zur Berufsbildfixierung befugt ist, ist der Berufsbegriff normgeprägt. Der Gesetzgeber bestimmt den Inhalt der beruflichen Tätigkeit

---

[733] Gubelt, in: v. Münch/Kunig, GG, Bd. 1, Art. 12 Rz. 11

[734] Scholz, in: Maunz/Dürig, GG, Bd. II, Art. 12 Rz. 270; im Unterschied zur Bezeichnung des "traditionellen" Berufsbilds wird bei dem Begriff des autonomen Berufsbilds deutlicher, dass auch die Entwicklung von neuartigen Berufsbildern möglich ist. Das Gegenteil ist dann das vom Gesetzgeber festgelegte heteronome Berufsbild.

[735] Gubelt, in: v. Münch/Kunig, GG, Bd. 1, Art. 12 Rz. 12

[736] Ipsen, Staatsrecht II, Rz. 600; Sachs, GG, Art. 12 Rz. 52; Gubelt, ebenda, Art. 12 Rz. 13; Scholz, in: Maunz/Dürig, GG, Bd. II, Art. 12 Rz. 271; BVerfGE 13, 97,106; 17, 232, 241; 54, 301, 314, 59, 302, 315; 75, 246, 265 f.; 78, 179, 193; Manssen, in: v. Mangoldt/Klein/Starck, GG, Bd. 1, Art. 12 Rz. 41; kritisch Hesse, AöR 95 (1970), 449, 459 ff.

[737] Breuer, in: Isensee/Kirchhof, Handbuch des Staatsrechts, Bd. VI, § 147 Rz. 38

[738] Breuer, ebenda

[739] Scholz, in: Maunz/Dürig, GG, Art. 12, Bd. II Rz. 296 f.; Sachs, GG, Art. 12 Rz. 81; Hesse, Verfassungsrecht, Rz. 306; Ipsen, Staatsrecht II, Rz. 168; Pieroth/Schlink, Grundrechte, Rz. 222

[740] Hesse, Verfassungsrecht, Rz. 306

[741] Scholz, in: Maunz/Dürig, GG, Bd. II, Art. 12 Rz. 296 f.; Sachs, GG, Art. 12 Rz. 81; Hesse, Verfassungsrecht, Rz. 306; Manssen, in: v. Mangoldt/Klein/Starck, GG, Bd. 1, Art. 12 Rz. 98

sowie die Voraussetzungen für die Aufnahme der Berufsausübung.[742] Damit legt er zugleich den Schutzbereich der Berufsfreiheit fest. Sie ist also teilweise norm- und teilweise sachgeprägt.[743]

Bei der Konkretisierung des Berufsbildes überschneiden sich jedoch Ausgestaltung des Grundrechts und Eingriff in das Grundrecht. Die Begriffe sind hier nicht voneinander zu trennen.[744] Werden inhaltliche Vorgaben für das Berufsbild bestimmt, liegt ein Eingriff in die Berufsausübungsfreiheit vor. Derjenige, der den Beruf wählt, muss ihn in der vom Gesetzgeber getroffenen rechtlichen Ausgestaltung wahrnehmen.[745] Soweit Voraussetzungen für die Berufsaufnahme geregelt werden, stellt dies zugleich einen Eingriff in die Berufswahlfreiheit dar. Nur noch diejenigen, die die Voraussetzungen des Berufsbildes erfüllen, können den Beruf aufnehmen (Berufsmonopolisierung).[746] Entsprechend bedeutet die Normierung von subjektiven Berufszulassungsvoraussetzungen immer auch die rechtliche Ordnung eines Berufsbildes.[747] Dies hat zur Folge, dass es einen grundrechtsfreien Raum der Ausgestaltung nicht gibt. Wenn sich Ausgestaltung und Eingriff im Rahmen der Berufsbildfixierung nicht trennen lassen, dann muss die Ausgestaltung der gleichen Rechtmäßigkeitskontrolle unterliegen wie ein Eingriff in die Berufsfreiheit. Es bleibt deshalb nicht bei der bloßen Verhältnismäßigkeitsprüfung, wie sie im Rahmen der Ausgestaltung von Grundrechten üblich ist. Darüber hinaus muss sich die Berufsbildfixierung auch am strengeren Maßstab der Drei-Stufen-Theorie messen lassen.[748]

---

[742] Gubelt, in: v. Münch/Kunig, GG, Bd. 1, Art. 12 Rz. 13

[743] Manssen, in: v. Mangoldt/Klein/Starck, GG, Bd. 1, Art. 12 Rz. 98

[744] Hierbei muss jedoch unterschieden werden, ob der Gesetzgeber ein völlig neues Berufsbild im Rahmen einer grundrechtsprägenden Berufsbildfixierung schafft oder lediglich ein schon bestehendes Berufsbild im Rahmen der grundrechts-verdeutlichenden bzw. deklaratorischen Berufsbildfixierung übernimmt. Darin ist kein Eingriff zu sehen. (a.A. Manssen, ebenda, Art. 12 Rz. 42)

[745] Sachs, GG, Art. 12 Rz. 52; Gubelt, in: v. Münch/Kunig, GG, Bd. 1, Art 12 Rz. 13; Manssen, ebenda; Wieland, in: Dreier, GG, Art. 12 Rz. 77

[746] Sachs, ebenda; Gubelt, ebenda; Manssen, ebenda

[747] Rittstieg, in: Wassermann, GG, Art. 12 Rz. 96; Gubelt, ebenda, Rz. 53; Pieroth/Schlink, Grundrechte, Rz. 833; Schmidt-Bleibtreu/Klein, GG, Art. 12 Rz. 17; BVerfGE 7, 377, 406; 25, 236, 247

[748] Sachs, GG, Art. 12 Rz. 53; Jarass/Pieroth, GG, Art. 12 Rz. 21; Gubelt, ebenda, Art. 12 Rz. 14; Scholz, in: Maunz/Dürig, GG, Bd. II, Art. 12 Rz. 266 ff., 273; Manssen, in: Mangoldt/Klein/Starck, GG, Bd. 1, Art. 12 Rz. 143; Isensee, in: Isensee/Kirchhof, Handbuch des Staatsrechts, Bd. V, § 115 Rz. 141; BVerfGE 54, 301, 314 f.; 59, 302, 315 f.

III) Tarifnormen als Eingriff in die Berufsfreiheit

Die Berufsfreiheit kann unmittelbar durch Regelungen beeinträchtigt werden, die sich final auf die berufliche Betätigung beziehen.[749] Daneben kann aber auch mittelbar in den Schutzbereich der Berufsfreiheit eingegriffen werden, wenn die Auswirkungen "in engem Zusammenhang mit der Berufsausübung stehen und eine deutlich erkennbare objektiv berufsregelnde Tendenz aufweisen".[750]
Durch Tarifvertragsnormen wird grundsätzlich in die Berufsfreiheit eingegriffen. Zweck von Tarifverträgen ist es, das Verhältnis zwischen den Arbeitsvertragsparteien auszugestalten. Sie regeln die Bedingungen, unter denen diese ihre Berufsfreiheit wahrnehmen können. Damit greifen Tarifnormen zielgerichtet in die Berufsbetätigung ein und weisen den erforderlichen finalen Bezug zur Berufsfreiheit auf, so dass deren Schutzbereich unmittelbar berührt ist.

IV) Rechtfertigung des tarifvertraglichen Grundrechtseingriffs durch eine modifizierte Drei-Stufen-Theorie

Ebenso wie der staatliche Gesetzgeber können die Tarifpartner nur im Rahmen der Gesetzesvorbehalte in die Grundrechte eingreifen. Zur Überprüfung von Eingriffen in die Berufsfreiheit wurde die Drei-Stufen-Theorie aus dem Rechtsstaatsprinzip entwickelt. An ihrem Maßstab muss sich auch ein tarifvertraglicher Eingriff in die Berufsfreiheit messen lassen.

1) Die Drei-Stufen-Theorie

Art. 12 GG steht unter einem Regelungsvorbehalt, der Eingriffe durch oder aufgrund eines Gesetzes zulässt. Dem Wortlaut nach gilt dieser Gesetzesvorbehalt nur für die Berufsausübungsfreiheit. Folge der Annahme eines einheitlichen Grundrechts der Berufsfreiheit ist aber, dass der Vorbehalt in Art. 12 Abs. 1 S. 2 GG nicht nur für die Berufsausübungsfreiheit gilt, sondern für die gesamte Berufsfreiheit, also auch für die Berufswahlfreiheit. Je stärker jedoch Elemente der Berufswahlfreiheit betroffen sind, desto höhere Anforderungen sind an die Grundrechtsbeschränkung zu stellen. Um zu einer differenzierten Kontrolle der Grundrechtseinschränkung zu kommen, hat das Bundesverfassungsgericht deshalb die Drei-Stufen-Theorie entwickelt. Sie ist "das Ergebnis strikter Anwendung des Prinzips der Verhältnismäßigkeit bei den vom Gemeinwohl her gebotenen Eingriffen in die Berufsfreiheit".[751] Anwendung findet die Drei-Stufen-

[749] Sachs, GG, Art. 12 Rz. 71
[750] BVerwGE 71, 183, 191
[751] BVerfGE 13, 97, 104

Theorie deshalb im Rahmen einer stufenspezifischen Verhältnismäßigkeitsprüfung.[752]
Bei der Drei-Stufen-Theorie ist zwischen Berufsausübungsbeschränkungen als der ersten Stufe, subjektiven Berufswahlbeschränkungen als der zweiten Stufe und objektiven Berufswahlbeschränkungen als der dritten Stufe zu differenzieren. Die Intensität einer Beschränkung der Berufsfreiheit und die Anforderungen an die Rechtmäßigkeit nehmen mit den Stufen zu. Regelungen der Berufsausübung beziehen sich auf das "Wie", also die Art und Weise der Berufsbetätigung, ohne dass der Kern der beruflichen Tätigkeit angetastet wird.[753] Berufswahlbeschränkungen betreffen dagegen das "Ob", also die Aufnahme oder Beendigung eines Berufs. Die Unterscheidung zwischen Eingriffen in die Berufswahl und in die Berufsausübung hängt dabei zunächst vom speziellen Berufsbegriff und seinen Merkmalen ab.[754] Betrifft die Einschränkung statusbildende Merkmale eines Berufs, so ist die Berufswahl beschränkt. Bei untergeordneten Merkmalen handelt es sich nur um eine Berufsausübungsbeschränkung.
Bei Berufswahleinschränkungen ist dann im Einzelnen zu unterscheiden zwischen subjektiven Berufswahlbeschränkungen, die die Berufswahl an von der Person des Berufsanwärters abhängige Voraussetzungen wie das Vorliegen persönlicher Eigenschaften, Fähigkeiten oder Leistungsnachweise binden.[755] Objektive Berufswahlvoraussetzungen orientieren sich dagegen an allgemeinen, nicht von der Person des Berufsanwärters beeinflussbaren Kriterien und verfügen damit grundsätzlich über die größte Eingriffsintensität.

Bei der Anwendung der Drei-Stufen-Theorie ist zuerst die Stufe festzustellen, auf welcher die Maßnahme in die Berufsfreiheit eingreift. Ein Problem entsteht dort, wo Regelungsstufe und Eingriffsintensität voneinander abweichen, zum Beispiel bei Berufsausübungsbeschränkungen, wenn diese in ihren konkreten Auswirkungen mit Berufswahlbeschränkungen vergleichbar sind.[756] In diesen Ausnahmefällen muss der Abwägungsmaßstab korrigiert werden. Es ist hier eine Rechtfertigung durch Interessen von entsprechend großem Gewicht zu verlangen.[757] An die Stelle der eigentlich indizierten, stufenspezifischen Verhältnismäßigkeitsprüfung tritt eine Kontrolle anhand der verschärften Legitimationsanforderungen, die der konkreten Betroffenheit entsprechen, indem die Abwägungs-

---

[752] Jarass/Pieroth, GG, Art. 12 Rz. 23, Pieroth/Schlink, Grundrechte, Rz. 846; Tettinger, in: Sachs, GG, Art. 12 Rz. 114 f. m.w.N. aus der Rspr.; anders BVerfGE 28, 364, 375; 84, 133, 151 f.; 95, 173, 183, wo das Übermaßverbot als kumulatives Erfordernis herangezogen wird.
[753] BVerfGE 30, 292, 313, Gubelt, in: v. Münch/Kunig, GG, Bd. 1, Art. 12 Rz. 48
[754] Jarass/Pieroth, GG, Art. 12 Rz. 22
[755] Sachs, GG, Art. 12 Rz. 103
[756] BVerfGE 77, 84, 106
[757] Jarass/Pieroth, GG, Art. 12 Rz. 28; Pieroth/Schlink, Grundrechte, Rz. 852

maßstäbe der nächsthöheren Schranken- und Eingriffsstufe angewendet werden.[758]
Hat man die genaue Eingriffsstufe festgestellt, kommen die Abgrenzungen der Drei-Stufen-Theorie innerhalb der Verhältnismäßigkeitsprüfung an zwei Stellen zur Anwendung. Zunächst ist sie bei der Prüfung der Erforderlichkeit zu beachten. So ist eine Maßnahme regelmäßig dann nicht das mildeste Mittel, wenn der Zweck auch mit Hilfe einer auf einer niedrigeren Stufe stehenden Beeinträchtigung erreicht werden kann.[759] Berufsausübungsbeschränkungen müssen deshalb grundsätzlich einer Berufswahlbeschränkung vorgezogen werden.
Daneben ist die Drei-Stufen-Theorie vor allem bei der Angemessenheitsprüfung zu berücksichtigen. Je höher die Stufe der Beeinträchtigung ist, desto wichtiger und bedeutender muss das angestrebte Ziel sein. Die Stufentheorie gibt hier die Maßstäbe der Güterabwägung vor. So ist ein Eingriff auf der Stufe der Berufsausübungsfreiheit durch jede vernünftige Erwägung des Gemeinwohls legitimiert.[760] Ein Eingriff in die subjektive Berufswahlfreiheit ist dagegen nur zum Schutz wichtiger Gemeinschaftsgüter zulässig.[761] Schließlich sind objektive Berufswahlbeschränkungen allein bei besonders wichtigen Gemeinschaftsgütern statthaft.[762] Diese Stufenzuordnung erfasst die Eingriffsschwere und die Rechtfertigungsanforderungen der Verhältnismäßigkeit aber grundsätzlich nur in typisierender Weise.[763] Nicht jedes stufenadäquate Gemeinwohl rechtfertigt jede stufenkonforme Freiheitsbeschränkung. Auch innerhalb der Eingriffsstufen können Belastungen und Interessen der Allgemeinheit an der Maßnahme variieren. Es muss deshalb über die Stufenzuordnung hinaus festgestellt werden, ob die Beeinträchtigung der Berufsfreiheit und die Förderung der Gemeinwohlinteressen in einem angemessenen Verhältnis stehen.[764]

2) Modifizierung der Drei-Stufen-Theorie

Jedoch besteht auch bei der Drei-Stufen-Theorie ein Bedürfnis nach Modifizierung. Diese ist eine Ausprägung des Verhältnismäßigkeitsgrundsatzes. Sie ist deshalb genau wie die Verhältnismäßigkeitsprüfung selbst einer Interpretation und Anpassung an die Besonderheiten des Tarifvertragssystems zugänglich. Die bei der Untersuchung des Verhältnismäßigkeitsgrundsatzes gewonnenen Er-

[758] Breuer, in: Isensee/Kirchhof, Handbuch des Staatsrechts, Bd. VI, § 148 Rz. 10
[759] Pieroth/Schlink, Grundrechte, Rz. 850; Jarass/Pieroth, GG, Art. 12 Rz. 26
[760] BVerfGE 7, 377, 405 f.; 65, 116, 125; 70, 1, 28; 78, 155, 162
[761] BVerfGE 13, 97, 107
[762] BVerfGE 63, 266, 286; 7, 377, 408 f.
[763] Breuer, in: Isensee/Kirchhof, Handbuch des Staatsrechts, Bd. VI, § 148 Rz. 9 f.
[764] Gubelt, in: v. Münch/Kunig, GG, Bd. 1, Art. 12 Rz. 49

kenntnisse geben dabei die Richtung für eine Modifizierung der Drei-Stufen-Theorie vor.

Mit der Drei-Stufen-Theorie gelangt man zu einer differenzierten Rechtfertigungsprüfung, indem die Eingriffe in die Berufsfreiheit Gemeinwohlerwägungen in unterschiedlicher Abstufung gegenübergestellt werden. Mit "vernünftigen Erwägungen" des Gemeinwohls beginnend, über "wichtige" Gemeinwohlbelange gehend, endet die Drei-Stufen-Theorie bei "besonders wichtigen" Gründen des Allgemeinwohls. Da die Tarifpartner jedoch nicht der Gemeinwohlbindung unterliegen, ist sie abzuändern.[765] Zielvorgaben der Koalitionen sind die Interessen derer, die dem Geltungsbereich einer Tarifnorm unterliegen, also der Mitglieder und der Außenseiter für den Bereich der Betriebsnormen. Entsprechend ist der Prüfungsmaßstab der Drei-Stufen-Theorie abzuändern.

Wie bei der Verhältnismäßigkeitsprüfung verfügen die Tarifpartner auch über weitreichende Gestaltungsspielräume.[766] Da die Drei-Stufen-Theorie in einer stufenspezifischen Verhältnismäßigkeitsprüfung zur Anwendung kommt, findet hier ebenfalls eine Überprüfung der Geeignetheit, Erforderlichkeit und schließlich eine Abwägung zwischen dem mit der Tarifregelung verfolgten Ziel und der Schwere der Beeinträchtigung der Berufsfreiheit statt. Dies darf jedoch nicht zu einer umfassenden Überprüfung der Tarifnormen durch die Gerichte führen. Verstöße gegen die Drei-Stufen-Theorie führen aus diesem Grund nur bei evidenten Fehlern zur Grundrechtswidrigkeit einer Tarifnorm.

a) Feststellung der Eingriffsstufe

Bei der Drei-Stufen-Theorie ist als Ausgangspunkt zunächst die Stufe festzustellen, auf der in die Berufsfreiheit eingegriffen wird. Dies ist bedeutsam für die dann folgende verhältnismäßige Zuordnung der durch Art. 12 Abs. 1 GG geschützten Berufsfreiheit und der in der Regelung zum Ausdruck kommenden Interessen und Rechtspositionen.[767] Jedoch können auch bei Tarifvertragsnormen Regelungsstufe und Eingriffsintensität voneinander abweichen. Zum Beispiel ist eine Beschränkung der Berufsausübung durch Altersgrenzen in ihren Auswirkungen mit einer (subjektiven) Berufswahlbeschränkung vergleichbar. In solchen Fällen ist der Abwägungsmaßstab an die Eingriffsintensität anzupassen, indem die verschärften Anforderungen der höheren Stufe, die der Betroffenheit entsprechen, erfüllt werden müssen.[768]

---

[765] Rieble, ZTR 1993, 54, 60
[766] für den staatlichen Gesetzgeber: BVerfG, NJW 2001, 1779, 1781
[767] Waltermann, Berufsfreiheit, S. 122
[768] siehe 3. Teil IV) 1)

Des Weiteren kann die Stufe des Grundrechtseingriffs auch innerhalb einer Tarifnorm variieren. Dies hängt davon ab, auf welche der Arbeitsvertragsparteien abgestellt wird. So bedeutet eben genannte Altersgrenze für den Arbeitnehmer eine faktische Beschränkung seiner Berufswahlfreiheit. Für den Arbeitgeber stellt eine Altersgrenze dagegen nur eine Berufsausübungsbeschränkung dar.

b) Eingriffe in die Berufsausübungsfreiheit

Nach der herkömmlichen Drei-Stufen-Theorie bedarf es zur Rechtfertigung einer Berufsausübungsregelung der "vernünftigen Gründe des Gemeinwohls". Im Falle der abgewandelten Drei-Stufen-Theorie bedeutet dies für die Tarifvertragspartner, dass der Eingriff in eine Berufsausübungsregelung durch vernünftige Gründe aus dem Interessenbereich der Tarifnormunterworfenen gerechtfertigt sein muss.

Tarifnormen greifen in der Mehrzahl auf der Stufe der Berufsausübung in die Berufsfreiheit ein. Dies betrifft alle Regelungen, die sich auf die Durchführung der täglichen Arbeit und ihre Entlohnung beziehen, wie zum Beispiel Fragen der Betriebsordnung oder die Arbeitszeitgestaltung. Speziell Tarifnormen zur Lage und Dauer der Arbeitszeit und der Gesamtarbeitszeit der Belegschaft beschränken dabei die Berufsausübungsfreiheit sowohl der Arbeitnehmer als auch der Arbeitgeber. Jedoch können sich die Maßnahmen, die eine kontinuierliche Beschäftigung von Arbeitnehmern verhindern (zum Beispiel das Verbot von Wochenendarbeit oder Nachtarbeit) auch als Eingriff in die Berufswahlfreiheit des Arbeitgebers auswirken, wenn das Gewerbe nach seiner Art nur ohne Unterbrechung betrieben werden kann (wie bei Versorgungsunternehmen oder Krankenhäusern) oder wenn die tarifvertraglichen Maßnahmen die Produktivität eines Unternehmens so weit schwächen, dass ein Weiterbetrieb nicht mehr möglich ist.[769] Eine Einschränkung der Berufswahlfreiheit des Arbeitgeber liegt nämlich auch immer dann vor, wenn die betroffenen Berufsangehörigen wirtschaftlich nicht mehr in der Lage sind, den gewählten Beruf ganz oder teilweise zur Grundlage ihrer Lebensführung oder - bei juristischen Personen - zur Grundlage ihrer unternehmerischen Erwerbstätigkeit zu machen.[770] Eine Berufsausübungsregelung erreicht dann die Eingriffsintensität einer Berufswahlbeschränkung und muss deshalb an den erschwerten Legitimationserfordernissen der höheren Stufe gemessen werden.

Da zur Berufsausübungsfreiheit des Arbeitgebers nicht nur die nach außen gerichtete gewerbliche Unternehmensfunktion gehört, sondern ebenso die interne

---

[769] Wiedemann, TVG, Einl. Rz. 321
[770] BVerfGE 30, 292, 314

Betriebsstruktur[771] und damit die Verfügungsbefugnis des Arbeitgebers über die Arbeitsplätze in seinem Unternehmen, greifen auch Kündigungsverbote in die von Art. 12 Abs. 1 GG geschützten Unternehmensführungsrechte des Arbeitgebers ein. Die Sicherung eines bestehenden Arbeitsverhältnisses zum Erhalt der wirtschaftlichen Lebensgrundlage des Einzelnen ist aber von erheblicher Bedeutung für die Arbeitnehmer. Ein vernünftiger Grund aus dem Interessenbereich der Arbeitnehmerschaft liegt vor. Damit ist die Einschränkung der Berufsausübungsfreiheit der Arbeitgeber durch Kündigungsbeschränkungen in Form von direkten Kündigungsverboten oder auch indirekt durch die Auferlegung finanzieller Ausgleichsleistungen regelmäßig gerechtfertigt.[772] Jedoch dürfen Kündigungsbeschränkungen nicht dazu führen, dass Entlassungen vollständig ausgeschlossen werden und der Arbeitgeber deshalb nicht mehr in der Lage ist, eigene Personalentscheidungen zu treffen. Dies würde in evidenter Weise eine unzumutbare Beschränkung der Berufsausübungsfreiheit des Arbeitgebers bedeuten. Der Ausschluss außerordentlicher Kündigungen verstößt deshalbebenso gegen Art. 12 Abs. 1 GG wie indirekte Kündigungsbeschränkungen, wenn durch sie Kündigungen faktisch ausgeschlossen werden.

Quantitative Besetzungsregelungen schreiben dem Arbeitgeber dagegen vor, wie viele Arbeitnehmer sich an einer Arbeitsaufgabe oder an einem Arbeitsvorgang beteiligen müssen. Da sie den Arbeitgeber zur Beschäftigung einer bestimmten Anzahl von Arbeitnehmern zwingen, greifen auch sie in seine Berufsausübungsfreiheit ein. Beschränken sie sich darauf, die für die ordnungsgemäße Erbringung der Arbeitsleistung erforderliche Anzahl der Arbeitnehmer festzulegen, rechtfertigen sich quantitative Besetzungsregelungen aus dem Gesichtspunkt des Arbeitnehmerschutzes sowie der Arbeitsorganisation.[773] Ob sich ihre Rechtfertigung auch aus Gründen der Beschäftigungspolitik ergeben kann, ist zweifelhaft. Dies betrifft den Fall, dass der festgeschriebene Arbeitskräftebedarf den tatsächlichen Bedarf übersteigt. Hierbei muss unterschieden werden, zwischen Neueinstellungen und dem Erhalt bestehender Arbeitsplätze. Wird ein Unternehmer dadurch zu Neueinstellungen gezwungen, liegt darin eine unzumutbare und evidente Beeinträchtigung seiner Berufsausübungsfreiheit. Ihm werden durch die quantitative Besetzungsregel arbeitsvertragliche Bindungen aufgenötigt, für die kein Bedarf besteht.
Etwas anderes muss dann gelten, wenn es um den Schutz der bestehenden Arbeitsplätze vor Rationalisierungen geht. Hier steht die Berufsausübungsfreiheit des Arbeitgebers den Interessen des einzelnen Arbeitnehmers am Erhalt seines Arbeitsplatzes gegenüber. Diese Interessen sind für den Arbeitnehmer von we-

[771] Bengelsdorf, ZfA 1990, 563, 572
[772] Säcker/Oetker, Grundlagen, S. 290
[773] Säcker/Oetker, ebenda, S. 307

sentlicher Bedeutung und überwiegen gegenüber den Interessen des Arbeitgebers am Schutz seiner Berufsfreiheit. Der Unternehmer wird hier nicht zu neuen Vertragsabschlüssen gezwungen. Im Unterschied zu den Arbeitssuchenden besteht hier schon eine freiwillige vertragliche Bindung zwischen Arbeitgeber und Arbeitnehmer, auf dessen Schutz sich der Arbeitnehmer berufen kann. Die Wirkung der quantitativen Besetzungsregelungen ist hier nicht anders als bei Kündigungsbeschränkungen, die den Arbeitgeber ebenfalls zwingen, an einem Arbeitsverhältnis festzuhalten. Etwas anderes kann sich nur dann ergeben, wenn die Besetzungsregelungen dazu führen, dass die Wirtschaftlichkeit des Unternehmens nicht mehr gewahrt ist.

Zahlreiche Berufsausübungsbeschränkungen, die sowohl die Berufsausübungsfreiheit des Arbeitgebers als auch die der Arbeitnehmer beeinträchtigen, rechtfertigen sich aus dem damit bezweckten Gesundheitsschutz für die Arbeitnehmer, wie etwa die Begrenzung von Akkord- und Schichtarbeit, die mit hohen gesundheitlichen Risiken verbunden sind. Dies gilt auch für Arbeitszeitregelungen. Die Verkürzung der Wochen-, Jahres- und Lebensarbeitszeit greift nachteilig in die Lebensgestaltung derjenigen Arbeitnehmer ein, die mehr arbeiten wollen, sei es um mehr Geld zu verdienen oder weil sie die Arbeit als persönliche Erfüllung sehen. Arbeitszeitverkürzungen greifen aber auch in die Berufsausübungsfreiheit des Arbeitgebers ein. Dieser muss mehr Arbeitnehmer beschäftigen, was höhere Kosten und Koordinierungsprobleme verursacht oder zur Beschränkung der Produktivität durch Arbeitskräftemangel führen kann.Neben dem Aspekt des Gesundheits- und Persönlichkeitsschutzes der Arbeitnehmer rechtfertigen sich Arbeitszeitverkürzungen aber auch durch die erhoffte beschäftigungspolitische Wirkung.[774] Das BAG hat daneben eine vorübergehende Verkürzung der regelmäßigen wöchentlichen Arbeitszeit von 38,5 Stunden auf 30,5 Stunden durch einen Firmentarifvertrag, dessen ausdrückliches Ziel war, einen als vorübergehend eingeschätzten Mangel von Arbeit zu überbrücken und damit betriebsbedingte Kündigungen zu vermeiden, für rechtmäßig erklärt.[775] Zwar handelte es sich hierbei um einen erheblichen Eingriff in die Berufsfreiheit. Ausgleichend war aber zu berücksichtigen, dass die betroffenen Arbeitnehmer eine Gegenleistung für die Arbeitszeitverkürzung in Form eines Teillohnausgleichs und eines partiellen Schutzes gegen betriebsbedingte Kündigungen erhielten.

Zu den grundrechtsrelevanten Arbeitszeitregelungen zählen nicht nur die Festlegung der Höchstarbeitszeit, sondern auch die Bestimmung der Lage der Arbeits-

---

[774] Wiedemann, TVG, Einl. Rz. 321 m.w.N.; siehe zur Beschäftigungspolitik als Teil tarifvertraglicher Regelungsbefugnis: 2. Teil II) 2) f) bb) (1) (a)

[775] BAG 25.10.2000 - 4 AZR 438/99

zeit an Wochentagen und Wochenenden, die Verteilung auf Früh, Spät oder Nachtschicht und die Festlegung von Ruhepausen. Dies dient dazu, einen notwendigen und sinnvollen Rhythmus zwischen Arbeit und Erholung zu schaffen und somit eine Überlastung der Arbeitnehmer zu verhindern. Der Gestaltungsspielraum der Tarifpartner dürfte hierbei nur in den seltenen Fällen überschritten sein, in denen ein Unternehmer nicht mehr in der Lage ist, sich im Wettbewerb zu behaupten und die Arbeitszeitregelung deshalb offensichtlich unzumutbar ist.

Für die Arbeitnehmer ist vor allem das Recht auf freie Wahl des Arbeitsplatzes von besonderer Bedeutung. Dies schützt den Entschluss, eine konkrete Beschäftigungsmöglichkeit in dem gewählten Beruf zu ergreifen, beizubehalten oder aufzugeben.[776] Beschränkungen der Arbeitsplatzwahl entsprechen regelmäßig einer Beeinträchtigung der Wahl oder der Ausübung des Berufes.[777]
Das gilt auch für qualifizierte Besetzungsregelungen.Diese stellen an die Einstellung oder Beförderung von Arbeitnehmern bestimmte Qualifizierungsanforderungen, wie etwa den Nachweis einer bestimmten abgeschlossenen Ausbildung. Sie greifen damit in die Arbeitsplatzwahlfreiheit der nicht oder weniger qualifizierten Arbeitnehmer sowie der an die Besetzungsregelungen gebundenen Arbeitgeber ein. Qualifizierte Besetzungsregeln sind dabei grundsätzlich der Berufsausübung zuzurechnen.[778] Ein Arbeitnehmer hat zumeist die Möglichkeit, sich einen Arbeitsplatz bei einem nicht tarifgebundenen Arbeitgeber zu suchen, der nicht an die qualifizierte Besetzungsklausel gebunden ist. Ausnahmsweise liegt dann eine Berufswahlbeschränkung vor, wenn nahezu alle Arbeitgeber in dem räumlichen und fachlichen Geltungsbereich des Tarifvertrags tarifgebunden sind. Dagegen ist bei Firmentarifverträgen regelmäßig nur die Berufsausübungsfreiheit betroffen, wobei eine Ausnahme dann besteht, wenn der Arbeitgeber hinsichtlich der Arbeitsplätze in dem erwählten Beruf eine Monopolstellung besitzt.[779]

Solche qualifizierten Besetzungsregelungen sind dann gerechtfertigt, wenn sie dem Schutz des Arbeitnehmers selbst und der anderen Beschäftigten vor einer Gefährdung durch mangelhafte Ausbildung oder Erfahrung dienen. Der Arbeitnehmer soll hier vor einer Überforderung durch Arbeiten geschützt werden, denen er mangels Qualifikation nicht gewachsen ist.[780] Die sich hieraus ergebenden Belastungen und Gefahren treffen nicht nur die Arbeitnehmer selbst, sondern können sich auch auf die restliche Belegschaft oder auf die Produktion des Un-

---

[776] Kempen/Zachert, TVG, Grdl. Rz. 189
[777] Jarass/Pieroth, GG, Art. 12 Rz. 1; Tettinger, in: Sachs, GG, Art. 12 Rz. 65
[778] Däubler, Tarifvertragsrecht, Rz. 846; Beck, ArbuR 1981, 367, 373; BAG, AP Nr. 57 zu Art. 9 GG; BAG, AP Nr. 67 zu Art. 12 GG
[779] Säcker/Oetker, Grundlagen, S. 296
[780] BAG, AP Nr. 57 zu Art. 9 GG

ternehmens auswirken. Der Gesichtspunkt ordnungsgemäßer Leistungserbringung kann jedoch dort nicht gelten, wo die Arbeitsaufgabe offensichtlich auch durch Arbeitnehmer erfüllt werden könnte, die nicht über die geforderte Qualifikation verfügen. Hier fehlt es schon an der Geeignetheit der Tarifvertragsnorm, Arbeitnehmer vor Überforderung zu schützen.
Daneben können qualifizierte Besetzungsregelungen aber auch dem Arbeitsplatzerhalt für eine bestimmte Berufsgruppe dienen, deren Arbeitsplätze durch die Einführung neuer Technologien und der damit verbundenen geringeren Anforderungen an den Arbeitsplatz gefährdet sind. Die Einführung neuer Technologie, die eine Qualifizierung nicht mehr erfordert, bedeutet eine besondere Härte gegenüber den qualifizierten Arbeitnehmern, die sich einer langen beruflichen Ausbildung unterzogen haben und deren Arbeitplatz dann auch von weniger Qualifizierten ausgefüllt werden kann.[781] Um der betroffenen Berufsgruppe für eine begrenzte Zeit den Übergang zu ermöglichen und einen gewissen Ausgleich zu schaffen, ist ihre Privilegierung durch qualifizierte Besetzungsregelungen deshalb gerechtfertigt. Anders als Regelungen, die auch dem Arbeitnehmerschutz vor Überforderung dienen, sind solche Überbrückungsmaßnahmen nur dann verhältnismäßig, wenn sie zeitlich beschränkt sind. Dagegen greift ein dauerhafter Schutz eines Berufsstandes vor Konkurrenz, ohne dass die Qualifizierung für die Arbeitsleistung notwendig ist, unverhältnismäßig in die Rechte der unterqualifizierten Arbeitnehmer ein.[782] Im Hinblick auf das Ziel, einen schonenden Übergang für die von der Einführung neuer Technologie betroffenen Arbeitnehmer zu ermöglichen, sind bei dauerhaften Regelungen die Grenzen der Erforderlichkeit in evidenter Weise überschritten.

Sollte mit der qualifizierten Besetzungsregelung bezweckt werden, Arbeitnehmer eines bestimmten Berufsstandes generell und "zunftähnlich"[783] zu privilegieren und alle anderen Arbeitnehmer von der Berufsausübung abzuschotten, so ist dieser Eingriff in die Rechte der tarifvertraglichen Außenseiter offensichtlich unzumutbar und damit unangemessen. Die Berufsfreiheit der tarifgebundenen Arbeitnehmer genießt grundsätzlich keinen höheren Stellenwert als die Berufsfreiheit der Außenseiter. Sollen solche Besetzungsregelungen als Anreiz für die Erlangung einer beruflichen Qualifikation dienen, dürfte die Verhältnismäßigkeit auch dann nicht mehr gewahrt sein, wo eine solche Qualifizierung generell und dauerhaft nicht mehr gebraucht wird. Auch die Ausbildung bzw. ein bestimmter Berufsstand ist kein Selbstzweck. Wo bestimmte Qualifizierungen wegen des technischen Fortschritts auf dem Arbeitsmarkt generell nicht mehr benötigt wer-

[781] BAGE 44, 141, 153
[782] Reuter, ZfA 1978, 1, 39
[783] Säcker/Oetker, Grundlagen, S. 282

den, bedarf es keines besonderen Schutzes durch qualifizierte Besetzungsregelungen.

Ebenso wie die freie Berufswahl sich nicht in der Entscheidung zur Aufnahme eines Berufes erschöpft, sondern auch die Fortsetzung und Beendigung eines Berufs umfasst, bezieht sich die freie Arbeitsplatzwahl neben der Entscheidung für eine konkrete Beschäftigung auch auf den Willen des Einzelnen, diese beizubehalten oder aufzugeben.[784] Geschützt wird deshalb auch das Recht zur Kündigung und zur Suche nach einem neuen Arbeitsplatz. In die Arbeitsplatzwahlfreiheit greifen damit auch Rückzahlungsklauseln ein, die Arbeitnehmer verpflichten, Ausbildungsbeihilfen, Gratifikationen, Umzugskosten oder Vermögensbeteiligungen, also freiwillige Arbeitgeberleistungen zurückzuzahlen, wenn das Arbeitsverhältnis vor Ablauf bestimmter Fristen beendet wird, oder andere sachliche Voraussetzungen wegfallen.[785] Diese mittelbaren Kündigungsbeschränkungen werden durch das Interesse des Arbeitgebers gerechtfertigt, den vom Unternehmen unterstützten Arbeitnehmer an sich zu binden. Sie finden ihre Grenze dort, wo der Arbeitnehmer durch Rückzahlungsverpflichtungen in unzumutbarer Weise finanziell belastet wird oder die Bindung an den Betrieb außer Verhältnis zu den erlangten Vorteilen steht.

Durch das Grundrecht aus Art. 12 GG wird auch die Freiheit geschützt, einer Nebentätigkeit nachzugehen. Aus diesem Grund greifen auch Nebenbeschäftigungsverbote in die Berufsausübungsfreiheit ein. Sie dienen dem Interesse des Arbeitgebers am Erhalt der Arbeitskraft des Arbeitnehmers für sein Unternehmen und dem Schutz des Arbeitnehmers vor Überforderung. Die damit verbundene Einschränkung der Berufsausübungsfreiheit ist dort zulässig, wo die Haupttätigkeit durch die Nebenbeschäftigung beeinträchtigt wäre, zum Beispiel wenn diese Tätigkeit mit der geschuldeten Arbeitsleistung zeitlich zusammenfällt oder durch die erhöhte Arbeitsbelastung die Qualität der Arbeit leidet. Ein absolutes Nebentätigkeitsverbot ist aber nur in Ausnahmefällen mit dem Schutz der Berufsfreiheit vereinbar, so bei leitenden Angestellten oder Personen mit Rufbereitschaft, die ständig verfügbar sein müssen. Ein gegenüber dem Nebentätigkeitsverbot milderes Mittel im Sinne der Erforderlichkeit ist grundsätzlich ein Genehmigungsvorbehalt für Nebentätigkeiten.

Ähnlich wie Nebenbeschäftigungsverbote beschränken auch Wettbewerbsverbote die Arbeitsmöglichkeiten des Arbeitnehmers bei anderen Unternehmen. Sperren Wettbewerbsverbote einen bestimmten Beruf im gesamten, handelt es sich sogar um Berufswahlbeschränkungen. Sie sind dann nicht mehr rechtmäßig,

---

[784] Boecken, Erwerbsleben, B 33; BVerfGE 84, 133, 146; 85, 360, 373
[785] Wiedemann, TVG, Einl. Rz. 332 ff.

wenn der Arbeitgeber das Ziel verfolgt, jede Stärkung der Konkurrenz durch den Arbeitsplatzwechsel zu verhindern, ohne dass die Gefahr der Weitergabe von Geschäftsgeheimnissen oder des Einbruchs in den Kundenstamm besteht.[786]

c) Eingriffe in die Berufswahlfreiheit

Hier ergibt sich wieder das Problem, ob die Tarifpartner überhaupt zu Eingriffen in die Berufswahlfreiheit befugt sind.[787] Zwar kann die Berufsfreiheit auch durch nur materielle Gesetze beschränkt werden. Unter Hinweis auf den allgemeinen Parlamentsvorbehalt wird dies jedoch bestritten. Solche intensiven Grundrechtseingriffe seien danach dem formellen Gesetzgeber vorbehalten. Die Tarifpartner könnten deshalb nur den Bereich der Berufsausübung regeln. Da jedoch der allgemeine Parlamentsvorbehalt im Bereich der Tarifnormen keine Geltung hat, sind die Tarifpartner auch hinsichtlich der Berufswahlbeschränkungen grundsätzlich zur Normierung befugt.

Es bestehen aber Zweifel, ob die Tarifpartner überhaupt in der Lage sind, in die Freiheit der Berufswahl einzugreifen, oder ob ihnen lediglich Regelungen der Berufsausübung möglich sind. Grundsätzlich betreffen Tarifnormen nur den vom Tarifvertrag erfassten Arbeitsmarkt.[788] Es besteht immer die Möglichkeit, dass die Arbeitnehmer ihre Tätigkeit außerhalb des Tarifvertrages fortsetzen. Den Arbeitnehmern bleibt damit die Wahl, bei einem nicht tarifgebundenen Arbeitgeber zu arbeiten.[789] Dies gilt jedoch dann nicht, wenn fast alle Arbeitgeber tarifgebunden sind und der Tarifvertrag deshalb nahezu alle Arbeitsverhältnisse eines Berufes erfasst.[790] In diesen Fällen wirken sich tarifvertragliche Beschränkungen als Einschränkung der Berufswahl aus, da es für den Arbeitnehmer keine außertarifliche Arbeitsmöglichkeit gibt. Regelungsstufe und Eingriffsintensität weichen voneinander ab. Anstelle der ursprünglich vorgegebenen stufenspezifischen Prüfung kommt es zu einer verschärften Kontrolle anhand der Legitimationsanforderungen der höheren Stufe.[791] In allen anderen Fällen beschränken tarifliche Regelungen der Einstellung und Entlassung lediglich das Recht zur freien Arbeitsplatzwahl, das an den Schranken der Berufsausübungsregeln zu messen ist.[792]

---

[786] BAG, AP Nr. 5 zu § 74 a HGB
[787] siehe 2. Teil II) 2) b) und 3. Teil II) 2)
[788] Löwisch/Rieble, TVG, § 1 Rz. 164
[789] Rieble, ZTR 1993, 54, 59 f.
[790] Rieble, ebenda; Löwisch/Rieble, TVG, § 1 Rz. 166
[791] siehe 3. Teil IV) 1)
[792] Rieble, ZTR 1993, 54, 60

Deutlich wird die Möglichkeit der Koalitionen, in die Berufswahlfreiheit einzugreifen, bei der Normierung von Altersgrenzen in Tarifverträgen. Hier wird es fast immer so sein, dass der ausscheidende Arbeitnehmer wegen seines Alters nicht mehr in der Lage ist, einen neuen Arbeitsplatz zu finden und deshalb vollständig aus dem Berufsleben ausscheiden muss.[793] Mittelbar wird damit durch die faktische Wirkung der Tarifregelungen auch die Berufswahl beschränkt.[794] Diese umfasst nicht nur die Entscheidung über den Eintritt in den Beruf, sondern auch die Entscheidung über den Verbleib in dem Beruf, so dass die Freiheit der Berufswahl nicht nur vor und bei der Berufsaufnahme ausgeübt wird, sondern auch bei der Entscheidung über die Berufsbeendigung.[795]

aa) Subjektive Berufswahl

Tarifliche Regelungen, die die Zulassung zu einem Beruf von dem Vorliegen persönlicher Eigenschaften, Fähigkeiten und Fertigkeiten abhängig machen, sind subjektive Berufswahlbeschränkungen, wobei es unerheblich ist, ob der Einzelne entsprechende persönliche Kriterien beeinflussen kann.[796] Sie werden durch wichtige Belange der Normunterworfenen gerechtfertigt.

Neben den erwähnten qualitativen Besetzungsregelungen handelt es sich auch bei Altersgrenzen um subjektive Berufswahlbeschränkungen, wenn diese eine generelle Vermutung mangelnder Leistungsfähigkeit beinhalten. Soll durch die Altersgrenzen die Leistungsfähigkeit der Arbeitnehmer gesichert werden, wirkt dies wie eine generelle Vermutung, dass Menschen mit einem bestimmten Alter den Anforderungen des betreffenden Arbeitsplatzes nicht mehr genügen, ihnen also die persönlichen Eigenschaften und Fähigkeiten fehlen, die ihre Tätigkeit voraussetzt.[797] Solche Altersgrenzenregelungen knüpfen demnach an ein subjektives Kriterium an. Gerechtfertigt werden sie durch das wichtige Interesse des Arbeitgebers an der Leistungsfähigkeit seiner Arbeitnehmer. Dies gilt aber nicht für alle Berufe gleichermaßen. Bei den meisten Tätigkeiten macht sich ein altersbedingter Leistungsabfall kaum bemerkbar. In diesen Fällen vermag das grundsätzliche Interesse des Arbeitgebers an der Leistungsfähigkeit seiner Arbeitnehmer einen Eingriff in die Berufsfreiheit nicht zu rechtfertigen. Etwas anderes gilt bei körperlich und geistig anspruchsvollen Tätigkeiten, die zudem noch ein hohes Risiko beinhalten. Zum einen kann eine verminderte Leistungs-

---

[793] Wiedemann, TVG, Einl. Rz. 325; Boerner, ZFA 1995, 537, 555; BAG, AP Nr. 1 und Nr. 5 zu § 620 BGB Altersgrenze

[794] Schlüter/Belling, NZA 1988, 297, 301

[795] BVerfGE 9, 338, 344 f.

[796] BVerfGE 9, 338, 345

[797] Waltermann, Berufsfreiheit, S. 123

fähigkeit in diesen Fällen zu erheblichen Nachteilen und Gefahren führen, wie etwa zu einer Herabsetzung der Produktivität bzw. zur Mangelhaftigkeit von Produkten oder Dienstleistungen des Unternehmens. Die Folgen wären eine Verschlechterung seiner Wettbewerbsposition und damit verbundene Gewinneinbußen. Zum anderen kann die verminderte berufliche Leistungsfähigkeit die Gefahr von Arbeitsunfällen erhöhen. Gefährdet ist hierbei nicht nur der Arbeitnehmer selbst, sondern es können auch Gefahren für die anderen Beschäftigten, das Unternehmenseigentum oder für Rechtsgüter Dritter entstehen. Im letzteren Fall würde der Arbeitgeber den diesbezüglichen Regressforderungen gegenüberstehen. Die Voraussetzungen einer Altersgrenzenregelung werden deshalb immer dann vorliegen, "wenn einerseits die Leistungsfähigkeit des Arbeitnehmers infolge altersbedingten Abbaus und überdurchschnittlicher physischer und psychischer Belastungen im bisherigen Berufsleben nicht mehr gewährleistet ist und das Risiko von Ausfallerscheinungen und Fehlreaktionen steigt, andererseits die Tätigkeit zum Schutz von Leben und Gesundheit anvertrauter Dritter oder von hohen Sachwerten die besondere, unverminderte Leistungsfähigkeit des Arbeitnehmers erfordert".[798]

Als Beispiel sei auf den Beruf des Piloten verwiesen, der nicht nur besondere Ansprüche an die Leistungsfähigkeit stellt, sondern auch ein erhebliches Gefahrenpotential beinhaltet. Aufgrund der überdurchschnittlichen psychischen und physischen Belastung wächst das Risiko altersbedingter Ausfallerscheinungen und unerwarteter Fehlreaktionen. Die Altersgrenze trägt hier "den spezifischen Leistungsanforderungen einer beruflichen Tätigkeit im Cockpit Rechnung und soll den mit zunehmendem Lebensalter steigenden Gefahren von Leistungsausfällen und den daraus erwachsenden Risiken für Leben und Gesundheit des Flugpersonals und der ihnen anvertrauten Passagiere entgegenwirken".[799] Im Gegensatz dazu wird eine Altersgrenze für das Kabinenpersonal nicht zu rechtfertigen sein. Die Haupttätigkeit liegt hier in der Betreuung und Bedienung der Fluggäste. Solche Serviceleistungen können von einem älteren Arbeitnehmer genauso gut erbracht werden wie von einem jüngeren. Aus dem altersbedingten Nachlassen des Leistungsvermögens von Kabinenmitarbeitern resultieren daher keine signifikanten Risiken für Leben und Gesundheit der übrigen Besatzungsmitglieder und der Passagiere und für das Flugzeug.[800]

Abgemildert wird der Eingriff in die subjektive Berufswahlfreiheit, wenn die Vermutung mangelnder Leistungsfähigkeit widerlegbar ist oder die Folgen der Berufsbeendigung für die Existenzsicherung durch zusätzliche Alterssiche-

[798] LAG Düsseldorf, NZA-RR 2001, 259, 260
[799] BAG, NZA 1998, 715, 715
[800] LAG Düsseldorf, NZA 2001, 259, 260

rungsmaßnahmen abgeschwächt werden. Dagegen ist allein das Vorhandensein einer betrieblichen Altersversorgung oder Abfindungsregelung zur materiellen Absicherung des Arbeitnehmers nicht in der Lage, Eingriffe zu rechtfertigen, da Art. 12 GG die Berufsfreiheit auch unter dem Aspekt der Persönlichkeitsentfaltung und Selbstverwirklichung schützt.[801] Die Gewährleistung eines finanziellen Ausgleichs ersetzt nicht den notwendigen Sachgrund, sondern beeinflusst lediglich das Abwägungsergebnis im Rahmen der Verhältnismäßigkeitsprüfung.

bb) Objektive Berufswahl

Eingriffe in die objektive Berufswahl durch die Tarifvertragspartner sind selten. Es handelt sich hier um die schwerstmöglichen Eingriffe in die Berufsfreiheit. Es bedarf der Rechtfertigung durch besonders wichtige Belange der Tarifnormunterworfenen. Deshalb liegt die Vermutung nahe, dass den Eingriffen in die objektive Berufswahl ein Abwägungsmangel zugrunde liegt.

Im Gegensatz zu Altersregelungen, die eine generelle Vermutung mangelhafter Leistungsfähigkeit beinhalten, sind Altersregelungen, die Ziele verfolgen wie Beschäftigungspolitik und die Schaffung von Aufstiegsmöglichkeiten zugunsten jüngerer Arbeitnehmer, die Gewährleistung einer bestimmten Altersstruktur im Betrieb oder die Ermöglichung einer vorausberechenbaren langfristigen Personalplanung, objektive Berufswahlregelungen.[802] Solche Altersgrenzen knüpfen die Beendigung des Berufslebens nicht an subjektive Kriterien, also den Besitz persönlicher Eigenschaften und Fähigkeiten, und sind deshalb unabhängig von in der Person des Arbeitnehmers liegenden Voraussetzungen. In der Regel wird es hier schon an einem überragend wichtigen Grund fehlen.[803] Daneben wird auch in offensichtlich unzumutbarer Weise in die objektive Berufswahlfreiheit der älteren Arbeitnehmer zugunsten jüngerer Arbeitnehmer eingegriffen. Es gibt keinen generellen Vorrang der Berufsfreiheit jüngerer Arbeitnehmer. Auch ältere Arbeitnehmer haben das Recht, einen Beruf zur Aufrechterhaltung der wirtschaftlichen Lebensgrundlage und persönlichen Verwirklichung auszuüben. Aufgrund ihres Alters trifft sie der Verlust eines Arbeitsplatzes zumeist noch

[801] Wiedemann, TVG, § 1 Rz. 530; LAG Düsseldorf, NZA-RR 2001, 259, 261
[802] Waltermann, Berufsfreiheit, S. 124
[803] Für den Fall einer tariflichen Altersgrenzenregelung für Kabinenpersonal in Passagierflugzeugen: LAG Düsseldorf, NZA-RR 2001, 259, 260 f.. Danach ist das Interesse des Arbeitgebers, "der Altersgrenze eine Personalsteuerungsfunktion zukommen zu lassen, um für den Betrieb, die Geschäftstätigkeit sowie die Repräsentation des Unternehmens Vorteile zu generieren, die mit einer jüngeren Altersstruktur des Kabinenpersonals verbunden zu sein pflegen", nicht schutzwürdig. Siehe aber auch BVerfG, NJW 2001, 1779, 1780 ff., das in dem Erhalt der Funktionsfähigkeit des gesetzlichen Krankenversicherungssystems einen überragend wichtigen Grund für eine gesetzliche Altersregelung sieht.

stärker. Die Interessen dieser älteren Arbeitnehmer sind aber von den Tarifvertragspartnern ebenfalls zu beachten. Auf der anderen Seite sind die positiven Auswirkungen auf den Arbeitsmarkt nicht eindeutig. Es werden hier keine neuen Arbeitsplätze geschaffen. Bestenfalls findet ein Austausch zwischen einem älteren und einem jüngeren Arbeitnehmer statt. In Zeiten der Rezession wird der Arbeitgeber aber in vielen Fällen auf eine Neubesetzung des Arbeitsplatzes verzichten. Bei einer Abwägung zwischen dem Schutz der Berufsfreiheit und dem mit einer Altersgrenzenregelung verfolgten Ziel der Beschäftigungsförderung muss man deshalb zu dem Schluss kommen, dass die Grenze der Zumutbarkeit in evidenter Weise überschritten wurde.[804]

Auf Seiten der Arbeitgeber können sich bestimmte Berufsausübungsregelungen dann als objektive Berufswahlregelungen auswirken, wenn ein Unternehmen dadurch seine Wettbewerbsfähigkeit verliert und der Arbeitgeber nicht mehr in der Lage ist, den gewählten Beruf zur Grundlage seiner Lebensführung zu machen. Solche Regelungen sind grundsätzlich unangemessen. Da durch diese Maßnahmen zugleich auch die eigenen Arbeitsplätze gefährdet werden, kann es hierfür keine überragend wichtigen Interessen der Arbeitnehmerschaft geben, die eine solche Einschränkung rechtfertigen.

V) Das Verhältnis der Berufsfreiheit zu anderen Grundrechten

Abschließend muss festgestellt werden, in welchem Verhältnis die Berufsfreiheit zu anderen Grundrechten steht. Da Tarifvertragsnormen Arbeitsbedingungen regeln, liegt grundsätzlich immer ein Eingriff in die Berufsfreiheit vor. Durch den Umfang des tarifvertraglichen Regelungsfeldes sind aber in vielen Fällen neben der Berufsfreiheit noch andere Grundrechte durch die selbe Tarifnorm tangiert. So ist zum Beispiel bei der Verpflichtung zur Hinnahme von körperlichen Untersuchungen immer auch das Grundrecht auf körperliche Unversehrtheit gem. Art. 2 Abs. 2 S. 1 GG berührt. Es stellt sich nun die Frage nach der Konkurrenz zwischen den verschiedenen Grund-rechten.

Für diesen Fall, dass neben dem Grundrecht der Berufsfreiheit noch ein anderes Grundrecht beeinträchtigt ist, nimmt Löwisch[805] an, dass das andere Grundrecht generell hinter der Berufsfreiheit zurücktreten müsse. Andere Freiheitsrechte als

---

[804] Nach Art. 6 der Richtlinie des Rates der Europäischen Union zur Festlegung eines allgemeinen Rahmens für die Verwirklichung der Gleichbehandlung in Beschäftigung und Beruf vom 28.11.2000 können Mitgliedsstaaten Altersgrenzen auch aus Gründen der Beschäftigungspolitik vorsehen. Es handelt sich dabei jedoch nur um eine Öffnungsklausel, die eine mögliche Rechtswidrigkeit nach nationalem Recht unberührt lässt.

[805] Löwisch/Rieble, TVG, § 1 Rz. 175 ff.

die Berufsfreiheit seien regelmäßig nicht ohne weiteres auf die tarifliche Regelung von Arbeitsverhältnissen anwendbar, da es sich hierbei nur um mittelbare Grundrechtseingriffe handele und deshalb regelmäßig allein Art. 12 Abs. 1 GG anwendbar sei. So werde niemand zu dem Grundrechtseingriff selbst gezwungen. An die Verweigerung einer tarifvertraglichen Pflicht seien lediglich arbeitsvertragliche Sanktionen geknüpft. Nur wenn die vom Arbeitnehmer zu leistende Arbeit selbst und unmittelbar dem Schutzbereich eines anderen Grundrechts unterfalle, müsse sich der Tarifvertrag an den Spezialgrundrechten messen lassen. So schütze Art. 5 GG Presse, Rundfunk und Universitäten und Art. 9 Abs. 3 GG die Arbeitnehmer von Koalitionen. Die Beeinträchtigung der nur mittelbar berührten Grundrechte sei aber bei der Abwägung zwischen der Beeinträchtigung der Berufsfreiheit und den Rechtfertigungsgründen zu berücksichtigen. Sie gelten insoweit als Elemente der objektiven Ordnung.

Diese Ansicht hätte zur Folge, dass sich die Grundrechtsprüfung im wesentlichen auf die Feststellung reduziert, ob ein Verstoß gegen die Berufsfreiheit vorliegt. Nur in wenigen Ausnahmefällen steht die Arbeit "selbst und unmittelbar" unter dem Schutzbereich eines Grundrechts. Zumeist würden deshalb andere Grundrechte hinter der Berufsfreiheit zurücktreten. Es liegt jedoch in der Natur der Sache, dass Tarifverträge Arbeitsbedingungen regeln und damit einen Bezug zur Berufsfreiheit aufweisen. Dies kann nicht zum Anlass genommen werden, die Grundrechtsprüfung auf die Berufsfreiheit zu beschränken und damit die Gesetzesvorbehalte der anderen Grundrechte, die zum Teil erschwerte Eingriffsvoraussetzungen vorsehen, generell zu umgehen.

Gegen die von Löwisch vertretene Meinung spricht auch, dass sich der Grundrechtsschutz nicht auf unmittelbare Eingriffe beschränkt. Die Grundrechte schützen grundsätzlich auch vor mittelbaren Eingriffen.[806] Der klassische Eingriffsbegriff, der nur die unmittelbaren Folgen des Staatshandelns beinhaltete, hat sich im modernen Grundrechtsverständnis gewandelt. Eingriff ist danach jedes staatliche Handeln, das dem Einzelnen ein Verhalten, das in den Schutzbereich eines Grundrechts fällt, ganz oder teilweise unmöglich macht, gleichgültig, ob diese Wirkung unmittelbar oder mittelbar erfolgt.[807] Ist zugleich ein Grundrecht unmittelbar und ein anderes nur mittelbar verletzt, tritt das mittelbar verletzte Grundrecht nicht grundsätzlich hinter dem unmittelbar verletzten zurück. Vielmehr handelt es sich um ein Konkurrenzproblem, bei dem die Entscheidung von den im konkreten Fall betroffenen Grundrechten und der Reichweite ihrer Schutzbereiche abhängt.[808] Gehen die Schutzbereiche in eine andere Richtung,

[806] anders allerdings bei Art. 11 GG
[807] Pieroth/Schlink, Grundrechte, Rz. 240
[808] Stern, Staatsrecht, Bd. III/2, S. 174

sind das unmittelbar und das mittelbar betroffene Grundrecht nebeneinander zu prüfen. Schon deshalb wäre die Ansicht verfehlt, dass alleine das Grundrecht der Berufsfreiheit einschlägig sei.

Tarifvertragsregelungen beschränken sich zudem nicht nur auf mittelbare Eingriffe. Der Begriff der Unmittelbarkeit ist ein Ausdruck dafür, dass der Gegenstand einer grundrechtseinschränkenden Maßnahme die Beeinträchtigung des Grundrechts selbst ist. Mittelbar wäre ein Grundrechtseingriff dagegen, wenn die Beeinträchtigung des Grundrechtsträgers in weiteren, über den Regelungsgegenstand hinausgehenden Folgewirkungen der Maßnahme besteht. Tarifvertragsnormen greifen deshalb immer dann auch unmittelbar in andere Grundrechte ein, wenn die Beeinträchtigung des Schutzbereichs Gegenstand der tarifvertraglichen Regelung ist. Dies ist der Fall, wenn durch den Tarifvertrag bestimmte Verhaltenspflichten geregelt werden. Regelungsgegenstand ist die Verpflichtung zu einem Handeln oder Unterlassen im Rahmen der Berufsausübung. Diese Verpflichtung ist die unmittelbare Rechtsfolge der Regelung. Es ist nicht bloß die indirekte Folge einer tarifvertraglichen Maßnahme. Der Eingriff ist dabei ausdrücklich gegen ein über die Berufsfreiheit hinausgehendes Rechtsgut gerichtet. Entgegengesetzt zur Verhaltenspflicht verkürzt sich die individuelle Freiheit gerade in dem von der Norm betroffenen Bereich. Tarifvertragliche Pflichten wie die Duldung von Eingriffen in die körperliche Unversehrtheit oder auch Residenzpflichten knüpfen immer an ein Element des grundrechtlichen Schutzbereichs an und greifen damit unmittelbar in diesen ein.[809] Dabei ist es unerheblich, dass der Eingriff in das Grundrecht nicht "erzwungen" wird. Schon allein die durch den Normbefehl bewirkte Verpflichtung zu einem bestimmten Verhalten bedeutet eine Freiheitsverkürzung.[810] Anstelle der grundrechtlichen Entscheidungsfreiheit tritt die grundrechts-beschränkende Verhaltenspflicht. Weigert sich der Grundrechtsträger, seiner tarifrechtlichen Pflicht nachzukommen, zieht dies arbeitsvertragliche Sanktionen nach sich, ähnlich einem staatlichen Ge- oder Verbot, dessen Nichtbeachtung ebenfalls zu Sanktionen führt. Wo die Verpflichtung erst vom Eintritt weiterer Bedingungen abhängt, mag man zwar nicht von einem vollendeten Grundrechtseingriff sprechen. Dies ist aber nicht das Problem mittelbarer oder unmittelbarer Grundrechtseingriffe, sondern ob zunächst nur eine Grundrechtsgefährdung vorliegt.

---

[809] Zum Problem der Residenzpflichten: Pieroth, JuS 1985, 81, 88. Anders dagegen Beschränkungen der Freizügigkeit, die nicht ausdrücklich geregelt, sondern mit abhängiger Arbeit notwendig verbunden sind. Hierbei handelt es sich um einen mittelbaren Grundrechtseingriff, der nicht dem Schutzbereich des Art. 11 Abs. 1 GG unterfällt (Krüger, in: Sachs, GG, Art. 11 Rz. 20).

[810] Sachs, GG, Vor Art. 1 Rz. 80

Sind nun verschiedene Grundrechte nebeneinander beeinträchtigt, ergibt sich ihr Verhältnis aus den allgemeinen Konkurrenzregelungen. In Frage kommt die inhaltliche Spezialität einer oder die Idealkonkurrenz beider Grundrechtsnormen. Dies hängt vor allem von den Schutzbereichen der betroffenen Grundrechte ab. Ein Spezialitätsverhältnis zwischen den Grundrechten kommt nur dort in Betracht, wo eine der beiden Grundrechtsbestimmungen neben sonstigen Kriterien stets auch alle Tatbestandsmerkmale der anderen voraussetzt.[811] Hier überschneiden sich die Schutzbereiche der einzelnen Grundrechte. Der Grundrechtsschutz bestimmt sich in diesen Fällen allein nach dem spezielleren Grundrecht. Das allgemeinere wird verdrängt. Beispiele hierfür sind das Verhältnis zwischen der von Art. 2 Abs. 1 GG geschützten Handlungsfreiheit und den nachfolgenden Freiheitsrechten oder auch das Verhältnis von Art. 9 Abs. 1 GG zu Art. 9 Abs. 3 GG und Art. 4 Abs. 1 GG zu Art. 4 Abs. 3 GG. Fällt ein konkretes Verhalten dagegen in den Schutzbereich zweier Grundrechte, zwischen denen kein Spezialitätsverhältnis besteht, dann handelt es sich um einen Fall der Idealkonkurrenz, wobei sich der Grundrechtsschutz nach beiden Grundrechten bestimmt.[812] Hier ergänzen sich die Schutzbereiche inhaltlich und kommen parallel zur Geltung.

In der Regel haben die von einer Tarifvertragsnorm betroffenen Grundrechte unterschiedliche Schutzrichtungen. Die Schutzbereiche überschneiden sich nicht. Wo Art. 12 Abs. 1 GG zum Beispiel die Freiheit der beruflichen Entfaltung schützen will, richtet sich Art. 2 Abs. 2 GG gegen Beeinträchtigungen der körperlichen Unversehrtheit. Mit Ausnahme der allgemeinen Handlungsfreiheit gem. Art. 2 Abs. 1 GG handelt es sich in den Fällen, in denen die Berufsfreiheit auf ein anderes Grundrecht trifft, grundsätzlich um einen Fall der Idealkonkurrenz.[813] Folge ist die parallele Anwendung beider Grundrechte. Da sie ihren Grundrechtsschutz nebeneinander entfalten, kann sich der Grundrechtsträger auch auf beide Grundrechte berufen. Die Überprüfung einer Tarifnorm ist dann nicht auf das Grundrecht der Berufsfreiheit beschränkt.

VI) Zusammenfassung des dritten Teils

1. Die Befugnis der Koalitionen, durch Tarifverträge die Arbeitsbedingungen in fremdbestimmender Weise zu regeln, steht im Widerspruch zu der von der Berufsfreiheit geschützten individuellen Selbstbestimmung im Arbeitsleben.

---

[811] Sachs, GG, Vor. Art. 1 Rz. 136

[812] Pieroth/Schlink, Grundrechte, Rz. 343; Bleckmann/Wiethoff, DÖV 1991, 722, 728 ff.; Bleckmann, Staatsrecht II, § 14 Rz. 16 ff.

[813] Breuer, Isensee/Kirchhof, Handbuch des Staatsrechts, Bd. VI, § 147 Rz. 99 ff.

2. Grundrechtsrelevante Tarifnormen gehen dabei über eine grundrechtsfreie Ausgestaltung der Berufsfreiheit hinaus. Sie bedeuten immer auch einen Eingriff in das Grundrecht. Tarifnormen weisen insoweit den erforderlichen finalen Bezug zur Berufsfreiheit auf.

3. Diese Eingriffe unterliegen der Rechtmäßigkeitsprüfung nach einer angepassten Drei-Stufen-Theorie. Da es sich bei ihr um eine Ausprägung des Verhältnismäßigkeitsgrundsatzes handelt, ist sie wie dieser einer Modifikation zugänglich.

4. Bei der Anwendung der Drei-Stufen-Theorie im Rahmen einer stufenspezifischen Verhältnismäßigkeitsprüfung ist auf die Interessen der Tarifunterworfenen abzustellen. Hierbei sind vor allem die Interessen der Arbeitnehmer am Erhalt des Arbeitsplatzes und der finanziellen Lebensgrundlage, am Gesundheitsschutz und der freien Lebensgestaltung zu berücksichtigten. Auf Seiten der Arbeitgeber ist das Interesse an der unternehmerischen Entscheidungsfreiheit und dem Schutz und Ausbau der Wettbewerbsposition des Unternehmens zu beachten.

5. Auch bei der Einschränkung der Berufsfreiheit verfügen die Tarifpartner über weitreichende Gestaltungsspielräume. Verstöße gegen die Drei-Stufen-Theorie führen nur bei evidenten Fehlern zur Grundrechtswidrigkeit der Tarifnorm.

6. Eingriffe in die Berufsausübungsfreiheit sind an vernünftigen Gründen aus dem Interessenbereich der Regelungsadressaten zu messen. Für subjektive Berufswahlregelungen bedarf es wichtiger Belange, für objektive Berufswahlregelungen besonders wichtiger Belange der Normunterworfenen.

7. Grundsätzlich greifen Tarifnormen nur in die Berufsausübungsfreiheit ein, da in der Regel die Möglichkeit besteht, seinem Beruf außerhalb der Geltung eines Tarifvertrages nachzugehen. Eine Ausnahme besteht zum Beispiel dort, wo ein Tarifvertrag nahezu alle Arbeitsverhältnisse eines Berufs erfasst oder ein Arbeitnehmer aus Altersgründen nicht mehr in der Lage ist, einen anderen Arbeitsplatz zu finden. Regelungsstufe und Eingriffsintensität weichen insoweit voneinander ab. In solchen Fällen bedarf es einer Eingriffskontrolle, die der konkreten Betroffenheit entspricht.

8. Der Eingriff in die Berufsfreiheit steht grundsätzlich im Verhältnis der Idealkonkurrenz zu Eingriffen in andere Grundrechte. Damit ist die grundrechtliche Überprüfung der Tarifvertragsnormen nicht auf das Grundrecht der Berufsfreiheit beschränkt.

Gesamtzusammenfassung

1. Tarifnormen sind echte Rechtsnormen, die durch Fremdbestimmung gekennzeichnet sind. Hierin liegt ein unüberwindbarer Widerspruch zu einer privatautonomen (selbstbestimmten) Deutung des Tarifvertrages, wie sie von der mandatarischen Theorie vertreten wird.

2. Die Rechtsetzungsmacht der Tarifpartner kann deshalb nur auf staatlicher Legitimation beruhen. Grundlage dieser Legitimation ist die Delegation von Rechtsetzungsmacht durch das TVG, mit der der Gesetzgeber seiner aus Art. 9 Abs. 3 GG folgenden Verpflichtung, ein funktionsfähiges, staatsunabhängiges Tarifvertragswesen zur Verfügung zu stellen, nachgekommen ist.

3. Aus dem Rechtsnormcharakter der Tarifnormen ergibt sich eine unmittelbare Grundrechtsbindung, da diese im Rahmen der Normenhierarchie an die höherrangigen Grundrechte gebunden sind. Darüber hinaus folgt aus dem Gedanken der Delegation staatlicher Rechtsetzungsmacht eine unmittelbare Grundrechtswirkung, da der staatliche Gesetzgeber nicht mehr Rechtsetzungsmacht verleihen kann als er selbst hat.

4. Die Tarifvertragspartner sind nicht in gleicher Weise wie der staatliche Gesetzgeber an die Grundrechte gebunden. Ihre durch Art. 9 Abs. 3 GG bestimmte Aufgabe liegt in der Interessenvertretung ihrer Mitglieder. Sie sind dagegen nicht dem Gemeinwohl verpflichtet. Die verfassungsrechtlich garantierte Tarifautonomie verhindert zudem eine umfassende Grundrechtsprüfung.

5. Die Anwendung der grundgesetzlichen Rechtmäßigkeitskontrolle auf das Tarifvertragssystem erfordert eine Modifizierung der herkömmlichen Schrankensystematik aus Gründen der Einheit der Verfassung. Die Widersprüche zwischen der Tarifautonomie und den Anforderungen an den Grundrechtseingriff sind unter Anwendung der praktischen Konkordanz zu einem Ausgleich zu bringen.

6. Aus Art. 9 Abs. 3 GG ergibt sich eine verfassungsrechtliche Zuständigkeitsschranke, die die Normsetzungsbefugnis der Tarifvertragspartner auf die Wahrung und Förderung der Arbeits- und Wirtschaftsbedingungen beschränkt. Daneben müssen die Koalitionen auch die sonstigen verfassungsrechtlichen Anforderungen an eine Grundrechtseinschränkung beachten. Sie sind jedoch nicht an den allgemeinen Parlamentsvorbehalt gebunden.

7. Bei der grundrechtseinschränkenden Rechtsetzung haben die Tarifvertragspartner die Interessen der Tarifnormunterworfenen wahrzunehmen. Dagegen dürfen durch die Tarifpartner keine Gemeinwohlinteressen wahrgenommen wer-

den. Sie dürfen aber auch nicht die Grenze der Gemeinwohlschädlichkeit überschreiten.

8. Wegen der Tarifautonomie verfügen die Koalitionen bei der Rechtsetzungüber einen weiten Gestaltungsspielraum, der erst überschritten wird, wenn die tarifvertraglichen Normsetzungsbefugnisse rechtsmissbräuchlich wahrgenommen werden. Dies ist dann der Fall, wenn eine Tarifvertragsnorm in evidenter Weise rechtswidrig ist.

9. Rechtsfolge der Verfassungswidrigkeit einer Tarifnorm ist ihre Nichtigkeit. Diese kann auch mit einer Verfassungsbeschwerde geltend gemacht werden.

10. Durch Tarifvertragsnormen wird regelmäßig in das Grundrecht der Berufsfreiheit eingegriffen. Diese Eingriffe unterliegen der Rechtmäßigkeitsprüfung nach einer modifizierten Drei-Stufen-Theorie, bei deren Anwendung auf die Interessen der Tarifunterworfenen anstatt auf die Interessen der Allgemeinheit abgestellt werden muss.

11. Auch bei der Einschränkung der Berufsfreiheit verfügen die Tarifpartnerüber weitreichende Gestaltungsspielräume. Nur evidente Verstöße gegen die Drei-Stufen-Theorie führen zur Rechtswidrigkeit der Tarifnorm.

12. Zwischen der Berufsfreiheit und anderen Grundrechten besteht in der Regel Idealkonkurrenz. Die Grundrechtskontrolle der Tarifvertragsnormen ist dann nicht auf das Grundrecht der Berufsfreiheit beschränkt.

Literaturverzeichnis

Adomeit, Klaus	Rechtsquellenfragen im Arbeitsrecht, München 1969
ders.	Zur Theorie des Tarifvertrages, RdA 1967, 297 ff.
Badura, Peter	Arbeitsrecht und Verfassungsrecht, RdA 1999, 8 ff.
ders.	Das Recht der Koalitionen - Verfassungsrechtliche Fragestellungen, ArbRGgw. 15 (1977), S. 17 ff., Berlin 1978
ders.	Staatsrecht - Systematische Erläuterung des Grundgesetzes für die Bundesrepublik Deutschland, 2. Auflage, München 1996
ders.	Die Tarifautonomie im Spannungsfeld von Gemeinwohlerfordernissen und kollektiver Interessenwahrung, AöR 104 (1979), 246 ff.
Baumann, Thomas	Anforderungen an den Tarifvertrag als Gesetz, RdA 1987, 270 ff
ders.	Die Rechtsfolgen eines Grundrechtsverstoßes der Tarifpartner, RdA 1994, 272 ff.
Beck, Thorsten	Rationalisierungsschutz und Grenzen der Tarifmacht - I. und II. Teil, ArbuR 1981, 333 ff. und 367 ff.
Beckers, Markus	Die rückwirkende Änderung von Tarifverträgen, ZTR 1999, 145 ff.
Belling	Die Verantwortung des Staates für die Normsetzung durch die Tarifpartner - Zur Grundrechtstreue und Legalitätskontrolle von Tarifnormen, ZfA 1999, 547 ff.
Belling, Detlev W. / Hartmann, Christian	Die geschlechtsdiskriminierende Altersgrenze im Tarifvertrag, NZA 1993, 1009 ff.
Benda, Ernst / Klein, Eckhart	Lehrbuch des Verfassungsprozeßrechts, Heidelberg 1991

Benda, Ernst / Maihofer, Werner / Vogel, Hans-Jochen — Handbuch des Verfassungsrechts der Bundesrepublik-Deutschland, 2. Auflage, Berlin, New York 1994

Bengelsdorf, Peter — Tarifliche Arbeitszeitbestimmungen und Günstigkeitsprinzip, ZfA 1990, 563 ff.

Bethge, Herbert — Grundrechtsverwirklichung und Grundrechtssicherung durch Organisation und Verfahren, NJW 1982, 1 ff.

Beuthien, Volker — Mitbestimmung unternehmerischer Sachentscheidungen kraft Tarif- oder Betriebsautonomie? - Teil II, ZfA 1984, 1 ff.

Biedenkopf, Kurt H. — Grenzen der Tarifautonomie, Karlsruhe 1964

ders. — Sinn und Grenzen der Vereinbarungsbefugnis der Tarifvertragsparteien, in: Verhandlungen des 46. Deutschen Juristentages Essen 1966, Band I, Teil 1 München und Berlin 1966, S. 97 ff.

Bleckmann, Albert — Staatsrecht II - Die Grundrechte, 4. Auflage, Köln, Berlin, Bonn, München 1997

Bleckmann, Albert / Wiethoff, Claudia — Zur Grundrechtskonkurrenz, DÖV 1991, 722 ff.

Blomeyer, Wolfgang — Besitzstandswahrung durch Tarifvertrag - Zugleich ein Beitrag zu den Grenzen der Tarifmacht, ZfA 1980, 1 ff.

Boecken, Winfried — Die Entwicklung des arbeitsrechtlichen Schrifttums im Jahre 1999, ZfA 2000, 379 ff.

ders. — Wie sollte der Übergang vom Erwerbsleben in den Ruhestand rechtlich gestaltet werden?, in: Verhandlungen des zweiundsechzigsten Deutschen Juristentages - Bremen 1998, Band I, Gutachten B, München 1998

Boerner, Dietmar — Altersgrenzen für die Beendigung von Arbeitsverhältnissen in Tarifverträgen und Betriebsvereinbarungen, Pfaffenweiler 1992

ders. — Der neue (alte) § 41 Abs. 4 Satz 3 SGB VI, ZfA 1995, 537 ff.

Bötticher, Eduard	Gestaltungsrecht und Unterwerfung im Privatrecht, Berlin 1964
Buchner, Herbert	Tarifliche Arbeitszeitbestimmungen und Günstigkeitsprinzip - Unter Berücksichtigung der Konsequenzen aus dem Beschluß des Großen Senats des BAG vom 7.11.1989 und der neuen Manteltarifverträge der Metallindustrie, DB 1990, 1715 ff.
Bulla, Werner	Tarifverträge über Rationalisierungsmaßnahmen in Betrieben und Unternehmen, Teil I, DB 1980, 103 ff.; Teil II, DB 1980, 158 ff.
Bydlinski, Franz	Bespr. zu W. Zöllner, Die Rechtsnatur der Tarifnormen nach deutschem Recht, RdA 1968, 74 ff.
Canaris, Claus-Wilhelm	Grundrechte und Privatrecht, AcP 184 (1984), 201 ff.
ders.	Grundrechtswirkungen und Verhältnismäßigkeitsprinzip in der richterlichen Anwendung und Fortbildung des Privatrechts, JuS 1989, 161 ff.
Däubler, Wolfgang	Der Arbeitsvertrag - ein Mittel zur Verlängerung der Wochenarbeitszeit, DB 1989, 2534 ff.
ders.	Das Grundrecht auf Mitbestimmung und seine Realisierung durch tarifvertragliche Begründung von Beteiligungsrechten, Frankfurt a.M. 1973
ders.	Der Streik im öffentlichen Dienst, 2. Auflage, Tübingen 1971
ders.	Tarifvertragsrecht, 3. Auflage, Baden-Baden 1993
Dechant, Hans	Der Kollektivvertrag nach österreichischem und deutschem Rechte unter Berücksichtigung des schweizerischen Obligationenrechtes, Wien, Leipzig und München 1923
Deinert, Olaf	Kollektive Regelungsinstrumente des englischen Arbeitsrechts im europäischen Vergleich, ZfA 1999, 361 ff.
Dieterich, Thomas	Die Grundrechtsbindung von Tarifverträgen, in: Tarifautonomie für ein neues Jahrhundert - Festschrift für Günter Schaub, München 1998, S. 117 ff.

ders. Zur Verfassungsmäßigkeit tariflicher Betriebsnormen, in: Recht und soziale Arbeitswelt - Festschrift für Wolfgang Däubler zum 60. Geburtstag, Frankfurt a.M. 1999, S. 451 ff.

Dörner, Hans-Jürgen Die Einschätzungsprärogative des Gesetzgebers und die grundrechtlich geschützte Tarifautonomie, in: Recht und soziale Arbeitswelt - Festschrift für Wolfgang Däubler, Frankfurt a.M. 1999, S. 31 ff.

Dolzer, Rudolf / Vogel, Klaus Bonner Kommentar zum Grundgesetz, Band 3, 94. Lieferung, Heidelberg November 2000

Dreier, Horst Grundgesetz-Kommentar, Band I, Tübingen 1996; Band II, Tübingen 1998

Dürig, Günter Grundrechte und Zivilrechtsprechung, in: Festschrift für Hans Nawiaski, München 1956, S. 157 ff.

Enneccerus, Ludwig / Nipperdey, Hans Carl Allgemeiner Teil des Bürgerlichen Rechts, Band 1, 15. Auflage, Tübingen 1960

Feistel, Klaus Die Zulässigkeit der Normierung von Beweislastregeln in Tarifverträgen - Ein Beitrag zur Lehre von den Grenzen der Tarifautonomie, Diss. jur. Köln 1969

Flume, Werner Rechtsgeschäft und Privatautonomie, in: Festschrift zum hundertjährigen Bestehen des Deutschen Juristentages 1860-1960, Band I, Karlsruhe 1960, S. 135 ff.

ders. Allgemeiner Teil des Bürgerlichen Rechts, Band II, Das Rechtsgeschäft, 3. Auflage, Berlin, Heidelberg, New York 1979

Forsthoff, Ernst Lehrbuch des Verwaltungsrechts, Erster Band, Allgemeiner Teil, München 1973

Fraenkel, Ernst Der Pluralismus als Strukturelement der freiheitlich-rechtsstaatlichen Demokratie, in: Verhandlungen des fünfundvierzigsten Deutschen Juristentages - Karlsruhe 1964; München und Berlin 1965, Band 2, Teil B

Galperin, Hans — Inhalt und Grenzen des kollektiven Koalitionsrechts, ArbuR 1965, 1 ff.

ders. — Die autonome Rechtsetzung im Arbeitsrecht, in: Festschrift für Erich Molitor, München, Berlin 1962, S. 143 ff.

Gamillscheg, Franz — Kollektives Arbeitsrecht, Band I, München 1997

ders. — Die Grundrechte im Arbeitsrecht, AcP 164 (1964), 385 ff.

ders. — Die Grundrechte im Arbeitsrecht, Berlin 1989

Gitter, Wolfgang / Boerner, Dietmar — Altersgrenzen in Tarifverträgen, RdA 1990, 129 ff.

Glaubitz, Werner — Die Vereinbarung über die Dauer der Arbeitszeit als Reservat der Privatautonomie, in: Recht und soziale Arbeitswelt - Festschrift für Wolfgang Däubler zum 60. Geburtstag, Frankfurt a.M. 1999, S. 465 ff.

Hagemeier, Christian / Kempen, Otto Ernst / Zachert, Ulrich / Zilius, Jan — Tarifvertragsgesetz-Kommentar für die Praxis, 2. Auflage, Köln 1990

Hanau, Hans — Zur Verfassungsmäßigkeit von tarifvertraglichen Betriebsnormen am Beispiel der qualitativen Besetzungsregeln, RdA 1996, 158 ff

Hartmann, Christian — Gleichbehandlung und Tarifautonomie - Zur Ermittlung der Rechtsfolgen bei Gleichheitsverstößen in Tarifverträgen, Berlin 1994

Hermes, Georg — Grundrechtsschutz durch Privatrecht auf neuer Grundlage, NJW 1990, 1764 ff.

Hermes, Reinhard — Der Bereich des Parlamentsgesetzes, Berlin 1988

Herschel, Wilhelm — Arbeitsrecht, Heidelberg 1976

ders. — Zur Entstehung des Tarifvertragsgesetzes, ZfA 1973, 183 ff.

ders. — Kündigung im Konkurs, BB 1984, 987 ff.

ders. Zur Rechtsnatur der Allgemeinverbindlicherklärung von Tarifverträgen, in: Sozialreform und Sozialrecht - Festschrift für Walter Bogs, S. 125 ff.

ders. Sinn und Grenzen der Vereinbarungsbefugnis der Tarifvertragsparteien, in: Verhandlungen des 46. Deutschen Juristentages Essen 1966, Band II, München, Berlin 1967, D S. 7 ff.

Hesse, Konrad Grundzüge des Verfassungsrechts der Bundesrepublik Deutschland, 18. Auflage, Heidelberg 1991

Hinz, Manfred O. Tarifhoheit und Verfassungsrecht - Eine Untersuchung über die tarifvertragliche Vereinbarungsgewalt, Berlin 1971

Hofbauer, Hans Der Rechtscharakter der Tarifverträge und der Allgemeinverbindlicherklärung, Berlin 1974

Hromadka, Wolfgang Privat- versus Tarifautonomie - Ein Beitrag zur Arbeitszeitdiskussion, DB 1992, 1042 ff.

Huber, Ernst Rudolf Beliehene Verbände - Ein Beitrag zu den Rechtsformen des Wirtschaftsverwaltungsrechts, DVBl. 1952, 456 ff.

ders. Wirtschaftsverwaltungsrecht, Band II, 2. Auflage, Tübingen 1954

Hueck, Alfred / Nipperdey, Hans Carl Lehrbuch des Arbeitsrechts, Band I, 7. Auflage, Berlin, Frankfurt a.M. 1963; Band II, 1. Halbband, 7. Auflage, Berlin, Frankfurt a.M. 1967

Ipsen, Jörn Staatsrecht II (Grundrechte), Neuwied, Kriftel, Berlin 1997

Isensee, Josef / Kirchhof, Paul Handbuch des Staatsrechts, Band III, Das Handeln des Staates, Heidelberg 1988; Band V, Allgemeine Grundrechtslehren, Heidelberg 1992; Band VI, Freiheitsrechte, Heidelberg 1989

Jacobi, Erwin Grundlehren des Arbeitsrechts, Leipzig 1927

Jarass, Hans D. Grundrechte als Wertentscheidungen bzw. objektivrechtliche Prinzipien in der Rechtsprechung des Bundesverfassungsgerichts, AöR 110 (1985), 363 ff.

ders. Tarifverträge und Verfassungsrecht - Grundlagenfragen, dargestellt am Beispiel des Streits um den Ladenschluß, NZA 1990, 505 ff.

ders. / Pieroth, Bodo Grundgesetz für die Bundesrepublik Deutschland, 3. Auflage, München 1995

Käppler, Renate Tarifvertragliche Regelungsmacht, NZA 1991, 745 ff.

Karpen, Hans-Ulrich Die Verweisung als Mittel der Gesetzgebungstechnik, Berlin 1970

Kaskel, Walter Arbeitsrecht, 3. Auflage, Berlin 1928

Kauffmann, Hermann Normsetzungsbefugnis der Tarifpartner, NJW 1966, 1681 ff.

Kelsen, Hans Reine Rechtslehre, 2. Auflage, Wien 1960

Kempen, Otto / Zachert, Ulrich Tarifvertragsgesetz - Kommentar für die Praxis, 2. Auflage, Köln 1999

Kemper, Michael Die Bestimmung des Schutzbereichs der Koalitionsfreiheit (Art. 9 Abs. 3 GG)- Zugleich ein Beitrag zur Lehre von den Einrichtungsgarantien, Heidelberg 1990

Kirchhof, Ferdinand Private Rechtsetzung, Berlin 1987

Klas, Helmut Die Zulässigkeit der Verfassungsbeschwerde gegen Tarifnormen, Frankfurt 1979

Klein, Friedrich Die Übertragung rechtsetzender Gewalt nach deutschem Verfassungsrecht, in: Die Übertragung rechtsetzender Gewalt im Rechtsstaat, Frankfurt a.M. 1952, S. 79 ff.

Krüger, Herbert Staatliche Gesetzgebung und nichtstaatliche Rechtsetzung, RdA 1957, 201 ff.

Küchenhoff, Günter Einwirkungen des Verfassungsrechts auf das Arbeitsrecht, in: Festschrift für Hans Carl Nipperdey, Band II, München, Berlin 1965, S. 317 ff.

ders. Verbandsautonomie, Grundrechte und Staatsgewalt, ArbuR 1963, 321 ff.

Kulka, Michael — Die kartellrechtliche Zulässigkeit von Tarifverträgen über das Ende der täglichen Arbeitszeit im Einzelhandel, RdA 1988, 336 ff.

Kunze, Otto — Streikbereitschaft als Voraussetzung der Tariffähigkeit, BB 1964, 1311 ff.

Laufke, Franz — Vertragsfreiheit und Grundgesetz, in: Festschrift für Heinrich Lehmann, Band I, Berlin, Tübingen, Frankfurt a.M. 1956, S. 145 ff.

Lechner, Hans / Zuck, Rüdiger — Bundesverfassungsgerichtsgesetz - Kommentar, 4. Auflage, München 1996

Leibholz, Gerhard / Rupprecht, Reinhard — Bundesverfassungsgerichtsgesetz - Rechtsprechungskommentar, Köln, Marienburg 1968

Lerche, Peter — Zur Bindung der Tarifnormen an die Grundrechte, insbesondere an das Grundrecht der Berufsfreiheit, in: Festschrift für Ernst Steindorff, Berlin, New York 1990, S. 897 ff.

Liebs, Rüdiger — Die unbeschränkbare Verfügungsbefugnis, AcP 175 (1975), 1 ff.

Löwisch, Manfred — Deliktsschutz gegen abtrünnige Mitglieder? Zur Tarifbruch-Unterlassungsentscheidung des BAG, BB 1999, 2080 ff.

ders. — Der Grundsatz der freien Anlagenwahl im Recht der Vermögensbildung, in: Recht und soziale Arbeitswelt - Festschrift für Wolfgang Däubler zum 60. Geburtstag, Frankfurt a.M. 1999, S. 473 ff.

ders. — Schutz der Selbstbestimmung durch Fremdbestimmung - Zur verfassungsrechtlichen Ambivalenz des Arbeitnehmerschutzes, ZfA 1996, 293 ff.

Löwisch, Manfred / Rieble, Volker — Tarifvertragsgesetz - Kommentar, München 1992

Loritz, Karl-Georg — Rechtsprobleme der tarifvertraglichen Regelung des "freien Wochenendes", ZfA 1990, 133 ff.

ders. Tarifautonomie und Gestaltungsfreiheit des Arbeitgebers - Dargestellt anhand der gewerkschaftlichen Forderungen nach tarifvertraglicher Regelunge der Bemessungsvorgaben bei der Deutschen Bundespost, Berlin 1990

Lotmar, Philip Der Arbeitsvertrag nach dem Privatrecht des Deutschen Reiches, Band I, Leipzig 1902

Malorny, Michael Der Grundrechtsverzicht, JA 1974, 475 ff.

v. Mangoldt, Hermann / Klein, Friedrich / Starck, Christian Das Bonner Grundgesetz, Kommentar, Bd. 1, 3. Auflage, Berlin, Frankfurt a.M. 1987

Martens, Wolfgang Öffentlich als Rechtsbegriff, Bad Homburg, Berlin, Zürich 1969

Maunz, Theodor / Dürig, Günter / Herzog, Roman / Scholz Rupert Grundgesetz-Kommentar, Band I, II und IV, 35. Lieferung, München November 1999

Maunz, Theodor / Schmidt-Bleibtreu, Bruno / Klein, Franz / Ulsamer, Gerhard Bundesverfassungsgerichtsgesetz - Kommentar, 18. Lieferung, München Februar 1999

Maunz, Theodor / Zippelius, Reinhold Deutsches Staatsrecht - Ein Studienbuch, München 1998

Meik, Frank Andreas Der Kernbereich der Tarifautonomie - Dargestellt am Funktionszusammenhang von Unternehmens-, Betriebs- und Tarifautonomie, Berlin 1987

Misera, Karlheinz Tarifmacht und Individualbereich unter Berücksichtigung der Sparklausel, Berlin 1969

Müller, Christoph J. Die Berufsfreiheit des Arbeitgebers - Einwirkungen des Art. 12 Abs. 1 GG auf das Individual- und Kollektivarbeitsrecht, Köln 1996

Müller, Gerhard	Drittwirkung von Grundrechten und Sozialstaatsprinzip, RdA 1964, 121 ff.
ders.	Das Koalitionswesen und das Gemeinwohlpostulat - Überlegungen zu einem Grundproblem des Art. 9 Abs. 3 GG im Blick auch auf das Mitbestimmungsurteil des BVerfG, ArbRGgw. 17 (1979), 19 ff.
ders.	Die Tarifautonomie in der Bundesrepublik Deutschland - Rechtliche und ethische Grundlagen, Berlin 1990
v. Münch, Ingo / Kunig Philip	Grundgesetz-Kommentar, Band 2, 3. Auflage, München 1995
Münchener Handbuch zum Arbeitsrecht	Band 1, Individualarbeitsrecht I; Band 3, Kollektives Arbeitsrecht, München 1992
Münchener Kommentar zum Bürgerlichen Gesetzbuch	Band 1, Allgemeiner Teil, 3. Auflage, München 1993
Nikisch, Arthur	Arbeitsrecht, 2. Auflage, Tübingen 1959; Erster Band, 3. Auflage, Tübingen 1961
Nipperdey, Hans Carl	Grundrechte und Privatrecht, in: Festschrift für Erich Molitor, München, Berlin 1962, S. 17 ff.
v. Olshausen, Henning	Die Wirksamkeit des Gesetzes und der Geltungsanspruch der Verfassung - Zugleich Besprechung von Ch. Böckenförde, Die sogenannte Nichtigkeit verfassungswidriger Gesetze, JZ 1967, 116 ff.
Ossenbühl, Fritz	Probleme und Wege der Verfassungsauslegung, DÖV 1965, 649 ff.
ders.	Der öffentliche Status der Gewerkschaften, NJW 1965, 1561 ff.
ders.	Die verfassungsrechtliche Zulässigkeit der Verweisung als Mittel der Gesetzgebungstechnik, DVBl. 1967, 401 ff.
Ossenbühl, Fritz / Richardi, Reinhard	Neutralität im Arbeitskampf, Köln, Berlin, Bonn, München 1987

Otto, Hansjörg	Besprechung zu Wagenitz, Die personellen Grenzen der Tarifmacht, RdA 1973, 398 ff.
Palandt, Otto	Bürgerliches Gesetzbuch, 60. Auflage, München 2001
Papier, Hans-Jürgen	Der verfassungsrechtliche Rahmen für Privatautonomie im Arbeitsrecht, RdA 1989, 137 ff.
Peter, Gabriele	Abschied vom Konsens - Mangelnde Tariftreue und Erosion der Arbeitgeberverbände, in: Recht und soziale Arbeitswelt - Festschrift für Wolfgang Däubler zum 60. Geburtstag, Frankfurt a.M. 1999, S.479 ff.
Peters, Hans / Ossenbühl, Fritz	Die Übertragung von öffentlichrechtlichen Befugnissen auf die Sozialpartner unter besonderer Berücksichtigung des Arbeitszeitschutzes, Berlin, Franfurt a.M. 1967
Picker, Eduard	Die Tarifautonomie in der deutschen Arbeitsverfassung, Walter-Raymond-Stiftung, Kleine Reihe, Heft 67, Köln 2000
Pieroth, Bodo	Das Grundrecht der Freizügigkeit (Art. 11 GG), JuS 1985, 81 ff.
Pieroth, Bodo / Schlink, Bernhard	Grundrechte - Staatsrecht II, 14. Auflage, Heidelberg 1998
Preis, Ulrich	Verhältnismäßigkeit und Privatrechtsordnung, in: Richterliches Arbeitsrecht - Festschrift für Thomas Dieterich zum 65. Geburtstag, München 1999, S. 429 ff.
Ramm, Thilo	Grundrechte und Arbeitsrecht, JZ 1991, 1 ff.
ders.	Die Parteien des Tarifvertrages - Kritik und Neubegründung der Lehre vom Tarifvertrag, Stuttgart 1961
ders.	Die Rechtsnatur des Tarifvertrages, JZ 1962, 78 ff.
Rehbinder, Manfred	Die Rechtsnatur des Tarifvertrages, JR 1968, 167 ff.
Reuß, Wilhelm	Die Bedeutung des Gemeinwohls für die Tarifhoheit, ZfA 1970, 319 ff.
ders.	Gleicher Lohn für gleiche Arbeit?, ArbuR 1960, 33 ff.

Reuter, Dieter	Die Grenzen des Streikrechts, ZfA 1990, 535 ff.
ders.	Zulässigkeit und Grenzen tarifvertraglicher Besetzungsregelungen, ZfA 1978, 1 ff.
Richardi, Reinhard	Kollektivvertragliche Arbeitszeitregelung - Fremdbestimmung durch Kollektivnorm oder Regelung der Arbeitsbedingungen für ein rechtsgeschäftliches Dienstleistungsversprechen?, ZfA 1990, 211 ff.
ders.	Arbeitszeitverlängerung nach der Tarifvertragsregelung in der Metallindustrie, DB 1990, 1613 ff.
ders.	Grundprobleme der kollektiven Koalitionsfreiheit, Bespr. der gleichnamigen Schrift von F. J. Säcker, ZfA 1970, 85 ff.
ders.	Kollektivgewalt und Individualwille bei der Gestaltung des Arbeitsverhältnisses, München 1968
Rieble, Volker	Beschäftigungspolitik durch Tarifvertrag, ZTR 1993, 54 ff.
ders.	Die tarifliche Schlichtungsstelle nach § 76 Abs. 8 BetrVG, RdA 1993, 140 ff.
ders.	Der Tarifvertrag als kollektiv-privatautonomer Vertrag, ZfA 2000, 5 ff.
Riedel, Ingo	Das Grundrecht der Berufsfreiheit im Arbeitsrecht, Diss. Würzburg 1987
Robbers, Gerhard	Der Grundrechtsverzicht - Zum Grundsatz "volenti non fit iniuria" im Verfassungsrecht, JuS 1985, 925 ff.
Roth, Wulf-Henning	Tarifverträge aus kartellrechtlicher Sicht, in: Tarifautonomie und Kartellrecht - Referate einer FIW-Veranstaltung, Köln, Berlin, Bonn, München 1990, S. 7 ff.
Ruck, Silke	Zur Unterscheidung von Ausgestaltungs- und Schrankengesetzen im Bereich der Rundfunkfreiheit, AöR 117 (1992), 543 ff.
Rüfner, Wolfgang	Zur Gemeinwohlbindung der Tarifvertragsparteien, RdA 1985, 193 ff.

Rüthers, Bernd	Tarifmacht und Mitbestimmung in der Presse, Berlin 1975
Sachs, Michael	Grundgesetz - Kommentar, 2. Auflage, München 1999
Säcker, Franz-Jürgen	Gruppenautonomie und Übermachtkontrolle im Arbeitsrecht, Berlin 1972
Säcker, Franz Jürgen / Oetker, Hartmut	Grundlagen und Grenzen der Tarifautonomie, München 1992
Schachtschneider, Karl Albrecht	Imperative Lohnleitlinien unter dem Grundgesetz, Der Staat 16. Band (1977), 493 ff.
Schlachter, Monika	Gleichheitswidrige Tarifnormen, in: Tarifautonomie für ein neues Jahrhundert - Festschrift für Günter Schaub zum 65. Geburtstag, München 1998, S. 651 ff.
Schliemann, Harald	Arbeitsgerichtliche Kontrolle von Tarifverträgen, ZTR 2000, 198 ff.
Schlüter, Wilfried / Belling, Detlev W.	Die Zulässigkeit von Altersgrenzen im Arbeitsverhältnis, NZA 1988, 297 ff.
Schmidt-Bleibtreu, Bruno / Klein, Franz	Kommentar zum Grundgesetz, 9. Auflage, Neuwied, Kriftel 1999
Schneider, Hans	Autonome Satzung und Rechtsverordnung - Unterschiede und Übergänge, in: Festschrift für Philipp Möhring zum 65. Geburtstag, S. 521 ff., München, Berlin 1965
Schneider, Hans-Peter	Art. 12 GG - Freiheit des Berufs und Grundrecht der Arbeit, VVDStRL 43 (1985), 7 ff.
Schnorr, Gerhard	Inhalt und Grenzen der Tarifautonomie, JR 1966, 327 ff.
ders.	Kollektivmacht und Individualrechte im Berufsverbandswesen - Zur Frage der "immanenten" Gewährleistungsschranken der Koalitionsfreiheit, in: Festschrift für Erich Molitor, München, Berlin 1962, S. 229 ff.

Scholz, Rupert — Die Berufsfreiheit als Grundlage und Grenze arbeitsrechtlicher Regelungssysteme, ZfA 1981, 265 ff.

ders. — Die Koalitionsfreiheit als Verfassungsproblem, München 1971

ders. — Rechtsfragen zur Verweisung zwischen Gesetz und Tarifvertrag, in: Arbeitsleben und Rechtspflege - Festschrift für Gerhard Müller, Berlin 1981

Schröder, Meinhard — Grundfragen der Aufsicht in der öffentlichen Verwaltung, JuS 1986, 371 ff.

Schwarze, Roland — Die Grundrechtsbindung der Tarifnormen aus der Sicht grundrechtlicher Schutzpflichten, ZTR 1996, 1 ff.

Schwerdtfeger, Gunther — Öffentliches Recht in der Fallbearbeitung - Grundfallsystematik, Methodik, Fehlerquellen, 9. Auflage, München 1993

Singer, Reinhard — Tarifvertragliche Normenkontrolle am Maßstab der Grundrechte?, ZfA 1995, 611 ff.

Söllner, Alfred — Die Bedeutung des Art. 12 GG für das Arbeitsrecht

ders. — Das Begriffspaar der Arbeits- und Wirtschaftsbedingungen in Art. 9 III GG, ArbRGgw, Band 16 (1978), Berlin 1979, S. 19 ff.

ders. — Grenzen des Tarifvertrags, NZA 1996, 897 ff.

ders. — Der verfassungsrechtliche Rahmen für Privatautonomie im Arbeitsrecht, RdA 1989, 144 ff.

ders. — Zu Sinn und Grenzen der Vereinbarungsbefugnis der Tarifvertragsparteien, ArbuR 1966, 257 ff.

Sörgel, Hans Theodor — BGB, Band 1, Allgemeiner Teil, 12. Auflage, Stuttgart, Berlin, Köln, Mainz 1988

Stahlhacke, Eugen — Die Begrenzung von Arbeitsverhältnissen durch Festlegung einer Altersgrenze, DB 1989, 2329 ff.

Starck, Christian — Autonomie und Grundrechte - Zur Regelungsbefugnis öffentlich-rechtlicher Autonomieträger im Grundrechtsbereich, AöR 92 (1967),449 ff.

Stark, Ernst	Verfassungsfragen einer Arbeitsplatzsicherung durch Tarifvertrag, Diss. München 1989
Staupe, Jürgen	Parlamentsvorbehalt und Delegationsbefugnis - Zur Wesentlichkeitstheorie" und zur Reichweite legislativer Regelungskompetenz, insbesondere im Schuldrecht, Berlin 1986
Stein, Ekkehart	Staatsrecht, 16. Auflage, Tübingen 1998
Stern, Klaus	Das Staatsrecht der Bundesrepublik Deutschland, Band I, 2. Auflage, München 1984; Band III Halb-band 1, München 1988
Thiele, Wolfgang	Zur gerichtlichen Überprüfung von Tarifverträgen und Betriebsvereinbarungen, in: Festschrift für Karl Larenz zum 70. Geburtstag, München 1973, S. 1043 ff.
Thüsing, Gregor	Der Schutz des Tarifvertrags vor den tarifvertraglich Geschützten - Zum Unterlassungsanspruch der Gewerkschaften gegen tarifwidrige Regelungsabreden, DB 1999, 1552 ff.
Umbach, Dieter C. / Clemens, Thomas	Bundesverfassungsgerichtsgesetz – Mitarbeiterkommentar und Handbuch, Heidelberg 1992
Waltermann, Raimund	Altersgrenzen in Kollektivverträgen, RdA 1993, 209 ff.
ders.	Berufsfreiheit im Alter - Verfassungsrechtliche und arbeitsrechtliche Schranken tarifvertraglicher Altersgrenzenregelungen, Berlin 1989
ders.	Beschäftigungspolitik durch Tarifvertrag, NZA 1991, 754 ff.
ders.	Zu den Grundlagen der Tarifautonomie, ZfA 2000, 53 ff.
ders.	Kollektivvertrag und Grundrechte - Zur Bedeutung der Grundrechte und ihrer Gesetzesvorbehalte für die Rechtsnormsetzung durch Kollektivverträge, RdA 1990, 138 ff.

Wassermann, Rudolf — Kommentar zum Grundgesetz für die Bundesrepublik Deutschland - Reihe Alternativkommentare, Band 1 und 2, 2. Auflage, Neuwied 1989

Weber, Werner — Koalitionsfreiheit und Tarifautonomie als Verfassungsproblem, Berlin 1965

Weiss, Manfred / Weyand, Joachim — Die tarifvertragliche Regelung der Ausbildung der Redaktionsvolontäre an Tageszeitungen, BB 1990, 2109 ff.

Wend, Rainer — Die Zulässigkeit tarifvertraglicher Arbeitsplatzbesetzungsregelungen - Am Beispiel neuerer Tarifvereinbarungen in der Druckindustrie, Bielefeld 1984

Weyand, Joachim — Die tarifvertragliche Mitbestimmung im Bereich der Arbeitsorganisation, ArbuR 1991, 65 ff.

Wiedemann, Anton — Die Bindung der Tarifnormen an die Grundrechte, insbesondere an Art. 12 GG, Heidelberg 1994

Wiedemann, Herbert — Die Gestaltungsaufgabe der Tarifvertragsparteien, RdA 1997, 297 ff.

ders. — Normsetzung durch Vertrag, in: Richterliches Arbeitsrecht - Festschrift für Thomas Dieterich zum 65. Geburtstag, München 1999, S. 661 ff.

ders. — Tarifvertragsgesetz, Kommentar, 6. Auflage, München 1999

ders. — Unternehmensautonomie und Tarifvertrag, RdA 1986, 231 ff.

Wiedemann, Herbert / Stumpf, Hermann — Tarifvertragsgesetz, Kommentar, 5. Auflage, München 1977

Zachert, Ulrich — Rechtsfragen zu den aktuellen Tarifverträgen über Arbeitszeitverkürzung und Beschäftigungssicherung, ArbuR 1995, 1 ff.

Zöllner, Wolfgang — Die Rechtsnatur der Tarifnormen nach deutschem Recht, Wien 1966

ders. — Das Wesen der Tarifnormen, RdA 1964, 443 ff.

ders. Die Zulässigkeit einzelvertraglicher Verlängerung der tariflichen Wochenarbeitszeit, DB 1989, 2121 ff.

Kristin Doerlich

Die Tariffähigkeit der Gewerkschaft

Eine Analyse der Mächtigkeitsrechtsprechung des Bundesarbeitsgerichts im Lichte neuerer Erfahrungen

Frankfurt/M., Berlin, Bern, Bruxelles, New York, Oxford, Wien, 2002. 370 S.
Schriften zum Arbeitsrecht und Wirtschaftsrecht.
Herausgegeben von Abbo Junker. Bd. 24
ISBN 3-631-38616-8 · br. € 50.10*

In der Tarifpraxis gewinnen Haustarifverträge, bei denen die Gewerkschaften in dem Unternehmen nur mit einer Minderheit vertreten ist, zunehmend an Bedeutung. Mit Blick auf das Prinzip der Tarifeinheit greift die Arbeit die Frage auf, ob der daraus resultierenden Gefahr einer „Majorisierung der Mehrheit durch eine Minderheit" wirksam begegnet werden kann, indem die Tariffähigkeit einer Arbeitnehmervereinigung getrennt beurteilt wird – entweder hinsichtlich des gesamten tariflichen Zuständigkeitsbereichs oder in Bezug auf den Geltungsbereich des einzelnen Tarifvertrages. Die Verfasserin gelangt zu dem Ergebnis, daß nicht zwischen einer allgemeinen und einer tarifvertragsbezogenen Tariffähigkeit zu unterscheiden ist, zeigt jedoch alternative Lösungsansätze auf.

Aus dem Inhalt: Überblick über die Konzentrationsentwicklung deutscher Gewerkschaften · Restriktion ihrer Tariffähigkeit durch das Postulat einer „allgemeinen sozialen Mächtigkeit" · Tarifvertragsrechtliche Relevanz einer „relativen Tariffähigkeit" · Tatsächliche Anforderungen an eine unternehmensbezogene Mächtigkeit · Verhältnis zur allgemeinen Tariffähigkeit, Tarifrechtliche Anerkennung